NPO 90s

市民運動としての NPO
1990年代のNPO法成立に向けた市民の動き

高田昭彦

風間書房

【目　次】

序 ·· 1
  1. 本書執筆のきっかけ ··· 1
  2. 社会運動研究における NPO の位置づけ ······················· 3
  3. 本書の目的 ··· 8
  4.「社会運動」,「市民運動」,「市民活動」という言葉の使い方について
   ·· 8
  5. 各章の構成と内容 ··· 10

第Ⅰ部　NPO が登場した 1990 年代 ································ 19

第 1 章　1990 年代の日本における市民運動
　　　　　――ネットワーキングの導入, NPO の発見, NPO 法の制定を
　　　　　　めぐって ·· 21

第 1 節　復興期・高度経済成長期からネットワーキング導入まで
　　　　　（1945 年〜 1985 年前後）·· 21
  1. 現在の市民運動と行政・企業との関係 ························ 21
  2. 戦後復興期から高度経済成長期にかかる時期の市民運動
　　（1945 年〜 1965 年前後）··· 22
    ① 大組織による大衆運動と自主的な個人の「草の根」運動 ·············· 22
    ② 市民運動の 4 つの型 ·· 23
  3. 高度経済成長期から低成長期にかかる時期の市民運動
　　（1965 年前後〜 1985 年前後）·· 25
    ① 1960 年代の運動の反組織的傾向 ······························· 25
    ② 1970 年代の「新しい社会運動」の登場 ······················ 26

③ 1980年代前半の閉塞的な社会をもたらした諸要因 ………………… 27
　4.「ネットワーキング」の登場（1985年前後）……………………………… 29
　　　①『ネットワーキング』の翻訳と紹介 ………………………………… 29
　　　②「ネットワーキング」は「ネットワーク」組織とは別物 ………… 30
　5.「ネットワーキング」が日本の市民運動にもたらしたもの …………… 32
　　　① 日本の市民運動のミッションは「もう一つの日本」の形成 ……… 32
　　　②「市民活動」とは「ネットワーキング」を経験した「市民運動」……… 33

第2節　市民運動としての「ネットワーキング」の展開
　　　　（1985年前後〜1990年前後）…………………………………………… 34
　1.「オルタナティブな日本」をめざす草の根市民運動 …………………… 34
　　　①『ネットワーキング』の翻訳（1984年）……………………………… 34
　　　②「ばななぽうと」の企画 ……………………………………………… 35
　　　③「生活提案型市民運動」の登場 ……………………………………… 36
　2.「ネットワーキング」への批判 …………………………………………… 38
　3.「ネットワーキング」を通して現れてくるもの ………………………… 39
　　　①「ネットワーキング」に対する3つの展望とそれへの対応 ……… 39
　　　②「ネットワーキング」の導入の際に欠けていたもの ……………… 40

第3節　NPOの発見とその後の市民運動（1990年前後〜1995年）……… 42
　1. NPOの発見 ………………………………………………………………… 42
　　　①「ネットワーキング」を支えていたNPO …………………………… 42
　　　② 企業の社会貢献活動と「第3セクター」論 ………………………… 44
　2. 市民活動の制度的基盤づくり …………………………………………… 46
　　　① 市民側からの取り組み ………………………………………………… 47
　　　　（1）「日本ネットワーカーズ会議」……………………………………… 47
　　　　（2）「地域調査計画研究所」……………………………………………… 48

⑶「奈良まちづくりセンター」……………………………………………… 51
　　　⑷「大阪ボランティア協会」………………………………………………… 53
　　② 行政と企業からの取り組み ……………………………………………… 54
　　　⑴「世田谷まちづくりセンター」による取り組み ……………………… 54
　　　⑵ 個別の企業による取り組み …………………………………………… 56
　3.「市民活動」の社会的認知
　　　――NIRA 報告書『市民公益活動基盤整備に関する調査研究』を通じて … 57
　　① NIRA 報告書作成による「ネットワーキング」の形成 ………………… 57
　　　⑴ NIRA 報告書の作成メンバー ………………………………………… 58
　　　⑵ NIRA 報告書の構成 …………………………………………………… 59
　　②「市民公益活動」の規定 ………………………………………………… 59
　4. 市民活動の基盤整備――NPO の制度化 …………………………………… 60
　　① NIRA 報告書における基盤整備の提案 ………………………………… 60
　　② C's（シーズ）の登場 …………………………………………………… 62
　　③「NPO 研究フォーラム」の活動 ………………………………………… 63
　　④「市民公益活動基盤整備を考える会」の結成 ………………………… 64

第 4 節　NPO 法の提案から成立まで（1995 年～ 1998 年）……………… 65
　1. 阪神・淡路大震災が市民活動にもたらしたもの ………………………… 65
　　① 行政への信頼の崩壊と公益領域の出現 ………………………………… 65
　　②「被災地の人々を応援する市民の会」の結成 ………………………… 67
　2. NPO 法案提出の動き ………………………………………………………… 68
　　①「市民活動の制度に関する連絡会」の結成 …………………………… 68
　　② NPO 法案が成立するまでの経緯 ……………………………………… 70
　　　⑴ 衆議院での審議 ………………………………………………………… 71
　　　⑵ 与党 3 党と民主党との協議 …………………………………………… 72
　　　⑶ 参議院での審議 ………………………………………………………… 73

(4) 付帯決議 …………………………………………………………… 74
　　③ NPO法成立後を見通した市民側の動き ……………………………… 74

第5節　NPO法成立後の市民運動の動向（1998年～2000年前後）…… 77
　1.「特定非営利活動促進法」（NPO法）に対する市民団体の不満と評価
　　 ……………………………………………………………………………… 78
　2.「特定非営利活動促進法」（NPO法）成立後の税制優遇の動き ……… 79
　3. NPO法が社会にもたらしたもの ……………………………………… 80
　4. 市民活動団体（NPO法人を含む）と行政・企業との関係 …………… 83
　　① 行政のNPOへの無理解と過剰期待 ………………………………… 83
　　　(1) 市民活動・NPOへの行政の過剰期待 …………………………… 83
　　　(2) 市民活動・NPOに対する行政の無理解 ………………………… 85
　　② 事業型NPO──コミュニティ・ビジネスと社会資本マネジメント …… 86
　　　(1) 事業型NPOへの道 ………………………………………………… 86
　　　(2) コミュニティ・ビジネス …………………………………………… 88
　　　(3) 社会資本マネジメント ……………………………………………… 89
　5. NPOサポートセンターによるNPO支援
　　──インターミディアリー（中間支援組織）の重要性 ……………… 91
　　①「NPOサポートセンター」の登場 …………………………………… 91
　　② サポートセンターは「公設公営」から「民設民営」へ …………… 92
　　③ インターミディアリーの場としてのプラットフォーム …………… 93

第2章　1990年代の市民運動がもたらしたもの
　　　──「市民」による「公的空間」拡大のメカニズム ……………… 97
　1.「市民活動」における「公益」……………………………………………… 97
　　① NPO法における「公益」……………………………………………… 97
　　②「市民活動」側の主張する「公益」すなわち「市民公益」………… 98

2.「市民活動」における「市民」の捉え方 …………………………………… 100
　3.「市民活動」を行う「市民」の社会の中での位置づけ ……………………… 103
　　①「私的空間」と「公的空間」………………………………………………… 103
　　②「市民」の4類型 …………………………………………………………… 105
　　　(1)〈公的市民〉……………………………………………………………… 106
　　　(2)〈私的市民〉……………………………………………………………… 106
　　　(3) 権力機構 ………………………………………………………………… 108
　　　(4)〈ブルジョア的市民〉…………………………………………………… 109
　　　(5)〈行政的市民〉…………………………………………………………… 110
　　③ 4種の「市民」間の比較 …………………………………………………… 110
　4.「市民」による「公的空間」の実現（1990年代に起きたこと）…………… 113
　　①「市民活動」の基盤整備 …………………………………………………… 113
　　② NPOのための法制度の確立 ……………………………………………… 115
　　③ NPOサポートセンターの役割とその活動実態 ………………………… 116
　　　(1) NPOサポートセンターの役割 ………………………………………… 116
　　　(2) NPOサポートセンターの実際の活動 ………………………………… 117
　　④「市民社会」の実現に向けて ……………………………………………… 121

第Ⅱ部　1990年代の理解のために …………………………………………… 127

第3章　1980年代のアメリカの草の根市民運動
　　　　　——「ネットワーキング」の源流 ………………………………… 129
　はじめに「ネットワーキング」の源流を辿る ………………………………… 129
　1. 1980年代の市民運動の「新しい動き」……………………………………… 130
　2. オルタナティブとしての草の根運動 ………………………………………… 132
　　① 草の根運動の「新しい動き」の起源 ……………………………………… 132
　　② 80年代社会の中での草の根運動の位置 …………………………………… 133

3. 80年代の草の根運動がもたらした価値観と特質 ································· 135
　① 80年代草の根運動の4つの価値観 ······························· 135
　② 80年代草の根運動の4つの特質 ································· 138
4. 草の根運動の組織特性 ··· 141
　① 草の根組織の5つの特質 ··· 141
　② 草の根運動の組織形態としての「コレクティブ」···················· 144
　③ コレクティブと類似の組織形態 ····································· 146
　④ コレクティブ組織の限界から「アメーバ的組織」による〈うねり〉へ ···· 147

第4章　1990年代の市民運動の「原型」
──「反原発運動ニューウェーブ」の登場 ··············· 151

はじめに　「ニューウェーブ」の衝撃 ·· 151
1. 「反原発運動ニューウェーブ」の登場 ·· 152
2. 「ニューウェーブ」の活動 ·· 154
　① 小原良子氏 ·· 154
　②「ヒロセタカシ現象」··· 155
3. 「反原発運動ニューウェーブ」の特性 ·· 156
　① 高松行動3原則 ·· 156
　②「ニューウェーブ」の行動4原則 ····································· 157
　③「ニューウェーブ」の行動現場での4特質 ·························· 159
4. 「ニューウェーブ」をどのように捉えればいいのか ·························· 162
　①〈うねり〉としての「ニューウェーブ」運動 ························ 162
　②「ニューウェーブ」とオールドウェーブとの断絶？ ················ 164
5. 反原発オールドウェーブの意識と構造 ·· 165
6. 「反原発運動ニューウェーブ」登場の意義 ·· 167
　①「ニューウェーブ」のアメーバ的なゆるい結合組織 ··············· 167
　② 小さな〈うねり〉と大きな〈うねり〉································ 169

第5章 パートナーシップによるまちづくり
——川越・蔵造りの町並み保全運動 ……………………………… 173

はじめに　NPOと「パートナーシップ」………………………………… 173
1. 川越の蔵造りによるまちづくり ………………………………………… 173
    ① 川越の蔵造りの町並みへの注目 ……………………………………… 173
    ② 川越市と一番街 ………………………………………………………… 174
2. 蔵造りへの注目から「川越蔵の会」の誕生まで ……………………… 175
    ① 町並み保全運動の始まり ……………………………………………… 175
    ② 建築系の視点と都市計画系の視点 …………………………………… 176
    ③ 「蔵造り」のビデオ制作と「川越蔵の会」の誕生 ………………… 177
3. 「川越蔵の会」誕生から「町づくり規範」の成立まで ……………… 179
    ① 「蔵の会」から「一番街商店街」へ ………………………………… 179
    ② 『川越一番街商店街活性化モデル事業報告書』
       （「コミュニティ・マート調査」報告書）………………………… 180
    ③ 「町づくり規範」と「町並み委員会」……………………………… 181
4. 「町づくり規範」の限界から重要伝統的建造物群保存地区の指定
   まで ………………………………………………………………………… 183
    ① 新たなマンション問題の勃発 ………………………………………… 183
    ② 伝統的建造物群保存地区指定への障害 ……………………………… 183
    ③ 伝統的建造物群保存地区選定の実現に向けて ……………………… 185
5. 一番街のまちづくりにおける地元住民と専門家と行政との
   パートナーシップ ………………………………………………………… 186
    ① 「川越蔵の会」を中心に ……………………………………………… 187
       (1) 地元住民と行政とのパートナーシップ ………………………… 187
       (2) パートナーシップの構造と「川越蔵の会」…………………… 187
    ② 「町づくり規範」と「町並み委員会」……………………………… 190
       (1) 「町づくり規範」作成におけるパートナーシップ …………… 190

(2)「町並み委員会」と行政との「上手なパートナーシップ」……………… 191
　　　(3)「川越式ネットワーク」………………………………………………… 193
　　　(4) 住民・行政・専門家のパートナーシップによる「川越式」まちづくり …… 194
　　③「伝統的建造物群保存地区」の選定 ……………………………………… 195
　　　(1)「町並み委員会」での伝建地区指定への検討 …………………………… 196
　　　(2)「川越式パートナーシップ」…………………………………………… 197
　6. 伝建地区選定後に残された2つの大きな課題 ……………………………… 197
　　①「町づくり会社」設置の検討 ……………………………………………… 197
　　　(1) 町並み保全のための財団形成と「町づくり会社」……………………… 198
　　　(2)「株式会社まちづくり川越」の設立 …………………………………… 199
　　②「保全」と「観光」のせめぎあい ………………………………………… 200
　　　(1)「町づくり規範」の限界 ………………………………………………… 201
　　　(2) 川越の「商人魂」と「生きてる蔵」…………………………………… 202
　川越 蔵造りのまちづくり 年表 ……………………………………………… 205

終　章　本書によって明らかになったこと──「公益」「オルタナティブ」
　　　　「エコロジー」「パートナーシップ」……………………………… 211

おわりに ……………………………………………………………………… 215

引用文献 ……………………………………………………………………… 221

序

1. 本書執筆のきっかけ

「特定非営利活動促進法」（NPO法）が施行されて20年，今やNPO法人の数は5万を越え，NPO（Nonprofit Organizationの略，民間非営利組織）という言葉は日常の生活の中でごく普通に見受けられるものになった。NPOについて書かれた文献は，大きな書店では1つの棚を占領している。だがこれらの書籍は，NPO法策定後の，NPOのマネジメント，年次報告書の書き方，行政・企業との協働の際のノウハウ，ファンドレイジングなど，法律・経営学的な実用書が大部分である。

だがNPOは，経営的・実用的・行政補完的なものとして捉えられるだけでいいのか。社会の中でのNPOの本来の意義は何だったのだろうか。

ここで一つ驚かされたことがあり，それが本書執筆のきっかけとなった。それは，2017年7月に発行された『社会学理論応用事典』（丸善出版）の「社会運動」の章で，社会運動関係の用語を解説する「見出し語」の中に「NPO」が取り上げられていなかったことである。このことは，「NPO」が「社会運動」の中に含まれていないということを意味する。

また「事項索引」を見ても，「NPO」という語は3ヵ所にしか出て来ない。その3ヵ所とは，「1990年代以降登場してきたNPO法人や社会的企業が……」（『社会学理論応用事典』: 108），「協同組合やNPO／NGOなどの非営利・非政府の……」（同: 627），「環境的正義グループが……全米的環境NPOと対立する結果と……」（同: 700）である。しかしいずれも，他の「見出し語」の説明の中でNPOという言葉が出てきたに過ぎず，NPO自体を社会

の重要なアクターとして扱っているものではない。

　この『事典』でNPOが取り上げられなかったことに関して，暗黙のうちに想定されていることが2つあると思われる。先ず第1に，NPOは社会運動を担う社会変革の主体ではないこと，それ故，第2に，現に存在する5万を超えるNPO法人も，変革を志向する社会運動系列にないということである。果たして，それでよいのだろうか。

　筆者は，1982年4月から2年間，カリフォルニア大学バークレー校にビジティング・スカラーとして滞在していた。バークレーは，1964年に起きた学生運動のフリースピーチ・ムーブメント発祥の地であり，それが位置するサンフランシスコ湾岸地域はアメリカでも先進的でラディカルな地域として知られていた。しかし滞在時は運動から既に約20年を経ており，その痕跡はもう残っていないだろうと思っていた。だがバークレーの町で，NPOのフリークリニックやコレクティブのパン屋など新しい生き方をしている人たちに何人も出会った。これは何か新しい動きが起きているのではないかと思い，地域の活動家70人にインタビューを試みた[1]。

　そこで分かったことは，当時，60年代に活躍した様々な活動家は地域に戻ってコミュニティづくりをしており，60年代の感性は彼らの住む地域での新しい生き方に反映されているということであった。典型的な例は，SDS（民主主義を求める学生同盟）の初代委員長アラン・ヘイバーがバークレーの隣のオークランド（過激な黒人運動で知られるブラックパンサーの誕生地）で，大工として地道にコミュニティづくりをしていたことである。そういう中で，1人の活動家から，これはいい本だと紹介してもらったのが『ネットワーキング』で，当時のアメリカの運動状況を総括するような本だった。

　そして1984年に日本に戻って直に，『ネットワーキング』が翻訳されたことを知って驚かされた。しかも市民運動の側からではなく，経済企画庁の若手官僚たちの手によってである（この翻訳によって日本の市民運動は大きく展開

し，やがて NPO が登場してくる様子は，第1章第1節4. 以下で示している）。

　従って，NPO が社会変革の主体の1つであり，社会運動系列のものであることは，筆者にはアメリカと日本での経験から明らかなことであった。にもかかわらず，日本ではいつからそのように捉えられなくなったのだろうか。そこに焦点を絞って，社会運動系の文献を幾つか取り上げてみたい。

　ちなみに，「第90回日本社会学会大会」(2017年) での全578報告の内，「社会運動」関係は13報告 (2.2%)，「NPO」関係は4報告 (0.7%) であった。社会学領域における「社会運動」への関心は多少見られるものの，「NPO」への関心は1% も無い。

2. 社会運動研究における NPO の位置づけ

　社会運動系列の研究として，『社会運動の社会学』（大畑他編，有斐閣，2004年）がある。この本は，「"社会運動"を通して現代社会のさまざまな側面を理解することを目的としている」（大畑他 2004：ⅰ）とあり，「社会運動論，NGO・NPO論，ボランティア論，市民活動論など，社会運動に関わる講義科目」（同）で使えるテキストとなることも意図している。

　ここでは，「社会運動」に関わる一連の講義科目の中に NPO は含まれている。しかし，NPO は NGO と一緒に扱われており，章としては「国際NGO の組織戦略」はあるが，NPO に関する章はない。NPO への言及は，本文の他の箇所にもなく，13の補助的なコラムの内にわずか2ヵ所あるだけである。その中で，NPO の社会的役割に期待を寄せているのは，山岸秀雄（NPO サポートセンター代表）のコラムだけで，そこでは「NPO 運動の目的は，日本の新しい社会運動を構築することによって成熟した市民社会をつくることであり，新しい民主主義社会をつくることである」（同：214）と NPO の社会的意義が語られている。しかしこの本全体では，NPO は影が薄い。

　また，『脱原発をめざす市民活動――3・11 社会運動の社会学』（町村・佐

藤編，新曜社，2016年）では，同書の目的として「東日本大震災と福島第一原発事故に端を発して大きな盛り上がりを見せた原発・エネルギー問題に関わる"市民活動・社会運動"の広がりと厚みを明らかにすること」（同：6）が挙げられている。そして，郵送による質問紙調査「福島原発事故後の市民社会の活動に関する団体調査」（2013年2-3月実施，調査対象904団体，回収率36.1％，調査対象は「震災後に"原発"ないし"エネルギー"問題に関わり，幅広く活動した全国の市民活動団体」（同：22））を行った。そして，「原発・エネルギー危機に直面して短期間に成長した"市民活動・社会運動"の厚み」（同）を，活動課題に基づいて6つの類型に分け，活動の広がり，その担い手，活動の具体的な過程等から，「活動・運動がもつ多様性や重層性」（同）を見出だしている。しかしそこには，「"市民活動・社会運動"としてのNPO」という問題の立て方は見られない。NPOに関わりのある部分は「本調査ではNPO法人の活動分野も考慮して設問を作成し……」（同：183）だけで，それ以外はNPOが単に言葉として5カ所に載っているだけである。

　この調査は全国調査であり，調査対象の市民団体をその活動や組織等に機能分化して様々な特質を明らかにするという方向性に問題はないが，3・11後は実際に，復興支援をしている現地のNPO，そのようなNPOを支援している各地のNPOサポートセンター，それらの活動を資金面で支える幾つもの企業の支援プロジェクトなど，様々なNPOが復興に関わっていた。そこで，"市民活動・社会運動"を担う主体としてNPOに着目すれば，3・11を挟んだ様々な運動のダイナミズムに言及でき，「"市民活動・社会運動"の厚み」をより豊かに示すことができたのではないか。例えば，調査対象となった53のNPO法人の実際の活動を追うこともできたのではないか。従って，ここでもNPO自体が注目されていたとは言えない。

　では，なぜ，"市民活動・社会運動"のエージェントとしてNPOが注目されていないのか。そこには2つの理由が考えられる。第1は，NPO法人に関するこれまでの実際の調査から，NPO法人と"市民活動・社会運動"

とのつながりが見えて来ないことである。第2は，NPOはNPO法によって法人化されたことによって，既存の社会制度の中に取り込まれて体制内化し，もはや"市民活動・社会運動"とは言えなくなったのではないかというものである。

　1つの調査を見てみよう。『首都圏の市民活動団体に関する調査　調査結果報告書』（町村敬志編，2007年）である。
　この調査は，2006年9月に実施された。3566団体に調査票を郵送し，回収は931団体，回収率は26.1％であった。調査のエリアは首都圏（1都3県）で，対象とした「市民活動団体」としては，①自発的に参加した（複数の）個人によって構成され（自発性・集合性），②社会の何らかのイッシューとの関係で，自らの存在意義を語り（イッシュー対応性），③イッシューの「解決」をめざして社会に介入する（介入性）という3つの条件を満たす団体が選ばれている（町村編2007：7）。
　この調査の中でNPO法人は432団体。その内「社会運動団体」と自らを定義する団体は2.3％，「市民活動団体」と自己定義する団体は7.4％で，大半（79.4％）は「NPO」と自己定義している（同：13）。すなわち，自らを社会運動または市民活動に関連づけて考えているNPO法人は9.7％で，1割にも満たない。
　また運動が行う行動と見做される「要望書・意見書提出の経験」のあるNPO法人は36.3％，「直接交渉・街頭行進経験」のあるNPO法人は13.9％であった（同：33）。すなわち，6割以上のNPO法人は対外的に「要望書提出」も行わず，8割以上のNPO法人は「直接交渉」もしたことがない。
　この調査では，その他のデータも加味して，次のように結論づけている。「NPO法人は，直接行動や運動という形態に対しては距離を置いている」（同：34），また「市民社会における"NPO"と"運動"との分離が指摘されることが多いが，その傾向がはっきりと現れている」（同：35）[2]。

従って，NPO法人は社会運動が目指すような社会変革の主体ではないし，変革を志向するような社会運動系列にあると見做すこともできないということになる。

しかし次のようにも考えることができる。NPO法人全体の特質を調査すると，上記の結論はもっともである。だがその中に，NPO法策定を進めた市民団体のようなNPOはどれくらい含まれているのだろうか。NPOと社会変革との関係を捉えようとするのであれば，そのようなNPOを直接の対象にする工夫が必要であろう。一般のNPO法人には，"市民活動・社会運動"の人権・平和・環境保全・障害者・女性・差別などとは直接の関わりのないNPOが多く含まれており，むしろそちらの方が大半を占めている。社会変革と関連のあるNPOの特質を見ようとする場合，NPO法人全体の調査はふさわしくないのではないか。

一方，もし"市民活動・社会運動"を「制度の枠組み外からの要求実現行動」とすれば，NPO法人という制度を採用した市民団体は制度の枠内に入ったのであるから，もはや"市民活動・社会運動"とは言えないのではないかという問もある。

それに対しては，NPO法人となった市民団体が，①自らの要求実現行動の効果を高めるために市民運動を支援する法律（NPO法）を利用したこと，②自らが実現を目指す要求は制度外のもので社会変革なしでは達成できないこと，さらに③自らが目指す社会は現在の社会のオルタナティブとなるものであるという3要件を満たす場合は，十分に"市民活動・社会運動"系列と見做すことができると考える。

だが，NPOを社会運動系列でかつ社会変革の主体と捉えている研究も存在する。

『講座社会学』第15巻「社会運動」（矢澤修次郎編，東京大学出版会，2003

年）の中の「市民運動の変容とNPOの射程——自治・分権化の要求と政策課題への影響力の行使をめぐって」（牛山久仁彦）では，「市民活動としてのNPO」がはっきり焦点に据えられている。

ここで注目されているのは，「市民運動が"市民活動"という形で自らを再定義しながら，NPO（特定民間非営利活動）として社会的な位置づけを得ながら，……具体的な政策への対案を示してきている点」（同：158）である。つまりNPOは「市民活動」であり，政策の対案を提示する主体と捉えられている。さらに，「市民活動やNPOへと呼称を変えようとも，それが社会のあり方に影響を与え，社会を未来に向かって産み出すものである以上，（まさに社会学的用語としての）運動であることには何ら変わりはない」（牛山2003：171）とあるように，「市民活動やNPO」を社会運動系列のものとして捉えていることは明らかである。

同様に，NPOを市民活動として捉えた書として，『市民活動論——持続可能で創造的な社会に向けて』（後藤・福原編，有斐閣，2005年）がある。ここで着目されているのは，「NPOセクターや市民活動が，それだけで新たな"公共性"を創り出すのではなく，私的セクターである企業や，公的セクターである政府との相互作用を通じて，……企業や政府という組織の文化やマネジメント，意思決定などを変化させうる可能性」（後藤他2005：ⅱ）である。さらに「NPOを点として捉えるのではなく，1980年以降の経済構造の変化や都市発展を考慮に入れながら，コミュニティの再生へと向かう創造的なダイナミズムの中に，その萌芽として位置づける」（同：ⅲ）。つまり，「コミュニティ再生のシーズ（種）としてのNPO」（同：14）に着目し，それを明らかにしようとしている。

ここではNPOは，社会変革のエージェントとして明確に捉えられている。さらに，NPOをこれからの「コミュニティの再生」を生み出す萌芽という捉え方は，現在の社会のオルタナティブを創り出すという意味で，NPOを社会運動系列で捉えていると言える。

以上のようにNPOに対するスタンスは，NPOを社会運動系列や社会変革の主体と捉えないものから，NPOを社会運動系列でかつ社会変革の主体と捉えるものまで様々である。どちらがより実態に近いものかは，本書の第Ⅰ部を読んでから判断していただきたい。

3. 本書の目的

本書で明らかにしたいことは，NPOは，日本では市民運動団体が持続的活動を続けられる制度として1990年代に導入されたものだということ，従って，そのNPOは市民運動の，さらに遡れば戦後の社会運動の系列にあると言えることである。第1章で述べているように，日本で導入されたNPOは，社会変革性，先進性，批判性，政策提言等の特徴を持ち，地方自治体や国さらには企業に対して，パートナーシップ形成や政策提案はもとより，時には示威行動も辞さない。

このようなNPOの起源やその後の展開が，NPO法制定から20年を経た現在では忘れられてしまったのではないか。1990年代のNPOの日本への導入過程を辿ることによって，それをもう一度われわれの意識にのぼらせ，NPOが本来何を目指しどういうものだったかの理解の上に，今後のNPOの運動としての発展に結びつけ，さらに「市民社会」の実現に向けて進んでいく足がかりにしようというのが，本書の目的である。

4.「社会運動」，「市民運動」，「市民活動」という言葉の使い方について

ここで，本書で用いる「社会運動」，「市民運動」，「市民活動」という言葉について少し説明しておきたい。

ある社会に解決しなければならない問題があり，既存の制度の中でそれを改革しようとする意見表明の機会や刷新しようとする行動のルートが閉ざされている場合，それを解決しようとする動きは，制度の枠組みの外からの要求実現行動となる。それを「社会運動」と呼ぶか「市民運動」と呼ぶか，あ

るいは「市民活動」と呼ぶかは，注目する運動の担い手とその運動の社会構想力（目指すべき社会の構想）によって異なる。また，先に述べた町村のように，"市民活動・社会運動"とまとめて示すやり方もある[3]。

　本書では，「社会運動」という言葉は，上記の要求実現行動を最も広くカバーするものとして用いている。個々の運動では，主に敵手・利害対立が明確で，相手が妥協することが極めて少ない場合の対決的・告発的要求実現行動に対して用いている。例えば，労働運動，基地反対闘争，ダム・道路・空港等の公共事業阻止運動，公害反対運動，環境破壊阻止運動，反原発運動，諸々の被害者救済運動などがある。主に1960年代以前の運動を指す場合が多いが，対決的・告発的運動は，もちろん，現在も運動の大きな一角を占めている。

　「市民運動」は，草の根で自主的・自律的に活動する市民と，彼らが創り出す"市民が主人公"となる民主的で差別のない市民社会に焦点を合わせた時の要求実現行動で，日本では主に1970年代以降の「新しい社会運動」と言われるものを指している。例えば，消費者運動，女性解放運動，学生運動，諸々の差別撤廃運動，エコロジー運動，環境保護運動，まちづくり運動，有機農業運動，産直運動などがある。本書では，草の根の市民からの視点で日本の運動を捉えていくために，主に市民主体の要求実現行動という意味を強調したいときは「市民運動」という表現を用いている。

　「市民活動」とは，1980年代の「ネットワーキング」を経験した1990年代以降の要求実現行動を指しており，個々の市民運動が対象や方法は様々でも共通の目標を持って活動しているということを強調する時に用いている。例えば，環境系の市民運動もまちづくり系の市民運動も福祉系の市民運動も，目指すところは同じで，現在の社会の変革だと捉え，従ってこれらの3つの市民運動を一まとまりにして表わす言葉が「市民活動」なのである。この言葉を得たことで，市民運動どうしが，蛸壺化してそれぞれ別々に運動を続けるのではなく，実は相互に繋がって行動しているのだという認識が得られる

ようになった。「NPO段階の市民運動」という表現は，このような1990年代の「市民活動」を表わすものとして用いている。

　大まかな年代で言えば，基本的に1960年代以前は「社会運動」，70年代以降は「市民運動」，さらに1990年代以降は「市民活動」という表現を用いることが多い。もっとも，いずれも，問題解決のルートが閉ざされている場合の，制度の枠組み外からの要求実現行動であることに変わりはない。

5. 各章の構成と内容

　第Ⅰ部では，NPOが登場した1990年代について述べており，NPOが登場した歴史的経緯を説明した第1章，そのNPOが1990年代の社会にもたらしたものは何かについて述べた第2章から構成されている。

　第1章では，戦後の社会運動の中で，その時代を特徴づける運動形態を時系列に沿って取り上げ，特に「ネットワーキング」とNPOの登場に焦点を合わせている。

　先ず第1節では，草の根運動に関して，戦後の復興期から高度経済成長にかかるまでの時期（1945～1965年前後）と，その後に起きる低成長期から「ネットワーキング」が登場するまでの時期（1965年前後～1985年前後）を扱っている。

　この時期は労働運動が主流ではあるが，その中にも草の根で個人が主体となる運動が芽生えており，1970年代になると公害反対運動，消費者運動，学生運動，様々な差別撤廃運動などの「新しい社会運動」が噴出した。しかし1980年代に入ると，70年代から引き続き活発な運動は個々には存在しても，社会全体としては，経済的な豊かさや私生活主義の浸透によって，また運動側も進むべき方向を見出せないまま閉塞的な状況を呈していた。まさにそのような時に「ネットワーキング」が登場し，日本の運動状況に画期的な変化をもたらすとともに，市民運動に存在意義と進むべき方向を示したので

ある。

　また本節では,「ネットワーク型組織」と日本で導入された「ネットワーキング」とは区別されるべきこと,「ネットワーキング」とは,単なる組織の一形態を示すものではなく,様々な運動体が相互に結びつくことによって,オルタナティブな「もう一つの」新しい社会のあるべき姿を示すという価値観が込められた概念であることも述べている。

　第2節では,市民運動のネットワーキング導入以後の時期（1985年前後～1990年前後）を扱っている。なぜ自分たちの運動が社会的な規模にまで広がらないのかを様々な運動の担い手が模索していた時,1984年にアメリカから「ネットワーキング」という概念が入ってきた。それをきっかけに,自分たちの今までの運動は,テーマも運動形態も限定的な「蛸壺型」であったことに気づき,もしお互い目指す目標や実現しようとしている社会に通じるところがあるのなら,もっと相互に連繋して「ささら型」になって,協同して取り組めばよいのではないか。このことに気づいた幾つかの運動体は,自らを「生活提案型市民運動」と呼び,テーマを共有し行動で連合する大きな運動の流れをつくった。しかしこの流れも,なかなか継続して発展するというわけにはいかなかった。なぜか？

　第3節では,"NPOの発見"とその後の市民運動の展開の時期（1990年前後～1995年）を扱っている。上記の「なぜか？」を考えていた運動団体の一部が,1990年の少し前に相次いでその解答を見出した。それがアメリカでのNPO,イギリスでのチャリティー団体である。つまりアメリカやイギリスでは,市民運動は法人格を持つ社会的に認知された団体が行っており,活動の上でも税制の上でも一定の有利な資格が認められていたのである。そこで日本でも,市民運動団体が法人格を持ち,税制の優遇措置の下に,自らは情報公開によって社会的な信頼を得ながら,継続的に活動を遂行する運動ス

タイルを実現していこうという方向性が，様々な運動体の中での共通認識になり，その基盤整備のための運動を連合してつくり出そうという動きに結びついていった。日本でも「NPO」を制度としてつくろうとしたのである。その動きが社会に拡大するようになったきっかけは，1995年1月の阪神・淡路大震災であった。

　その他，本節では，NPOを実現するための社会的な基盤整備に取り組んだ市民団体として，「日本ネットワーカーズ会議」，「地域調査計画研究所」，「奈良まちづくりセンター」，「大阪ボランティア協会」の活動を紹介し，それらを含めた市民団体の大同団結の結果生まれたNIRA（総合研究開発機構）の『市民公益活動基盤整備に関する調査研究』を取り上げ，さらにNPOの制度化に取り組んだ市民団体連合として「C's（シーズ）」，「NPO研究フォーラム」，「市民公益活動基盤整備を考える会」の活動を紹介している。

　第4節では，NPO法成立に向けた市民活動の時期（1995年〜1998年）を扱っている。阪神・淡路大震災時の130万人を越えるボランティアの登場をきっかけとして，ボランティアあるいは市民活動を持続的に保証する制度的な枠組みをつくろうという動きが，政府，国会，市民団体の間で生まれてきた。この動きは，市民運動が持続的に活動できるように，市民団体をNPOとして制度化しようという運動に収斂してくる。そして最初に運動側が提案した「市民活動促進法」が1998年に「特定非営利活動促進法」（NPO法）として，紆余曲折を経て成立した。本節では，阪神・淡路大震災の被災地への救援活動からNPO法案が国会で成立するまでの経緯等について述べている。

　第5節としては，NPO法成立後の市民運動の動向（1998年〜2000年前後）を扱っている。NPO法では市民活動団体に法人格のみ認められたため，引き続き税制優遇も認められるよう運動が続けられた。またNPOが社会の中で認められるようになるために，行政との関係，企業との関係が問題とされ

ると同時に，NPOによるNPO支援として「NPOサポートセンター」の役割が論じられるようになった。そして，NPOが行う行政や企業へのコンサルティング，マーケティング，ファンドレイジングも語られるようになった。

　具体的には，市民団体によるNPO法の評価，NPO法成立後のNPOへの税制優遇の措置，NPOと行政・企業との関係，事業型のNPO，NPOサポートセンターによるNPOの支援などについて述べている。

　以上から言えることは，NPOは"市民活動・社会運動"の系列であり，社会変革のエージェントとなる資格をもつものであるということである。市民運動の立場からこの1990年代の運動を表現するとすれば，「NPO段階の市民運動」すなわち「市民活動」と言えるだろう。

　第2章では，NPOが，1990年代の社会に，その変革に向けてどのような新しい知見をもたらしたかについて述べている。

　先ず，1990年代のNPO段階の市民運動は「市民活動」と呼ばれるところから出発している。そこから，市民活動にとっての「公益」すなわち「市民公益」とは何か，その時に主体となる「市民」とは何か，それが生み出す「市民社会」とは何かを考察し，「市民活動」の側からこれらの概念を再規定している。

　さらに，このような「市民」が「市民公益」を実現していくフィールド（場）を4つに区分し，そのそれぞれに4種類の市民（〈公的市民〉，〈私的市民〉，〈ブルジョワ的市民〉，〈行政的市民〉）を分析的に設定し，「市民社会」を実現するということは，これら4種類の市民がどのように関わり合うことになるのかというダイナミズムを示している。それによって，「市民」が「公益」を担いそれを実現していく社会的なプロセスを説明している。

　続いて第Ⅱ部では，日本において1990年代がNPOにとって実際にど

ような時代であったのかを理解するために，当時の市民運動に関する３つの論文の論点を再整理しながら示している。

　先ず第３章では，アメリカから日本に導入されたNPOとはどういうものであったのか，その背景および特質を確認するために，1980年代前半のアメリカの市民運動，特にその先進地と言われるサンフランシスコ湾岸地域の草の根の市民運動を分析した。そこでは，これまでとは違った「新しい動き」が現われており，それが依って立つ価値は「自発的簡素さ voluntary simplicity」であり，その追求の過程は「陰謀 conspiracy」と呼ばれ，それが実現目標とする社会は「もう一つのアメリカ another America」であった。すなわち，既存社会のオルタナティブを目指すものであり，そこから市民運動の特性として《エコロジー的世界観》と《オルタナティブ志向》が導き出された。

　従って，そのような背景と特質を持つNPOを導入した日本のNPOの基礎にも，《エコロジー的世界観》と《オルタナティブ志向》がビルトインされていると考えることができる。

　第４章では，純粋に個人の自発性と社会貢献性（「公益」の実現）から出発した市民運動が，どのような価値観と運動のスタイルを形成することになるかを，1990年代始めの反原発運動の新しい動き，すなわち「反原発ニューウェーブ」の活動の中に見ていった。このグループは，1988年１月，高松市で開かれた「伊方原発出力調整実験中止を求める集い」を初めて企画したのであるが，その後の運動の展開，彼らが提案した抗議行動の４原則等から，「ネットワーキング」後の1990年代の市民運動のダイナミズムを示すプロトタイプ（原型）であったと捉えられる。

　そのダイナミズムは，個人が主体的に運動に参加し，運動組織の継続性に拘束されることなく，同様な運動が全国で多発的に現われかつ繋がることに

よって，大きな〈うねり〉をつくり出していくという形である。このような「反原発ニューウェーブ」の活動は，それ自体としては長くは続かなかったのであるが，市民が各自の思いをパフォーマンスによって訴えていくという運動スタイルを生み出し，そのスタイルは，反原発運動だけに止まらず，今や草の根市民運動の主流になっている。その端緒が伊方原発出力調整実験反対の高松行動だったのである。

第5章では，「パートナーシップ」を中心に据えた草の根市民運動を取り上げている。ここでは，「川越蔵の会」（NPO）が，川越市の若手職員，地元企業，町内会等の地域団体と，さらに建築・都市計画系の学者・研究者ともパートナーシップを組みながら，幾重ものネットワークの上に活動を進め，「重要伝統的建造物群保存地区」に指定されるまでの経緯を辿り，そこに現われた重層的な繋がりを，「川越式パートナーシップ」と名づけている。その特徴は，「蔵の会」自体が，また「町づくり規範」をつくり出した「町並み委員会」が，セクター間のラウンドテーブルとして機能しているところにある。

最後に終章では，以上から，日本における NPO は，市民公益活動の基盤整備の過程から生まれたものであるため，自らの特質として「公益」，「オルタナティブ志向」，「エコロジー的世界観」，「パートナーシップ」をビルトインして持っており，活動全体としては持続可能な「コミュニティ」づくりに向かっているということを結論として示している。

注
1) 高田昭彦「アメリカにおけるグラスルーツの市民運動の新しい動向――サンフランシスコ湾岸地域を中心に」『成蹊大学文学部紀要』第 20 号，1984 年，pp.62-95 を参照。
2) この『首都圏の市民活動団体に関する調査 調査結果報告書』（町村敬志編，2007

年)の最終報告書として,『市民エージェントの構想する新しい都市の形——グローバル化と新自由主義を超えて』(科学研究費報告書)(代表 町村敬志,2009年)がある。ここでは,首都圏の市民活動団体に関して,その地理的分布,団体の規模,団体の類型化,NPO法との関連,活動アリーナ,リーダー層の意識と政党支持などが,さらに詳しく分析されている。

　この中に,「NPO・市民活動」が"市民活動・社会運動"の系列であることを示す章がある。それは,第5章の「市民運動からNPOへ——埼玉ベ平連・浦和市民連合の軌跡」で,1960年代の反戦市民運動が「反戦と市民自治というテーマで活動を続けることを選択し」,1997年に「埼玉NPO連絡会」に参加した経緯が述べられている(町村編 2009：88-94)。この団体は,「浦和という地域社会に定位しながら,普遍的とも言える運動テーマを,ローカルな範域で実践することにこだわり抜いてきた運動体」(同：94)で,その活動の軌跡は,「抗議手段やテーマの移行ではなく,それらが重層していく過程として捉えることができる」(同)。すなわちここでは,"市民活動・社会運動"が「抗議手段やテーマ」を「重層」させながらNPOへと繋がっていくものであることが示されている。そして,「60年代を中心とする"社会運動の噴出"から70年代を分水嶺とする"市民社会組織"の持続的成長への移行は,単なる"断絶"ではなく,"断絶"の契機を含んだ"再編成"のプロセスと表現するのが適当ではないか」(同：160)と指摘されている。

　この"抗議手段やテーマが重層していく"という見方は,筆者の言う「市民運動からNPO・市民活動へ」(高田 2003)という表現の内容をよく説明している。それは,運動の様々な「段階」を「乗り越え」ながら今の「NPO・市民活動」が到来したという「進化論的なモデル」ではなく,「NPO・市民活動」は,50年代・60年代の社会運動,70年代に噴出した諸々の異議申し立ての市民運動,80年代の「ネットワーキング」,NPOという制度的な保証を得た90年代の「市民活動」という,それぞれ特徴的な運動が「再編成」され「累積」されたものとして説明できる。それぞれは「乗り越えられた」のではなく,「再編成」された状態で,「NPO・市民活動」の中に共存しているのである。

　従って,「市民運動からNPO・市民活動へ」とは,運動の「特定の形態に規範的意味を読み込むような」(町村編 2009：264)「段階論」的な見方(道場 2006)ではない。それは「段階移行ではなく,"累積する段階へ"」と捉えるべきで,「現在に至るまで活動を続けて来た団体については,"乗り越え"図式が想定してきた問題群は活動条件の一部に組み込まれて」(町村編 2009：82)いる。そこには,「自らの主張を通すために,抗議行動,市民参加を問わず,あらゆる手段を動員する

"市民活動団体"の姿」（同：227）が浮かび上ってくる。

　このように，この『報告書』は，社会運動—市民運動—市民活動というものに一連の繋がりがあることを，調査結果から示したと言うことができる。

3）　ここで，『脱原発をめざす市民活動』（前出）において，なぜ町村が「市民活動」と「社会運動」を結びつけて，"市民活動・社会運動"としたのかを考えてみたい。これは，「福島第一原発事故後に大きな盛り上がりを見せた原発・エネルギー問題に関わる」（町村他 2016：29）運動を指している。そこでは，社会運動（反原発運動）と市民活動が「震災後，大きく重なり合い，簡単に区別がつかない」（同）ことになっていた。町村によると，社会運動は，「制度変革をめざし集合的な形で行われる行為」（同）であり，市民活動は，「社会運動とは対比する形で」，「新しい価値観や公共サービスを開発・提案・創造するタイプの活動」（同）である。しかし，調査で明らかになったことは，「明確な争点・政治性を掲げ，自らを"社会運動組織"と位置づける団体」も，その活動は「多様で幅広い市民活動との接続によって支えられていた」（同：30）こと。一方，「政治的争点との関わりを避けていた」市民活動団体が，「デモや街頭行動への参加を通じて"社会運動"として立ち現れ」（同）てきたことである。これが，町村が"市民活動・社会運動"という表現を使った理由であろう。すなわち，「社会運動セクター全体」（同：33）の中で，特に「市民活動」に重点を置いて形成された運動を，"市民活動・社会運動"と表現している。

第Ⅰ部　NPOが登場した1990年代

第1章　1990年代の日本における市民運動
——ネットワーキングの導入，NPOの発見，NPO法の制定をめぐって

第1節　復興期・高度経済成長期からネットワーキング導入まで
（1945年〜1985年前後）

1. 現在の市民運動と行政・企業との関係

　現在の市民運動，特に「市民活動」と言い換えられる運動の場合，行政が行う公的サービスをサポートして行政と共同行動をとったり，あるいは企業の行う社会貢献活動をサポートしたりすることから，そこに集う市民は行政や企業のパートナーと位置づけられている。

　だが，行政はなぜ「市民活動」にこれほど好意的なのだろうか。振り返ってみると40年くらい前は，「社会運動」あるいは「市民運動」が語られる時，その「市民」は明らかに行政と対立する存在であった。「市民活動」を，"市民が自分たちが問題だと思ったことの解決を目指して自主的に取り組む自発的な活動" と捉えると，これは従来行政が一番苦手としていたものではないのか。

　行政は，批判することなく行政の施策に協力してくれる市民や団体（多くの町内会・自治会や体育協会等）に対しては，様々な便宜を図る。しかし，行政とは異なった自分自身の考えをもって行動する者たちは敬遠しがちで，まして行政の施策を批判する者たちには敵対してきた。その行政がいつ頃から「市民活動」に協力的になったのか。今や「市民活動」との協力・協働が行

政主導的になり過ぎないようになどと、行政自身が自己規制するまでになっている。

一方「市民活動」は、企業とも協力関係を形成している。環境に優しい商品の共同開発や、企業が発行する環境報告書の作成、NPOへの社員の派遣と研修、災害時の復興支援を協力して行うなど協働の関係が進められている。

このような市民と行政・企業とのいわゆるパートナーシップの現状を理解するために、それを生み出した戦後の日本社会の状況と、それに対する市民の動きを確認することから始めよう。

2. 戦後復興期から高度経済成長期にかかる時期の市民運動
（1945年～1965年前後）

① 大組織による大衆運動と自主的な個人の「草の根」運動

敗戦直後から日本が復興し高度成長に入る時期（1945年から1965年前後まで）の市民運動は、イデオロギーを前面に出す平和運動、民主化運動であり、基盤は労働運動であった。運動を担うのは階級構造を自覚した「労働者」とされ、運動の単位は労働組合であった。それらは知識人あるいは政党や大組織に主導された大衆運動として現れており、大組織がそれまでの既存の大組織（エスタブリッシュメント）に取って代わろうとするものであり、従って個人の生活レベルから社会を変革しようとするものではなかった。しかしその中にも、「主としてノンセクトの生活人・職業人による自主的・自発的な運動」（日高1974：375）が現れてくる。

この運動は当初、大組織が主導する運動の中で、影響力のごく小さな「草の根」の活動に過ぎなかったが、「当該社会の公共的課題の解決に向けて自らの意志で積極的に行動する」（同）という特徴を備えていた。すなわち、"①公的領域において、②自発的で責任ある活動をする"という特徴である。

例えば、政党に主導されるようになる前の「原水爆禁止運動」（1954年）や、安保闘争時に組織動員された巨大なデモの中で、個人として自発的にデモを

行っていた「声なき声の会」(1960年)がある。高度成長期に入ってからの1960年代半ば過ぎの「ベ平連」(ベトナムに平和を！市民連合)も，同種の運動であった。いずれも，国際平和，日米関係という公共的課題の中で，自主的な個人が自己責任で行動していた。これらはいずれも，大組織が主導する運動の中で，影響力のごく小さな「草の根」の活動に過ぎなかったが，個人が自分たちを超えた制度や機構に対して日常生活レベルの感覚から異議を申し立てるという「草の根運動」は，既にこの当時から存在していたと言える。

② 市民運動の4つの型

先ず，この時期の市民運動の特徴を大きく捉えてみよう。そこでの運動は，「社会運動」という名で呼ばれることが多く，そこには4つの型が見られる。

第1は平和・人権型である。これは，平和運動，民主化運動，原水爆禁止運動などに見られ，西欧的な「市民」の概念を成り立たせている諸原則，すなわち「基本的人権，自由，平等，民主主義」等に敗戦国日本としての反省の上に立つ「恒久平和」を加えた普遍的原則を，社会に実現しようと活動してきた運動である。労働運動も，労働者の基本的人権の実現を図るものと捉えれば，ここに含まれる。これらは，運動の初期の頃には一般市民や知識人が活躍することはあっても，次第に政党やセクトに主導権を握られることが多くなった。時期的には1960年の安保闘争以前が中心である。

第2は公害反対・住民運動型である。これは，特定の工場やコンビナートによる公害，迷惑施設の建設や道路の拡張などによって，被害を受けたりあるいは被害を受ける可能性のある住民が，その原因をつくった企業や行政に対して，原状回復や補償，計画の撤回等を目指して行った運動である。1964年の三島・沼津コンビナート建設反対運動は成功はしたが，熊本や新潟の水俣病に見られるように，被害が生じていても司法の判断が出るまでは対策が講じられないままである場合が多い。日本の高度経済成長の裏面を象徴するもので，1960年代以降に顕著になる。70年代になると，自動車排ガス・ゴ

ミなどの生活型公害も対象になってきた。原子力発電所立地点における反原発運動もここに含まれる。

　第3は消費者運動型である。これは，戦後の食糧難の時代の生活改善を目指す諸運動にも見られたが，「日本消費者連盟」発足（1969年）以降，1970年代に顕著になった告発型の消費者団体による運動であり，市民運動としては，健康や消費者としての権利を運動の原理として明確化した。ラルフネーダーによるGMの欠陥車告発の勝訴（1964年），有吉佐和子の『複合汚染』による食品公害の告発（1975年）などが，人々の目を消費行動の再考に向ける契機となった。生活クラブ生協は，現在政治の領域でも活動しているが，活動スタイルの点ではこの型に属する。

　第4は主体的自律型（狭義の市民運動）である。これは言わば個人中心の運動であり，「声なき声の会」や「ベ平連」のように，社会の問題に異議を申し立てる個人がヨコの関係でつながりあって自己責任で活動する草の根市民運動である。その特質は，参加者の活動を各人の自己実現，つまりアイデンティティの探求と結びつける姿勢にあり，セクトが主導権を握る前の「全共闘運動」もここに含まれる。また，1960年代以降の共同体やエコロジーを志向する「対抗文化運動」の中にも見られる。

　以上の4つの型は，社会の歴史的推移を反映した，運動が強調する活動の焦点に基づくものであり，実際の運動は人間の普遍的原則，被害者救済，消費者主権，アイデンティティの探求などの混合体である。例えば，食品の安全性を追求する運動が，その活動の過程で消費者としての諸権利に目覚め，同時に被害にあった人々を援助し，さらに未来世代の生きる権利をも視野に入れるようになる。その結果，運動の参加者は，運動を通じて社会の中での自分の位置づけ（アイデンティティ）を確立することも，十分に起こり得る。

　これらの運動に共通するものは，既存の社会構造とそれを支えている勢力への対抗の姿勢である。そこでは先ず「拒絶」があり，それを自分が疑問を感じる領域で表現することが，すなわち具体的な活動であった。従って，同

質性を重視する社会の中にあっては，運動の参加者たちは必然的に目立たざるを得ず，世間からは「普通の人々」とは異質な存在であると，やや非難の意を込めて見られていた。

3. 高度経済成長期から低成長期にかかる時期の市民運動
（1965 年前後〜 1985 年前後）

① 1960 年代の運動の反組織的傾向

　続いて，高度経済成長の弊害が顕著になり石油危機から低成長が続くようになってしばらくの時期（1965 年前後から 1985 年前後まで）の市民運動は，特に反組織的傾向が強い。具体的には公害反対運動，住民運動，学生運動，消費者運動，対抗文化運動，女性運動，障害者運動などが現れてくる。中でも 60 年代末の学生運動である「全共闘運動」に特徴的に見られる。そこでの組織化に関する最低限の了解は，「第 1 に個人の主体的決意によってのみ参加する。第 2 に指導部はつくらず問題はすべて全員討議にかける。第 3 に主体的参加が低下し集まらないようになった時には組織の維持を自己目的化しない。」（高沢 1984：42）であった。

　これはすなわち，①主体的参加，②コンセンサスによる意志決定，③組織の自己目的化阻止であり，やりたい者が「この指とまれ」方式で横につながり，その目的を達成（成功しない時も）した後は解散するという方式であり，組織の存続・維持のために人間が使われるという本末転倒を避け，個人の主体性を最大限に尊重する組織形態といえよう。

　だが，この"組織を存続させない構造"は，全共闘の大半が学生であったように，家族責任や社会的責任を果たすことをまだ期待されていない者たちには許されるかも知れないが，社会のなかで生きつづけ，自分と家族と社会に責任を負う者の依りどころとなりえるオルタナティブな社会構造としては不適当であった。事実，恒常的な組織づくりにはあまり関心をもたなかった 60 年代の異議申し立ての諸運動は，その後，国家や機動隊との「激突政治」

にむかった新左翼運動，武装蜂起を唱える少数民族運動，体制の価値観をラディカルに全面否定し生活革命を唱えたコミューン形成やヒッピーの運動などのように先鋭化していき，社会的責任を果たさなければならない「普通の人々」には到底ついていけないものになっていった。

② 1970年代の「新しい社会運動」の登場

だが60年代の運動は，運動そのものは社会変革を追求しながら，個人の自発性・主体性（アイデンティティ）を最大限に尊重するものであり，既存の労働運動へのアンチテーゼでもあった。さらに，それらが提起した問題は従来の社会構造から発したものであり，その構造の変革なくして根本的解決はありえないものだった。例えば女性運動は，「新しい権利の主張や平等の要求に留まるものではない。それは同時に，差異の重要性を主張し，承認を必要とするオルタナティブ・コードを要求する」。また「女性は，社会全体に対し差異の問題を提起し，あらゆる人間が異質なものとして認識され得ることを訴えたのである」（メルッチ1997：59）。

60年代を経て1970年前後に噴出した諸々の運動を，トゥレーヌやハバーマスらは「新しい社会運動」と名づけた。「新しい社会運動」は，歴史的に捉えれば，産業社会における脱工業化段階で生じたものであり（Gundelach 1984: 1050），ハバーマス流に言えば，「行政の浸透によって，連帯，意味，相互作用の合意形成的な強調を産出する社会・文化的生活世界が脅かされている」後期資本主義社会の中で生じた「民主化を進める社会運動」（Arato & Cohen 1984: 268-270）だった。噛み砕いて言えば「イデオロギーに先導された従来の労働運動あるいは組織動員型の大衆運動ではなく，個人自らが納得のいかない問題に対して抗議あるいは代案提示のために自発的に結集し，自己変革を重要なファクターとしながら，社会変革を徐々に進めていこうとする様々な試み」（高田1990b：203）であった。そしてその基本には，個人の自己実現すなわち「アイデンティティというテーマが中心的課題」としてあった

（メルッチ 1997：45）。

　ここでは運動の担い手は，「運動のプロである前衛や，生活の一場面の代表である労働者や消費者ではなく，日常生活全体という場面から発想し，自律的・自発的にそこでの問題を解決していこうとする"生活者"」（高田 1993：62）であった。つまり運動を起こしたのは特別な人ではなく，生活全般に危機が浸透している現実に日常感覚で判断し対応できる，普通にかつまっとうに生きている「普通の人々」（栗原 1985：31）であった。これはまさに「市民運動」と言えよう。しかし，日本では 80 年代前半は運動自体不活発で，運動体相互に自分たちが同じ方向をめざしているという意識は稀薄であった。

　運動が不活発であった根本原因は，運動が立ち向かう体制自体が目標を見失っていたところにあるが，その閉塞的状況を生み出した社会の変化として，以下，幾つかの要因を挙げることができる。

③ 1980 年代前半の閉塞的な社会をもたらした諸要因

　第 1 に，大学紛争に典型的な形で見られた，高度経済成長の歪みから生じた 1960 年代の青年の異議申し立てを，体制側が抑え込むことに成功したこと。このことにより，「近代社会」において構造的に変革の担い手になるはずの青年層が，身の回りの関心に集中する私生活主義に陥り，日本の社会はそれ以降の社会を築いていく重要な変革主体を失うことになった。

　第 2 に，高度経済成長がもたらした「豊かな社会」が出現したこと。そこでは単に物資が豊富に存在するというだけでなく，情報操作により人々の「欲望」自体を内部化した資本制システムは，高度な「消費社会」を実現させた（見田 1996：35）。その結果，人々は特定化された欲望や関心を共有する他者との同質的な世界（カルト）に安住し，各自の趣味を充足させることが第 1 目的となり，社会システム全体が向かいつつある方向に無関心になっていった。

　第 3 に，社会全体の目標が消失したこと。戦後から 1960 年代までは経済

復興・経済成長という社会全体の目標があり，その実現を目指して社会システムが整備され個人は動機づけられていた。その結果，西側世界でアメリカに次ぐ第2位のGNPを達成した（1968年）。しかし同時に，公害や環境破壊，石油危機など「成長の限界」の存在を示す現象が顕著に現われてきた。その結果，日本の社会システムは従来の経済成長路線のままの態勢で，新たな目標や確固たる枠組みを示せないまま，個人のアイデンティティも不安定な状態で放置されてしまった。

第4に，体制を支えていた「経営システム」の正当性が揺らいできたこと。国際化・情報化の中で，政・官・財の癒着と汚職，バブル経済への饗導と破綻などによって，日本の官僚の優秀性神話の崩壊が一般の国民の目にも明らかになってきた。

第5に，政府や行政の施策と市場システムに任せるだけでは不十分な領域が存在することが明らかになってきたこと。これは，高齢化の亢進に伴って特に福祉の分野で生じてきた在宅介護や医療制度の見直し，また国際化の一側面である外国人労働者問題などに顕著に見られた。そこでは公共分野への民間の取り組みが期待されたのはいいが，それがむしろ行政からの安易なボランティアへの期待を生むことへも繋がった。

さて，これらの要因の結果出現した社会は，体制という枠組みは存在するものの，社会全体の目標を欠いた豊かな「消費社会」でしかなく，ここでは人々は確固としたアイデンティティを得ることなく各自の殻に閉じこもり，体制側も変革側も共に明確な社会の担い手を見出せないままの状態であった。しかも，早急に対応すべき新しい社会領域が生まれ，そこでは解決が急がれる問題や課題が山積しているにもかかわらず，解決の方向性も主体も見つからない閉塞状態にあった。要するに，社会とそこに住む人間に存在意味を与える根本の部分が空洞化していたのである。

このような，枠組みは存在するが内部が空洞化している状態では，もはやエスタブリッシュメントへの対決型である従来の「市民運動」は力を発揮で

きず，社会変革の目標と担い手を失うことになる。ではどのような形の運動が望ましいのか。

　答えは外からやってきた。そして，それによって，1980年代後半以降の「市民運動」が方向づけられることになったのである。

4.「ネットワーキング」の登場（1985年前後）

①『ネットワーキング』の翻訳と紹介

　80年代前半の日本の市民運動の状況は，新しい争点も，従来の運動を捉え直す新たな認識枠組みも発見できないまま，全体としては沈滞していた。そのような時，リップナックとスタンプスの『ネットワーキング』（1982年）が出版された。わが国での翻訳は，正村公宏専修大学教授を監修者として，経済企画庁国民生活局と社団法人社会開発統計研究所および民間企業のメンバーによる翻訳チームによって（吉田2007：136），1984年に出版された。「住民図書館」の館長であった丸山尚が，日本で「社会現象としての"ネットワーキング"が現れたきっかけは，『ネットワーキング』の翻訳・出版である」（丸山，1989b，p.28）と指摘しているように，この翻訳本は，日本の市民運動の現状と将来の方向づけを共に説明するものとして活動家たちに受け入れられた。

　「ネットワーキング」は，1960年代に生じた新しい価値観とそれを実現する組織形態の統合体であり，具体的には「もう一つのアメリカ」（リップナック他1982＝1984：23）を指している。すなわち，「競争的・軍国主義的で，高度の医療機関，化石燃料や原子力，市場機構，機械的な学習，ドグマ化した宗教」（同：26）などに頼っている当時のアメリカで，オルタナティブとなる生き方を追及している個々人を「ヒーリング，コミュニティ，資源利用，価値づけ，学習，内面の成長，地球全体の進化」（同：30-32）などの諸分野から集めてネットワークを形成すると，その中でまるごと完結的に生活できる一つの世界が形成される。それが「もう一つのアメリカ」なのである。つま

り 1960 年代から試みられていたホール・アース・カタログ等に見られる新しい生活様式・価値観，コミューンづくりやワーカーズ・コレクティブの実践などが，1970 年代末には大きな広がりを持ち，アメリカ全土でゆるやかな統合体を形成してきたという現実を，『ネットワーキング』は個人や団体の厖大な住所録を載せることによって具体的に示したのである。

　このリップナックらの『ネットワーキング』の翻訳を契機に，日本の活動家たちは，自分たちは自分たちの住む日本で「オルタナティブな社会」を形成しようとしている「ネットワーキング」の中にいるのだということを理解した。このアイデアに触発された個人や市民運動団体が全国から集まって，1984 年 9 月に「ネットワーキング」に関するシンポジウムが東京で開かれ，その後，わたぼうし文化基金の播磨靖夫を中心に 1985 年 3 月の準備会を経て，同年に「ネットワーキング研究会」が組織された（吉田 2007：137）。さらにこのシンポジウムを報道した『朝日ジャーナル』は，「ネットワーカーズ」という企画で，「オルタナティブな日本」を視野にいれて活動している 200 の市民運動団体を，毎週 1 団体ずつ 1984 年 10 月 19 日号から 1988 年 12 月 2 日号まで 4 年間に亘って連載した。

②「ネットワーキング」は「ネットワーク」組織とは別物

　このように日本で受け入れられた「ネットワーキング」は，新しい価値観・生き方の統合体としての「もう一つのアメリカ」（言いかえれば「もう一つの日本」）であり，組織形態の 1 つとして捉えられる「ネットワーク」とは別物であるという点に注意を喚起したい。ヒエラルヒーの形をとるツリー型の従来の組織に対する，ネットワークの形をとるリゾーム（根茎）型の新しい組織という対比は，ネットワーキングという名で企業経営においても取り上げられた（金子 1988）。だが，それは単なるネットワーク組織であって，活動家たちが注目した運動としての「ネットワーキング」ではない。

　リップナックらも「ネットワーキング」の規定については，「ネットワー

クを通した活動のこと」(同 1990：31)，あるいは「他人とのつながりを形成するプロセス」(リップナック他 1982=1984：23) とごく一般的に論じていたに過ぎないが，実際に彼らが書物の中で描いた具体的な事例の世界は，「特にわれわれが"もう一つのアメリカ"と呼ぶ世界をつくり出すネットワーキング」(同) であった。

　そして日本ではこの部分が受容された。つまり「ネットワーキング」とは，価値を込められた歴史的な概念であり，オルタナティブな運動の集合体を指している。従って，単なるネットワークづくりあるいはネットワーク形成ではない。

　すなわち，日本では，リップナックらのごく一般的な「ネットワーキング」概念の「直輸入」に関心があったわけではなく，注目したのは，彼らが期せずして描き出したアメリカにおける 60 年代の学生反乱，ベトナム反戦運動，対抗文化運動の中から生まれ出た「もう一つのアメリカ」であった。それを把握する鍵概念である「ネットワーキング」を，運動の新しい段階を切り開く価値が込められた歴史的な概念として受け入れたのである。

　ある元活動家は次のように言っている。「60 年代後半以降の全共闘，ベ平連，そして様々な市民運動，あれは管理社会化に向かう体制への鋭い抵抗だったと思うんです。ところが，70 年代，ぼくらは次に何を準備するかにまったく無能力だったと思う。だからいま必要なのは，ネットワーキングを直輸入することよりも，あの運動をもう一度きちんと整理し，自己チェックする中で，ぼくら自身のネットワーキングをつくり出さなければと，そんなふうに思っています。」(『朝日ジャーナル』1984.10.19 号：9)。

　日本での「ネットワーキング」とは，このように 60 年代の諸々の市民運動の展開を 80 年代の時点で総括し，これからの運動の新たな方向 (「もう一つの日本」) を指し示した歴史的な概念なのである。先の「ネットワーキング研究会」を発展的に継承した「日本ネットワーカーズ会議」においても，「市民活動のネットワーキング」は，「人間らしさや生命の尊重に基づく共生

社会を目的とし，現在ある産業社会のシステムに対する対案を提示し，変容を迫ると同時に，近未来の"ポスト産業社会"の創造の基盤を築いていくプロセス」（日本ネットワーカーズ会議1990：146-7）であり，現在の産業社会からポスト産業社会への橋渡しを行うものとして歴史的に捉えられている。

　市民運動あるいは市民活動における「ネットワーキング」と，行政や企業の言うネットワーキング（生産や管理の効率化のためのネットワークであり，主に情報－通信ネットワークを指している）とを混同してはならない。

5.「ネットワーキング」が日本の市民運動にもたらしたもの

① 日本の市民運動のミッションは「もう一つの日本」の形成

　このような「ネットワーキング」が日本の市民運動にもたらしたものは何か。それは今まで明示されてこなかった市民運動のミッションの自覚である。リップナックらが『ネットワーキング』のなかで主張したことは，「"もう一つのアメリカ"と呼ぶ世界をつくり出すネットワーキング」（Lipnack and Stamps1982=1984: 23）であり，今までの競争的産業社会アメリカに対してそのオルタナティブとなる生き方を追求しているグループのネットワークを形成することであった。その結果，その総体としてゆるやかな統合体である「もう一つのアメリカ」が創り出される。日本の市民運動が導入したのは，この「もう一つのアメリカ」であり，つまりはそれと同様のオルタナティブ性をもった「もう一つの日本」であった。「ネットワーク研究会」の播磨靖夫は，「ネットワーキング」は「社会を再組織するためのオルタナティブな原理である」（播磨1984：35）と捉えており，ここに，日本の市民運動のミッションは総体としての「もう一つの日本」の形成であることが自覚されていたことが分かる。

　このことは，当時の日本の市民運動に2つの帰結をもたらした。第1は，個別の市民運動は，消費者運動，環境運動，福祉関連の運動などテーマは何であれ，実はお互いが「もう一つの日本」を目指す同志（パートナー）であ

るという意識である。また,「もう一つのアメリカ」という概念がオルタナティブを目指す緩やかな統合体であったように,オルタナティブとしての「もう一つの日本」も,その実現のためには,異種の領域の運動体間のゆるやかな統合・連携が必要であるということで,1985年前後以降,日本の市民運動では異種の運動体間のネットワークづくりが活発に試みられるようになり,そのリンクの役割を果たすネットワーカーが重要視されるようになった。

第2の帰結は,自分たちの目標達成のためには,従来敵対視してきた行政あるいは企業とも手をつなぐこともあり得るのではないかという認識であった。それは,批判要求型あるいは対決告発型の市民運動としてではなく,理想的な生き方や仕事をモデルとして提示することによって,実質的な社会変革を進めていこうとする姿勢である。1980年代半ばから顕在化した「生活提案型市民運動」にその動きを見出すことができる(片岡他1986)。

② 「市民活動」とは「ネットワーキング」を経験した「市民運動」

上記2つの帰結を経験した者たちは,「ネットワーキング」の視点から,自分たちの運動を「市民運動」の代わりに「市民活動」と呼ぶようになる。言い換えれば,これまでの「市民運動」は,「ネットワーキング」を経験することによって,新しい段階の「市民活動」に生まれ変わったと言える。「市民活動」を,社会運動―市民運動の系列に沿って言えば,すなわち「ネットワーキング」を経験した「市民運動」と規定できる。ただし,実際に「市民活動」という言葉が普及するのは1990年前後以降である。

なお,「市民活動」という言葉が上記の意味で使われるようになったのは,トヨタ財団が1984年に始めた「市民活動の記録の作成に関する助成」プログラムが最初であると言われている。それまで自然保護,地域福祉,海外協力などタテ割りで捉えられていた諸々の活動を,「全部ひっくるめて」「市民活動」という概念で捉え直してみると,「その"シマ"の隙間にいろいろな

活動が芽生えてきている」のが見えてきたと，当時プログラム・オフィサーであった山岡義典は述べている（山岡 1997：28-29）。

　しかし，異種の運動体間のネットワークづくりが活発になっても，市民運動全体が日本社会のなかで力をもってきた訳ではない。なぜか。それは，このネットワーキングの導入に欠けたものがあったからである。それはネットワーキングを支える組織に関するものであった。

第2節　市民運動としての「ネットワーキング」の展開
　　　　（1985年前後〜1990年前後）

1.「オルタナティブな日本」をめざす草の根市民運動

①『ネットワーキング』の翻訳（1984年）

　80年代前半の「ネットワーキング」概念に接した市民運動は，これまでの様々な対抗的な活動が結局は「オルタナティブな日本」を目指していたこと，その実現のためには個々の市民運動が連携（ally）し合い，共同の運動空間をつくらなければならないことを知る。つまり，「ネットワーキング」は市民運動に，自らの進むべき目標（＝オルタナティブな日本）と，それを実現するための基本的な戦略（＝連携 alliance）を示したのである。

　このように目標と戦略が明らかになると，市民運動は従来の固定観念（例えば「運動」とは目標を達成するためのヒエラルヒー関係に基づいた組織的行動であり，戦略論・行動論・組織論が不可欠である。丸山 1989a：23）から解放されて，自由な動きを始める。

　しかし，自主講座や公害問題研究所を経験した宇井純が「各地の運動のネットワークをつくる試みが全体として成功していない」（宇井 1984：6）と述

懐しているように，「もう一つの日本」をつくろうとする気運はあっても運動としては現実のものとはなっていなかった。ただし，雑誌『80年代』が1982年の5－6月号で，オルタナティブをめざす草の根市民グループを集めた「もうひとつの東京地図」という特集を組んだことは，オルタナティブ志向を鮮明にしたネットワーキングの試みとして特筆できる。さらに，全国のオルタナティブな交流拠点を網羅した同誌編の『もうひとつの日本地図』が1985年10月に発行された（『もうひとつの日本地図』の続編は1992年10月発行）。

　一方，この時期は，官庁や大企業による管理社会化につながる「上からのネットワーク」が進行中で，その中にヒト，モノ，カネ，情報を巻き込みつつあった。そのため，それに対抗するには，「自立的大衆運動とそれに基づく自前の事業を，生活と労働のあらゆる領域において組織し，それがネットワーキングしていく以外にはありえない」（丸山 1985：62）という意識が，既存の社会運動の一部にも確実に広がりつつあった。

②「ばななぼうと」の企画

　1986年になると，「ばななぼうと」という徳之島の国産バナナ復活支援の船旅（10月の6日間）が企画された。この旅は副題に「もう一つの生活を創るネットワーカーズの舟出」とあるように，既に自らの活動のオルタナティブ性とネットワーキングの経験が十分に意識されている。船旅に集まってきたのは「生活の現場で闘い，代案提示を行なっている」全国の草の根の活動家たちであり，その共通認識は，国産バナナ問題の背後にある労働搾取，南北問題，生産性至上主義，国家の暴力が，「全て1つの根本的な問題の多様な表現にすぎず，どの問題もそれ自体では解決されない。領域横断的な運動の連携（ネットワーキング）なしには根本的変革は不可能」（『ばななぼうと』1986：5）というものであった。

　従って，この段階では，日本における草の根の市民運動の中に「ネットワ

ーキング」は既に根づいていたと言える。なお「ばななぼうと」の旅で作成された1300団体を載せた「もう一つの生活を創るネットワーカーズ・リスト」は，反原発運動の「ニューウェーブ」の人びとが1988年1月と2月に高松で開いた「伊方原発出力調整実験中止を求める集い」の際の動員に大いに役立っている。このとき高松には抗議行動のために5,000人が集まり，実験中止を求める署名は100万人を越えた（第4章を参照）。

「ばななぼうと」の他にも，例えば，「新人類」（1985年）と呼ばれる「元気印の若者たち」が企画した中国・東南アジアの戦跡を訪ねる「ピースボート」，『世界』（1986年5月）で紹介されたリサイクル運動，ボランティア活動，心身障害者運動，さらには消費者グループを巻き込んだチェルノブイリ原発事故（1986年）以降の反原発運動などがある。

そうした草の根の活動家たちは，「市民運動は基本的に楽しくて得をするモノでなければいけない」，「市民運動でメシを食う」，「NPOで食える人間を何人持てるかは，その国の人々の文化のレベルを，民主主義のレベルを計る1つの物差しになる」（高見1986a：54-55）など，自由な発想に基づいて行動した。こうした行動のスタイルは，80年代前半以前の運動とは一線を画しており，それらの特徴は，「ネットワーキング」以後の市民運動に共通している。

そして，従来の市民運動の中にも，価値目標としての「オルタナティブ性」が掲げられることによって，「あらゆる分野で，"もう一つの"ライフスタイルを提案し実践し，"もう一つの"社会をめざす」（『朝日ジャーナル』1986.8.1：16）新しい動きが目立つようになってきた。

③「生活提案型市民運動」の登場

この新しい動きは，自らを「生活提案型市民運動」と呼び，かつての「批判型市民運動」や「闘争型・告発型市民運動」から区別した（同）。この運動は「普通の人々が自分の問題としてかかわれる運動」で，その先駆的運動

（例えば，日本リサイクル運動市民の会，大地を守る会，徳島暮らしをよくする会等）は「1975年位を境目に」（同）出てきたとされる。

「ネットワーキング」は，この「生活提案型」が目標とするもののイメージと戦略を明瞭化した。すなわち，「もう一つの」ライフスタイルを提案する市民運動は，お互いが「モノとテーマ」で結びつく。つまり「まず理念とか方法論を語るのではなく，目の前にある，自分にとって本当に必要な"モノとテーマ"をお互いに出し合って，そこで一緒にやれるものがあったら一緒にやろう」（同：20）という形で連携をつくっていく。彼らにとっての「モノ」とは，有機農業でつくられた食べ物のように，「絶対に"新しい質"」をもち，「テーマ」とは，「無農薬の国産のバナナをつくろう」（『ばななぼうと』1986）のように，様々な考え方をもつ人々（例えば農薬を多量に使う独占企業のバナナを問題にする人，第三世界の貧困と豊かな日本の関係を見つめ直す人，国内の村おこし・島おこしに挑戦する人など）が連合できるものなのである（同：19）。このことを彼らは「モノ提携・テーマ連合」と呼んでいた。

一方，前節で述べた「ネットワーキング研究会」（1985年結成）は，トヨタ財団などの援助で地道な研究活動を続けた後，自らを発展的に解消し，新たに「日本ネットワーカーズ会議」を発足させた（1989年4月）。そして，「ネットワーキング」の理解をさらに広げるために，『ネットワーキング』の著者であるリップナックとスタンプスを招いた「第1回日本ネットワーカーズ会議」を1989年11月に開いた。この会議には，全国の市民運動の活動家たちが一堂に集まり「ネットワーキング」とそれによって可能になる「新しい世界＝ネットワーキング社会」について熱く語り，幾つもの事例報告がなされた。

もっとも，リップナックらはこの会議では，「新しい世界」（もう一つのアメリカ）を開く「ネットワーキング」の可能性を語ったわけではなく，そもそも「ネットワーキング」は，狩猟・採集の時代にも農耕の時期にも工業化社会にもそれぞれの形で存在し，現代の情報化社会では「グローバル・ネッ

トワーク」として現れていると述べていた（日本ネットワーカーズ会議 1990：22）。また，人間のネットワーク・モデルと技術のネットワーク・モデル（コンピューター・ネットワーク）は同型であり，ネットワークは「システム」と同じく一般的な概念に過ぎないと説明していた（同：24-25）。

　ここで注目すべき点は，この会議の事務局スタッフに，後述する市民活動の基盤整備を強力に推し進めることになる主要メンバーがいたにもかかわらず，この時点では運動の基盤組織となる NPO についての言及が，まだどこにも見られなかったことである。

2.「ネットワーキング」への批判

　ここで「ネットワーキング」への批判にも目を向けておこう。

　「いま話題になっているネットワークないしネットワーキング」に対して，「ネットワークは，個人単位の自由で自律的なむすびつきを可能にする」というだけなら，「お手てつないで仲良しグループという発想と何も違わない」（今田 1988：66）という批判や，「ネットワークは，非階層的なシステムで，センターもなく，部分同士の自律分散システムである」というのが特徴であるなら，「市場」も同様のシステムではないか（同）という批判がある。

　しかしながら，これらは，「ネットワーキング」の特徴を，個々のネットワークから形式的にとり出し，それらを個別に論じただけで，「ネットワーキング」はその総体が１つの「運動」であること，さらにその「運動」は産業社会のオルタナティブという歴史的な流れの中にあるという重要な位置づけが看過されている。

　また「ネットワーキングへの注目」は，「これまで組織化がやりにくかった住民運動を，ネットワークという発想でうまく運営していこう」（同）とする目論見であるという批判もある。しかし，それに対しては，住民運動自体がすでに変化しており，「ネットワーキング」は，その変化した住民運動すなわち「新しい社会運動」としての住民運動の歴史的な位置づけについて

論じているのであり，住民運動の運営面にだけ限定してその概念を用いているのではないと反論できる。

3.「ネットワーキング」を通して現れてくるもの

①「ネットワーキング」に対する3つの展望とそれへの対応

　さて，1985年前後に生まれつつあった「ネットワーキング」に対して，当時3つの展望が考えられていた（正村 1986：20-21）。第1は，「ネットワーキング」は「今日の豊かさや効率性を背景として生まれている」以上，産業社会全体の代替的な制度体系を提供するものではなく，従ってそれ自体では，オルタナティブとはなりえないというものである。第2は，もし「ネットワーキング」が既成の諸制度や諸機構を「補完」するものであれば，逆にやがてそれらに調整され包摂されて，それ自体の存在理由をなくし，あくまでも企業や行政の活動を改善・補完するにとどまってしまうというものである。第3は，「ネットワーキング」は「既存の体制の基本的な枠組を維持しながらも」，その中では十分に充足されない人びとの欲求をバネに，「現代産業文明批判」のスタンスを持ちながら，「長期にわたる強調と拮抗」を行うというもので，つまり「ネットワーキング」は，「超長期の展望の中で（産業社会）転換の胚芽を育成する機能を担う」という見方である。正村公宏は，この第3の展望を支持している。

　正村の評価は妥当なものであろう。しかし，既に資源や環境面で危機が顕在化しつつある現在まで続く産業社会において，「超長期」まで待つことはできない。現に地球温暖化現象は，気温上昇により将来の地球規模での食料危機を予測するまでになっている。

　われわれとわれわれの子孫が生き残るためには，運動としての「ネットワーキング」は，組織と価値の両面からできるだけ早く産業社会のなかにしっかりとくさびをうち込む必要がある。例えば価値の面では，すでに「エコロジー的価値」が企業活動のなかでも強調されるようになり，また働き過ぎ中

毒，過労死，リストラ，定年後の会社人間の悲劇等も，企業中心の生き方の再考を人びとに迫っている。また，労働時間の短縮，ワーク・ライフ・バランスのとれた働き方等への方向づけは，人々に仕事以外の生活の大切さに目を向けさせ，若者を中心とした多様な生活スタイルの実現は，社会の許容度の増大と創造的な付加価値を重視するようになったことを示している。いずれも産業社会の機能性，合理性，業績主義を重視する一元的な管理志向に対するアンチテーゼであり，産業社会の水面下では，それを支える構成員のモティベーションの瓦解が既に静かに進行していると言える。

　一方，組織の面では，環境保護，反原発，地域づくりなどの「新しい社会運動」の中で，「ネットワーキング」が80年代後半には徐々に現われてきていた。例えば，まず生産面で，ボスのいない対等な人間関係の中でコンセンサスによる意志決定によって企業を運営するワーカーズ・コレクティブや各種協同組合，流通面では企業化した産直や無農薬野菜をあつかう八百屋の連合，消費面では消費者のあいだで同様の組織形態をとる「生活クラブ生協」（これは政治面でも同じ形態で「代理人運動」を展開している）がある。これらは領域的には，産業社会のなかで大企業が効率と収益の点から事業化を控えた隙間の部分ではあるが，産業社会の再生産構造の一部に着実に浸透していると言える。

②「ネットワーキング」の導入の際に欠けていたもの

　「新しい社会運動」における「ネットワーキング」は，「オルタナティブな日本」を価値目標に据えており，当時の社会に対して批判と変革の視点をもっていた。さらに，その目標実現のためには個々の市民運動が連携（ally）しなければならないという実践的戦略ももっていた。つまり「ネットワーキング」とは，「オルタナティブな日本」に向けて実際に市民運動のネットワークづくりを進め，現状を変革していくという1つの歴史的営為であり，単なる「お手てつないで」という形のネットワークづくりではない。

とは言え，その変革の姿勢は，必ずしも対決をめざすものではなく，先ずオルタナティブを示し，それが魅力的なものであれば，参加者が集まり活動が開始される。オルタナティブの実現が目的であるので，相手が例えば体制側であっても，協力できる部分は協力する。また相手と対等に交渉できる力量がある場合には，パートナーシップを組むことも辞さない。この様な姿勢は，従来の対決型市民運動とは明らかに異なる。そしてその担い手たちは，自分たちの運動を次第に「市民活動」と呼ぶようになった。つまり，前節で述べたように，「市民活動」とは，「ネットワーキングを経験した市民運動」のことなのである。そして，「ネットワーキング」が市民運動にもたらしたものは，今まで明示されてこなかった市民運動全体のミッションの自覚とその実現に向けての戦略と言える。

さて，市民運動が提案型になり，オルタナティブを提示するようになると，これまでの対立型のように，体制側の計画や実施行為に反対しそれを阻止あるいは敗北した時点で解散という行動はとれなくなる。1960年代以降の市民運動の流れを見ると，60年代の学生運動や反戦運動には，ひたすら「国家や体制」の打倒や変革のみを叫ぶ動きが少なからず見られたが，70年代には対抗文化運動や消費者運動を通じて，足許の「自分の日常生活」の変革へと移行し，80年代では「社会」に対するオルタナティブの提案に至っている。そのオルタナティブを実現するためにも，市民運動は全体として，あるいは個々の運動体自身も，継続的で社会的に安定したものになる必要がある。

しかしながら現実には，当時，異種の運動間のネットワークが広がり各地に次々と新しい団体が生まれているにもかかわらず，市民運動全体としては，既存の諸勢力と対峙するほどの力を持てないでいた。イベントや集会は活発だが持続性に欠ける。それは何故なのか。「ネットワーキング」の導入だけでは充分でない何かが欠けていたのではないか。

そしてようやく，その欠けたものが，市民運動体全体を安定したものにす

るための社会的な基盤整備ではないかという意識が，市民運動の側で高まってきた。同時にこの時期，前節の体制の空洞化であげた第4の原因（体制の経営システムの信用性の失墜）と第5の原因（政府や市場で扱いきれない新領域の出現）が本格化し，その新領域を責任をもって担っていく主体としてボランティアの"市民活動団体"が，社会的にクローズアップされるようになった。そして，市民運動は「ネットワーキング」を経験することによって，個々の市民運動が相互に連携した大きなネットワークを形成すると同時に，個々の運動体を持続的で安定的なものにするための制度的保証（基盤整備）が不可欠であることに気がついたのである。

　この欠けたものに運動の側が気づいたのが，1990年前後であった[1]。

注
1) 運動の側で比較的早くグループとしてNPOの存在に気づいた例を2つ挙げるとすれば，1つは山岸秀雄を団長とするネットワーキングの実態調査のための訪米調査交流団であり（山岸2000：112），もう1つは林泰義を団長とする「世田谷まちづくりセンター」設立のためのまちづくり視察団であった（林1989：3）。いずれも1988年のことである。

第3節　NPOの発見とその後の市民運動（1990年前後～1995年）

1. NPOの発見

① 「ネットワーキング」を支えていたNPO

　リップナックらの「ネットワーキング」において，具体的な「ネットワークを通した活動」を行っていたのは，実は制度的に保証されしかも税制優遇措置も受けた法人，すなわちNPO（民間非営利組織）だったのである。

リップナックらは『ネットワーキング』の執筆にあたって，各領域のキー・パーソンに芋蔓式にインタビューをしながらネットワークを広げていった。このため「ネットワーキング」とは個人間のネットワークという印象を受けるが，各章末のディレクトリーにあるように，つないでいたのは実は個人ではなく運動体だった。そしてこれらの運動体の大半が法律的にはNPOだったのである。

　アメリカのNPOとは，収益を得てはいけないのではなく，その基本は，「非配分の原則，つまり収益をその役員とかメンバーに配分してはいけない」（今田1996：8）ことにある。したがってスタッフに給料を支払うことはかまわない。NPOは法人法と税法の両方から規定される。法人法では，州によって違いがあるが，州の州務省に法人格を登録する。たとえばカリフォルニア州では，法人の目的が「公益・共益・宗教（public benefit, mutual benefit, religious benefit）のため」のいずれかであれば，準則主義（「法律に定める要件を備えていれば，一定の手続を踏めば行政庁の判断なく法人となれる」，シーズ1998：20）で登録が認められる。

　一方税法では，連邦の内国歳入局（Internal Revenue Service: IRS）に「公益（public interest）に資するものである」ことを申請し，チャリティ団体（charitable organization）であることを許可されると，税制上の「非営利」（nonprofit）である法人格がもらえる。これで法人税が免除される。そのなかでも，「宗教的，慈善的，科学的，文芸的，教育的，あるいは公共の安全の目的」をもち，「非配分の原則」で，「立法に影響を与えたり，何らかの政治的キャンペーン」の活動に荷担しないものが，IRS501（c）3として認められ，寄付に対する税控除と郵便料金の割引が認められる。アメリカでNPOという場合はこのIRS501（c）3を指す（今田1996：10）。つまりアメリカの「ネットワーキング」は，このように制度的に支えられたNPOによって機能していたのである。

② 企業の社会貢献活動と「第3セクター」論

　一方，日本では，「NPOの発見」は企業にとっても重要であった。1990年は「フィランソロピー元年」と呼ばれており，企業がコーポレート・フィランソロピー（企業の社会貢献）に強い関心を向けた年と言われている。もっとも企業は，それ以前の1980年代後半から，海外進出した先で，寄付を求める市民グループに出会って，NPOの存在を知っていた。

　企業の新たな取り組みの背景には，①欧米に進出した企業が，現地での摩擦を避けるために要請される社会貢献活動に対して取り組み始めたこと，②企業利潤の社会的還元の要請に応えるため，さらには③企業のイメージアップのため，などの理由があげられる（大和田1991：54）。この後企業は，寄付や補助金を出すだけでなく，ボランティア支援・派遣などの直接行動も「企業市民」（コーポレート・シティズン）として行い始めた。

　このように企業が自らの社会貢献活動に目を向け始めた1990年前後の一連の動きを追ってみると，1988年に経団連（日本経済団体連合会）が「国際文化交流委員会」を設立，アメリカに「良き企業市民のあり方」をテーマに視察団を派遣。1989年，経済同友会が「望まれる企業市民像」を発表。経団連は「海外事業活動関連協議会」を設立。1990年，経団連は「企業の社会貢献活動推進委員会」と「1％クラブ」（企業の経常利益の1％，個人の可処分所得の1％を社会貢献に回す）を設立。「企業メセナ協議会」（民間企業による芸術文化支援団体）設立。富士ゼロックス社が初めてボランティア休暇制度を導入。1991年には，経済同友会が「新世紀企業宣言」。経団連が「社会貢献部」を設置。東京商工会議所が「企業の文化振興活動の促進に関する要望書」を作成。大阪商工会議所が「大阪コミュニティ財団」（企業や個人からの寄付を募って支援活動を行う）設立。1993年には「日本フィランソロピー協会」が設立された。

　このような企業とNPOとの社会的な位置関係を把握しようとする時,「第3セクター」論が有効である。ただし，ここでの「第3セクター」とは，日

本で通常用いられている民間活力導入のために自治体と企業が共同出資して設立される半官半民の「自治体出資法人」のことではない。

　ここでの「第3セクター」とは，社会を「第1セクター」（公共セクター，政府・行政部門），「第2セクター」（民間セクター，企業営利活動部門），「第3セクター」（形態は民間であるが目的においては公的色彩の濃い組織集合，民間非営利活動部門）に分類した場合の，第3部門である（サラモン他 1994=1995：11）。この分類は，「インディペンデント・セクター」とも言われる民間非営利部門（「第3セクター」）を強調するものであり，その根拠は，現代の社会ではこの部門が最も活き活きと創造的であり，変革が起きるとすればこの部門から広がるというものである。

　ドラッカーによれば，アメリカでは1950年頃には政府と大企業が支配的な地位にあり，非営利セクターは「付け足し的な存在」と見られていた。しかし，1990年頃には「非営利機関こそアメリカ社会の中枢であり，まさしくアメリカ社会の最も際立った特徴である」（ドラッカー 1990=1991：ⅷ）。そしてそれは，「人々にコミュニティの意識を与え，目的と方向性を与える」（同：xiii）「人間変革機関」（同：ⅷ）であり，人間の活動に意味と目的を与え，尊厳を備えた人間に変革すると述べられている。そしてこのことは，1995年の阪神・淡路大震災後の「ボランティア革命」を経験した日本においても，十分に証明されたと言える。

　だがサラモンによれば，「一連の社会的役割を担うためにますます求められてきている必須の公共目的に奉仕する民間機関により構成される"第3セクター"」（サラモン他 1994=1995：15）は，アメリカでも1990年の時点ではまだ概念的に混乱しており，基礎的なデータもほとんどなかったと言う。そこで，統計的なデータを収集するために，先ず彼が定めた「第3セクター」（非営利セクター）に関する共通の定義のための要件は，①フォーマルであること，②民間であること，③非営利的分配（その組織の所有者＝理事に組織の活動の結果生まれた利益を還元しないこと），④自己統治（外部の組織によってコン

トロールされていないこと）、⑤ボランタリー性、⑥非宗教的であること、⑦非政治的であること、の7つであった（同：19-21）。

一方日本では、従来の市民運動は、特にそれが草の根である場合、サラモンによる要件の①があてはまりにくい。だが、1990年を境に、市民運動が社会で一定の役割を果すためには、継続的活動を保証するこの要件①が必要であることが、運動の側にようやく意識され始めた。そしてそのためには、第2セクターの企業とも是是非非の関係を持たねばならないという意識も同時に一部に現れ、それがちょうど企業の社会貢献活動が活発化する時期と重なったことによって、企業との関係も考慮に入れた、運動継続のための「制度的基盤づくり」が浮上してきたのである。

ところで、この社会の第1、第2、第3セクターという分類図式は、「制度的基盤づくり」に必要な要素の社会的配置をよりはっきりと見えるような形で示してくれる。この図式で日本の市民運動の展開過程を説明するならば、1980年代は、市民運動が従来の第1セクターや第2セクターのネガ部分の告発から脱却し、第3セクターでの独自の活動に入る過渡期であったと捉えられる。そして第3セクターでの活動を自覚して行うことによってポジに変わった市民運動、それが1990年代の「市民活動」だったのである。

2. 市民活動の制度的基盤づくり

市民活動を制度的に保証するために、何らかの枠組みを取り入れようという動きは、1980年代後半から既にあった。先ず、その動きを辿ることにしよう。

個々の「市民活動」（＝「ネットワーキング」を経験した市民運動）が、オルタナティブを目指して自由に活動し、大きなネットワークを形成していくには、先ず個々の市民活動団体自体が組織として自立していることが大前提であり、そのための社会的な仕組みづくり（基盤整備）を進めて行かなければならない。このことに市民運動の側が気づいたのが、1990年前後である。先に述べた

ように，1989年11月の「第1回日本ネットワーカーズ会議」においては，「ネットワーキングが開く新しい世界」については論じられてはいても，その時点ではまだそのための制度上の枠組みの必要性については話題になっていなかった。

　「市民活動」を持続的で安定的なものにするための基盤整備は，その枠組みが日本に存在しない以上，諸外国の例に学ぶ必要がある。1990年前後に，それに対する試みが集中的に現れてくる。市民の側からの基盤整備への取り組みには，「ネットワーキング」，「地域のまちづくり」，「ボランティア活動」の3つの系列が見られたが，以下主な例を挙げながらそれぞれを説明していく。例として挙げた団体は，NPO法案制定の際も，市民側の中心勢力として運動を牽引した。

① 市民側からの取り組み
(1)「日本ネットワーカーズ会議」

　先ず「ネットワーキング」の系列としては，「日本ネットワーカーズ会議」が挙げられる。全国の市民活動を行っている個人やグループが集まって開催された「第1回ネットワーカーズ会議」を契機に，次のステップとして，「市民活動」の基盤整備への取り組みをスタートさせた。そして，1990年，「市民運動が抱えている"壁"に着目し」，"壁"にあたった時の市民運動の対応事例を整理することによって，市民運動が自立するための「社会制度などの"しくみ"の課題の検討」（日本ネットワーカーズ会議1992：1）を行った。その結果，「市民活動が持続し社会的な発言力を得るためには，組織・活動を維持し経済性を確保するためのマネジメントが不可欠」（同：4）であり，市民活動独自の「グラスルーツ・マネジメント」を開発していく必要があるという結論に至った。

　続いて翌1991年には，この「グラスルーツ・マネジメント」のための検討を進め，その結果，生活者の価値に基づく「①運動，②活動，③組織の複

合体のマネジメント」（同：8）の必要性に気づき，海外の事例としてアメリカにおけるNPOに注目することとなった。そして，1992年10月「第2回日本ネットワーカーズ・フォーラム」が開かれた。

同フォーラムは，「ネットワーキングを形に！――個人と社会の新しいあり方を考える」のテーマで開催され，アメリカのNPOの主立った関係者4名が招かれ，アメリカにおける民間非営利セクター（NPS），NPOの組織・運営・支援のシステム，法人設立と税制の仕組みなどが紹介された。また「マネジメント」や「パートナーシップ」についても論じられ，さらに，市民活動の「認知と支援のための法制度の創設」も提案された（日本ネットワーカーズ会議1996：ii）。

「実際の非営利組織の関係者をそろえ，"NPO" という略称とともに広く日本に紹介したのは，このフォーラムが初めてであった」（吉田2007：141）と言われたように，このフォーラムによって人々は，「ボランティアを支え活かす組織やシステムが確かに存在するのを目の当たりにして，行政に依存しない自立した市民が支えるシビル・ソサエティを，リアリティのあるものとして感じた」（同：144）。

すなわち，「日本ネットワーカーズ会議」の参加者（団体）やその周辺のグループは，80年代にはもっぱら「ネットワーキング社会」の実現に向けて，運動体どうしや活動分野のネットワーク形成を目指していたが，90年代に入り，個々の市民運動団体を，民間非営利の公益法人（NPO）として制度的に認知されたものにすることに活動の方向を転じたのである。

次に，市民の側からの基盤整備の取り組みであり，かつ2番目の「地域のまちづくり」の系列として，「地域調査計画研究所」と「奈良まちづくりセンター」の取り組みをとりあげる。

⑵「地域調査計画研究所」

地域調査計画研究所（佐野章二代表）は，まちづくりのためのシンクタン

クとして1973年に設立された。地域におけるまちづくりが本格化した1980年代前半には，自治体のマスタープランを作ったり，そのための調査をしていた。しかしそうしながらも，佐野には「自治体の作った住民参加プログラムでは，住民が便利遣いされてしまったり，住民活動をしても，底の抜けたザルみたいに，いつまでたっても底に溜まっていかないというか，日本社会の底の方が豊かになっていかない」(佐野氏へのインタビュー) という思いが常にあった。そこで，住民活動が蓄積していくためには「まちづくりをやっている人たちが自立していく組織基盤」を「地域の原理にあった」形でつくる必要があり，それには「トラスト」の形がよいのではないかと考え，「地域トラスト」を提唱した。その時モデルとしたのが，イギリスの「シビックトラスト」と「チャリティ制度」であった。

佐野によると，まちづくりやボランティアを少し続けていると，「まちづくり疲れやボランティア疲れが出てくる。その時，永続するためには営利・非営利を問わず，事業をやろうという発想が出て来ざるを得ない。楽しく持続するということになれば，事業も，事業に相応しい制度もいるしということで，シビックトラストは必然だと思う」(木原他1992：2) と述べている。そこで，イギリスの「シビックトラスト」をモデルに「地域トラスト」を目指し，そのために1986年から3年間「シビックトラスト・フォーラム」を組織した。そしてそこで，まちづくり運動の組織基盤をつくらねばと，市民活動の基盤整備を先取りする形でシビックトラストを提案し続けたが，その時点では，まだ「市民サイドで，行政・権力体制から離れてどう自立させるかという発想」(同) しかなかった。

しかし時代はバブル期になり，変革の主体になるのではと期待をかけていた主婦層までもが，「札束をもってNTT株を買いに走る状況を目の当りにして」(佐野氏へのインタビュー)，佐野はトラストづくりを断念した。しかしその後，イギリスや東南アジアの市民運動を実際に見る機会を得て，それまでと発想を変え，「まちづくり」を「少し幅広く」考え，その基礎となる行

為を「市民公益活動」として捉えることを思いつく。なぜそれが「公益活動」なのかという点については，それによって「企業や行政ではできない社会活動を多様な価値観で組織でき，参加する個々人の自己実現や新たな職業観・人生観を生みながら，地域や日本を多元的な社会として再構築し，世界の人々から信頼を得る」（佐野 1994b：2）ことができるからだと，佐野は語っている。

ここには市民活動の大きな転換が見られる。「地域トラスト」を唱えていた 80 年代のまちづくりでは，「市民サイドで，行政や権力の体制から離れてどう自立させるかという発想」だったのが，「もう，そんなことだけでは間に合わない」（佐野氏へのインタビュー）ことに気づく。そして「市民公益活動」で，「広く市民活動の社会的・法制度的基盤を整備し，行政や企業の側の人たちとパートナーシップを組む可能性を追求する方向で作業しよう」という思いに至った。ここには，90 年代に「市民公益活動」を根づかせてしまわないと「日本の社会はヤバイのでは」（同）という危機感があり，その危機感解消のためには，これまで考慮に入れて来なかった制度化の方法についても，いい結果が出せるのであれば，積極的に採用しようという決意が見られる。このように 90 年代に入って，基盤整備の制度化の方策へと明確に変化したと言える。

「地域調査計画研究所」は，市民公益活動を根づかせるために，「市民公益活動基本法」を市民サイドで法案まで準備した上で提案したいと考えた。その内容は，①非営利法人制度をつくる，②市民活動を日常的に応援できるような，企業，国，県，市町村が参加する大規模な公益信託基金をつくる，③資金援助をする方も受ける方も税制上優遇される制度とする，を 3 つの柱とするものであった（木原他 1992：3）。

しかし，この案に対しては，①非営利法人制度を今の主務官庁制度（特定の官庁あるいは都道府県が法人を許認可する）以外の形で出来るだろうか，②税制上の優遇措置をとるのは難しいのではないか，③主務官庁を否定するよう

な案では役所はどこも主導権をとろうとはしないので提出は議員立法になるだろうなど，困難さが指摘されていた（同）。

後の1994年12月，佐野たちは，奈良，神戸，仙台，広島などの市民団体と連携して，各地における基盤整備の核となる「市民活動サポートセンター」の設立に向け，「市民活動地域支援システム研究会」を発足させた。だが1992年の時点では，市民運動を担っている多くの人々の間にも，このような「市民公益活動」の基盤づくりが必要だという認識はまだ十分に広がっていると言える状態ではなかった。

(3)「奈良まちづくりセンター」

しかし，既にこの時期に，「市民公益活動」の基盤整備が必要であると考えていた団体があった。1984年に社団法人として設立された「奈良まちづくりセンター」である。同センターは，1979年に木原勝彬が始めた「奈良地域社会研究会」に始まり，「地域主義」を行動理念とする専門家（建築家，弁護士，タウン紙編集者，県庁職員など）が集まり，地域のまちづくりシンクタンクとも言える陣容を整えていた。対象とする地域は，旧奈良市街である「奈良町」界隈から始まり，大和の5都市のネットワーク，奈良県レベル，近畿圏，さらにはマレーシアから東南アジアにまで拡大していった。そしてその過程で，「行政に頼らない住民による自主・自立のまちづくり」（NPOとまちづくり研究会 1997：38）を続けるためのしっかりとした組織とそれを支える諸制度が不可欠であることを，身をもって実感していった。

そして1992年の段階で最大の問題は，「日本の地域社会においては，市民の公益活動の重要性がすごく認識されてきている」にもかかわらず，「日本では自由な市民活動が大きく育っていくという社会的，制度的な枠組みがない」（木原他 1992：1）ということに気がついた。そのため「奈良まちづくりセンターとしては，"市民公益活動"の基盤づくりをめざして率先して動いていく役割を果たしていきたい」（同：3）と考えるようになった（なお木原と

佐野は，木原が「奈良地域社会研究会」をつくった時以来の知己である）。

　ここでの「市民公益活動」は，すなわち「地域住民や市民による自主的・自発的な営利を目的としない，社会をよくする活動」（木原 1993：1）であり，社会を第1セクター（政府・行政部門），第2セクター（企業営利活動部門），第3セクター（民間非営利活動部門）に分類するとすれば，「市民公益活動」は第3セクターに属し，その中でも「真の民主主義社会の形成」のための最重要活動であると捉えられた。そして，第1と第2セクターが異常突出した当時の社会の「いびつな社会構造」を是正するために「第3セクター革命を起こそう」（同：3）と考えた木原は，そのためにも「市民公益活動」の基盤整備（「市民公益活動基本法」の制定と「市民公益活動セクターのナショナルセンター」の設立）が必要だと考えた。

　ここで注目すべきは，この「奈良まちづくりセンター」の社会的位置づけにある。すなわち同センターは，市民，行政，企業から等距離にあり，従ってそのトライアングルの中心からそれぞれの間に「パートナーシップ」関係の構築を呼びかけられる位置関係にあるという点である。このトライアングルの配置は，実は「世田谷まちづくりセンター」が意識して作り出した構造と同じである（林 1989：2）。また，イギリスのグラウンドワーク・トラストも同じ「パートナーシップ」の構造を取っている（小山 1989）。

　センターの具体的な活動としては，市民に対しては，奈良町の地域住民組織と「つかず離れずのスタンスで」（木原 1995：26）共に活動やイベントを行う。また行政に対しては，専門家集団としてのシンクタンク機能を生かしながら提言や調査研究を行い，「下請け化や系列化されることもなく」（同）行政委託金や補助金を獲得する。さらに企業や民間の財団に対しては，センターの活動への支援・協賛，法人会員としての会費や民間助成金を得るというものであった。

　同センターがこの調整的・統合的位置関係にあることを象徴する出来事が「奈良町物語館」の建設で，市民・行政・企業のそれぞれから人的・資金的協

力を得て，2年をかけて古い町屋を改装し，奈良町のまちづくりの拠点として建設された（1995年4月オープン）。費用の4000万円は，建設省から700万円（木造住宅振興モデル事業），奈良市から700万円，JR西日本や近鉄など企業から2200万円，市民からは1口3000円の瓦基金を募り約600人から400万円を得て，賄いきったのである（木原氏へのインタビュー）。これは，既に同センターが「パートナーシップ」の構造を実現していたことを示している。

　木原によると，「ここ2～3年NPOがブームになっている」が，今大切なのは「我々NPO自身によってNPOをどう育てていくか」であり，そのために奈良まちづくりセンターは3つの取り組みを行っている。すなわち「①地域レベルで地域のNPOの参加と協力のもとに，自らを強化するための"市民活動推進センター"を設立すること，②制度改革や法整備への取り組み（行政計画への住民参加，情報公開，寄付税制など），③NPOのイニシャティブによる地域の国際化の取り組み（NPOの国際的なネットワークづくり）」（同）である。ここに，センターの特徴である専門性，ネットワーク性，国際性がよく現れている。

　次に，市民の側からの基盤整備の取り組みの3番目の「ボランティア」の系列として，「大阪ボランティア協会」を取り上げる。

(4)「大阪ボランティア協会」

　市民活動の担い手の中心はボランティアである。そのボランティア活動を活性化する制度的な仕組みをつくろうとする団体の1つが「大阪ボランティア協会」である。

　この協会は，社会福祉の分野への市民参加を促す「専門的世話機関」として1965年にスタートし，1993年には社団法人から社会福祉法人になった。市民活動の仕組みづくりへの取り組みとしては，日本青年奉仕協会等と「第1回日本ネットワーカーズ会議・大阪会議」（1989年）を共催し，さらに大阪YMCA等と「第2回日本ネットワーカーズ・フォーラム・大阪会議」（1992

年）を共催した。

　また企業向けに「企業市民活動推進センター」（1991年）を開設し，企業のフィランソロピー活動やボランティア活動の支援のための業務や相談，経団連の社会貢献部や「1％クラブ」とも交流し，企業の市民活動担当者のための情報紙『COVO』を創刊（1993年）した。さらに行政とは，本業のボランティア・コーディネーターとして，緊密な関係を保っていた。

　「企業にできないことをしているという自負」（早瀬，1992，p. 62）をもちながら，様々な活動のコーディネーター役として，団体間を繋ぎながら，企業と草の根非営利団体との間に「新しいパートナーシップ」を独自に形成していこうとしていた。

② 行政と企業からの取り組み
(1)「世田谷まちづくりセンター」による取り組み

　「市民活動」に行政からいち早く取り組んだのは，世田谷区である。世田谷区では，1980年以来，住民参加のまちづくり方式として「まちづくり協議会」がつくられていた。そして，「まちづくり条例」（1982年制定）に基づき，重点的にまちづくりを進めるための「まちづくり推進地区」を決めるなど，住民と区が一体となって，積極的にまちづくりを進めていた。しかし，住民参加とは言えこの方式では，「どうしても行政主導の枠から抜けることができず」，「真に住民が発意し，住民自身の手による，住民自身のためのまちづくり」（世田谷区街づくり推進課1991：1）が，住民，行政の双方から強く求められることになった。そこで1987年に策定された「新基本計画」で，区民の自主的なまちづくり，住まいづくり活動を支援するための「まちづくりセンター」の設置が掲げられることになった。

　「新基本計画」では「まちづくりセンター」は，「住民がまちづくりの主役を演じつづけることができる舞台装置」（同）と位置づけられ，設置のための企画調査の段階から既に，「まちづくりの主体が市民・企業・行政の3者

であること。まちづくりはこの3者の参画によらねばならない」という「トライアングルの原則」（林，1989，p.2）が導入された。同センターは「このトライアングルの中心にあって専門家を含め3者の協調による創造を生み出す役割を持つもの」（同：3）と規定された。そして1988年から，この「ソフトな仕組み」の具体的な検討に入った。そして，アメリカの市民参加のまちづくりを訪ね（1988年10月），NPOの活躍を実際に見た上で，その理念と組織をどのようにして日本に導入できるかを検討し，その結果をセンターづくりの中核に据えることになった。

　1992年4月，「世田谷まちづくりセンター」は設立された。検討を始めてから設立までの5年間に，住民の主体的なまちづくりの支援には，「資金的な支援と技術的な支援の両方が必要だということがわかり」（NPOとまちづくり研究会編1997：114），センターは後者の技術的な支援を担当し，さらに人的支援や情報支援，そして諸々の活動支援も担当することになった。

　そして，資金的支援のために，「公益信託世田谷まちづくりファンド」を同年12月に設立している。これは，集めた資金を，信託銀行が管理運営して公益的な活動に助成する制度で，世田谷区都市整備公団が当初3000万円を出資してつくり，市民，企業，行政からも寄付金を集めた結果，97年3月には資金は1億3000万円に達していた（同：138）。それをもとに，毎年500万円の助成を区内のまちづくり団体に行った。

　さらに世田谷区は，「日本版まちづくりNPO」を目指す組織として「まちづくりハウス」を1991年にスタートさせた。これは"すまいや身近な環境の改善や保全に取り組む地域住民の活動"をお手伝いする民間非営利のまちづくり専門家組織」（同：98）であり，区立公園や高齢者在宅サービスセンターなどをつくるときに，ワークショップを開いたり専門的情報を提供したりするものであった。だが法制度上の障害やNPOがまだなじみが薄いこともあって，徐々に力をつけてきていても，資金的に独立しているとは言い難かった。

以上のように世田谷区では，1990年代前半には，区行政から制度的には独立した「まちづくりセンター」を中心に「まちづくりファンド」と幾つかの「まちづくりハウス」によって，市民団体によるNPOの制度化を先取りした「まちづくり」の取り組みが既に行われていた。なお，現在「まちづくりセンター」は，区内27地区に設けられ，それぞれの地区の区民が行う「まちづくり活動」を支援している。

(2) 個別の企業による取り組み

「企業の社会貢献」とは，企業にとって「社会的便益のために，本来的活動と直接関係のない領域であっても自発的に経営資源を活用することが期待されている」活動である。そして，それを行うのが「企業市民」であり，すなわち「顧客，従業員，株主，取引先，そして地域社会や社会一般に対して，社会的責任を果たすのみならず，さらに地域社会一般に貢献する企業」（大和田，1991，p. 51）を意味する。具体的な社会貢献活動には，「寄付・自主プログラム・ボランティア支援」の3つがある（田代，1995，p. 54）。

寄付には，企業や企業が設立した財団が行うものの他に，従業員の社会に対する感性を磨くことも計算にいれた「マッチング・ギフト」がある。これは「従業員が寄付をする場合，それと同額かそれ以上をマッチングして企業からも同一の対象に寄付をするというやり方」（総合研究開発機構，1994，p. 35）である。因みに1980年代から90年代の前半にかけては，「経団連の会員は1社平均で約3億円の寄付を毎年行っている」（田代，1995，p. 54）と言われていた。

自主プログラムとは「企業が自ら手がける活動」で，教育奨学金，コンサート開催など多様である。この時期に経団連会員企業では，年間に「平均して1社当たり1億5千万円程度」拠出していた（同）。

ボランティア支援には，ボランティア団体等を資金やノウハウで支援するものと，社員のボランティア活動で支援するものとがある。後者には，半年

以上の長期のボランティア休暇制度や青年海外協力隊参加休職制度がある企業が，1993年度には，経団連で80社程度あり，2週間までの短期のものが50社程度あった（同）。社員のボランティア参加は，運動団体と企業とがお互いを知る草の根直接交流となり，将来のパートナーシップ形成に大いに資するものと考えられた。

　このように市民活動の制度的基盤づくりを求める動きは，90年代に入り，「広く市民活動の社会的・法制度的基盤を整備し，行政や企業の側の人たちとパートナーシップを組む」こと，「市民公益活動基本法」を制定し「市民公益活動セクターのナショナルセンター」を設立すること，市民活動団体のNPOとしての認知と市民活動に関する「認知と支援のための法制度の創設」などを提案した。しかしこの段階でも，まだ個別の試みに過ぎなかったと言える。

　それらが一気にネットワーク形成を目指すようになったきっかけは，NIRA（総合研究開発機構）から出された『市民公益活動基盤整備に関する調査研究』という共同研究だった。

　この報告書を作成することで，市民の側は，日本での「市民公益活動」の位置づけと今後の推進方向を確認すると同時に，「市民公益活動」とNPO制度に関心をもつ個人とグループの間にゆるやかなつながりが生ずることになった。それは，「市民公益活動」を通じた第3セクターから「もう一つの日本」というオルタナティブを提案することでつながり，そのことによって「市民活動のネットワーキング」が形成されたと言えよう。

3.「市民活動」の社会的認知
——NIRA報告書『市民公益活動基盤整備に関する調査研究』を通じて

① NIRA報告書作成による「ネットワーキング」の形成

　このNIRA報告書（『市民公益活動基盤整備に関する調査研究』）は，「市民公

益活動」を把握することの重要性を社会的にアピールするために，地域調査計画研究所と奈良まちづくりセンターを中心に作成された。彼らは先ず自治省に調査研究を働きかけたが取り入れられず，次いでNIRA（総合研究開発機構）に働きかけた結果，NIRAから奈良まちづくりセンターに「市民公益活動」に関する委託研究が発注された。そしてそこには，多くの日本ネットワーカーズ会議のメンバーも参加することになった。

(1) NIRA報告書の作成メンバー

　同報告書は1994年の時点での日本のNPO研究の集大成と言える。その理由として，先ず第1に，その編集にあたった調査研究委員会に当時のNPO推進の主要メンバーが揃っていたということが挙げられる。具体的には，NIRAから委託された研究代表者に奈良まちづくりセンターの木原勝彬，調査研究の総括委員長に日本でのNPO制度の確立の必要性を言い続けてきた元トヨタ財団のプログラム・オフィサーで後に日本NPOセンター事務局長になった山岡義典，幹事に地域調査計画研究所代表の佐野章二，トヨタ財団のプログラム・オフィサーである渡辺元，参加のデザイン研究所代表の世古一穂，委員に大阪ボランティア協会事務局長の早瀬昇，奈良にある重度障害者施設たんぽぽの家理事長の播磨靖夫，経団連社会貢献部にいた田代正美，計画技術研究所所長で世田谷まちづくりセンターに深く関わっていた林泰義，アメリカのNPOを日本に紹介した上野真城子，イギリスのグラウンドワーク・トラスト（国立の市民・行政・企業のパートナーシップ推進機関）を日本に紹介した小山善彦，イギリスのチャリティ団体制度とシビック・トラストの研究者である東京大学の西村幸夫である。その他，市民公益活動を実践している団体として「日本YMCA」，「過疎を逆手にとる会」，「全国町並み保存連盟」，「NGO活動推進センター」，「大阪コミュニティ財団」などからも委員が参加した。そして，事務局は地域調査計画研究所と奈良まちづくりセンターが担当した。

第1章　1990年代の日本における市民運動　59

まさに当時の「市民公益活動」推進団体がほとんど網羅され，海外にも広がりをもつメンバー構成となっている。なお，佐野，渡辺，早瀬，播磨は，日本ネットワーカーズ会議の主要メンバーでもあった。

(2) NIRA 報告書の構成

さらに，報告書の内容も，①日本社会における市民公益活動の意義と歴史的背景と制度の現状，②具体的な市民活動団体についての文献資料による市民活動の分野と広がりについての実証，③市民公益活動の実態と課題についての全国34団体へのヒアリング調査，④海外における市民公益活動の制度と現状についての主にアメリカ，イギリスと日本の比較，⑤日本における市民公益活動促進のための制度的課題等，「市民公益活動」についてそれまでに検討されてきたことのほとんどを網羅した力作となっている。

この報告書が作成されたことによって，日本での「市民公益活動」の位置づけと今後の推進の方向性が確認されたと同時に，「市民公益活動」とNPO制度に関心をもつ個人やグループの間にゆるやかなつながりが生まれた。そしてこのつながりによって「もう一つの日本」というオルタナティブを目指す社会変革のための「ネットワーキング」が実現したと言える。そして，「今後の市民公益活動に必要な制度の青写真を示したこのレポートは，その後の調査やNPO法成立に向けた運動の指針となった」（林 2007：146）と評されている。

② 「市民公益活動」の規定

ここで，NIRA報告書における「市民公益活動」の規定について言及しておきたい。先ず「公益」とは「公衆または不特定多数の利益」であり，「市民公益」とは「特定少数の利益であっても，その効果が開かれ，いずれ多数の人々の利益になる可能性をもったもの」（佐野 1995a：25）と捉えられている。また「市民活動」は「市民の自主的な参加と支援によって行われる活動」で

あり,「市民公益活動」は,「市民活動」のうちの「公益的性格の強い一部」と規定されている (総合研究開発機構 1994:2)。

さらに「市民公益活動」は,「行政体や企業ではできない先駆的,冒険的な活動を多様な価値観をもつ多数の市民団体が行うことにより,柔軟で多元的な社会をつくり,市民の自己実現と結びつく活動や仕事を生み出し,地域社会の再構築や国際社会での新しい貢献と立場を可能にする」(佐野 1995a:25) とも規定されている。それには4つの特徴があり,すなわち「①個々人の自由意思に基づくポジティブな社会活動,②人々と社会の選択肢を豊かにする民間(非政府)で非営利な活動,③社会の自己治癒力を高める活動,④社会の網の目からこぼれる人々とともに暮しや新たな社会の仕組みをつくる活動」(佐野 1995b:59) である。

ここで注目すべき点は,NIRA のこの報告書の作成のために集まったグループ,すなわち NPO の必要性に気づいた人々が,社会に必要とされる運動を,「市民運動」ではなく「市民活動」あるいは「市民公益活動」と表現していることである。すなわち,彼らがその時点で注目した行動は,「地域住民や市民による自主的・自発的な,営利を目的としない,社会をよくする活動」(木原,1993:1) であり,「公的領域」での普通の人々(生活者,「全日制市民」)による社会変革に結びつく「活動」である。そして,このことをより鮮明にするために,階級的・組織的活動からの残滓を含んでいる「市民運動」という言葉を避けたと考えられる。

4. 市民活動の基盤整備——NPO の制度化

① NIRA 報告書における基盤整備の提案

NIRA 報告書では,市民公益活動促進のために,「一般の市民や企業・団体などの民間サイドによるきめ細かく柔軟な支援・協力が必要である」とし,「併せて,国や地方自治体の行政は,市民団体の自主性や自立性を損なわない形で,その発展の基盤を整備することが必要である」(総合研究開発機構

1994：134）としている。そして基盤整備の必要性については，特に「非営利法人制度に関する提案と民間公益活動基本法」の検討を提案し（同：155），市民公益活動団体にとっての法人化の意義について言及している。

　法人格の取得は，免税制度の適用だけでなく，それ以上の意義がある。すなわち，「①組織としての自覚・自立を高め，②社会的な認知・信用を得，③職員の雇用の安定をはかり，④基本財産や基金等を保全管理し，⑤不動産等の所有登記を組織として行い，⑥取引や契約の主体として自立し，⑦寄付金・助成金・委託金等の受け入れ主体を明確にし，⑧寄付税制の適用を可能にするため」（同）である。これらの意義のちょうど逆の状態が，すなわち法人格が取れないことによって草の根市民活動団体が蒙っていた当時の不利益に他ならない。そして，市民公益活動団体の中でも，有給スタッフを雇い事業費が年間1000万円を超えるような団体は，特に法人格をもつことが望ましいとしている。

　さらに，市民公益活動の発展に相応しい法人制度を確立するためには，①主務官庁制をとる既存の民法法人設立許可基準を見直す，②前記の提案が困難な場合は，新たな立法によって非営利法人制度を創設する（原則として地方法人で，縦割り行政に属さないもの），③前記の提案が困難な場合は，「利益配分を行わないことと内部留保の制限を規定した非営利会社の定めを会社法に設け，非営利団体を積極的に会社法人にする」（同：158），④前記の提案が困難な場合は，非営利団体が「特定のセンター機関に自主的に登録する制度を設け，疑似法人として社会的に認める仕組み」（同：159）をつくる，と提案している。

　しかしながら，このように「前記の提案が困難な場合は」を繰り返しながら次善の策に次々と後退していくような提案の仕方を見る限り，1994年当時は，本格的な非営利法人制度は当分「自主努力の積み重ね」を経ない限りは実現が困難だと見られていたことがわかる。

　一方で，国として「憲法の精神に則った自由な民間公益活動を保証する姿

勢を明確にする上で，法律によってその体系と枠組みを定めることも一つの方法である」(同)として，市民公益活動を基礎に置いた「民間公益活動基本法」を定める提案もしている。

しかし，それには，①「公私分離の原則」の再吟味，②グラスルーツの市民公益活動に国家が関与すべきではないという意見，③法律の運用次第で市民的自由が束縛される，という反対意見が内部にもあり，法律を具体化するかどうかについては「幅広い論議を望みたい」(同：160)という段階に留まっていた。

一方，1993年段階で既にNPO法案づくりに取り組み始めたグループがある。

② C's（シーズ）の登場

NPO法案づくりに関して，1993年4月に準備会としてスタートした「東京ランポ（LA-NPO = Local Action-Non Profit Organization）」の中で，「市民活動推進法研究会」が既に始められていた。東京ランポは「市民」の側に立って「東京をトータルにとらえ，情報発信，政策提言する市民組織をつくろう」(NPOとまちづくり研究会1997：104)と集まったグループで，生活クラブ生協がスタッフの人件費と事務所費用を援助していた。その当時，市民の非営利組織に不利な郵便料金改定の動きがあり，94年4月「東京ランポ」が正式発足すると同時に，改定反対に賛同するグループが集まり「市民活動を支える制度を考える」シンポジウムを開催した。このシンポジウムの決議で「市民活動を支える制度を考えている様々な団体や人々を横につなぐ組織をつくろう」(同：106)ということになり，「東京ランポ」が準備会事務局としてその組織の立ち上げを支援していくことになった。そして1994年11月，21の市民団体が集まって「市民活動を支える制度をつくる会（C's）」が結成されたのである。

C's（シーズ）が設立されたのは，「日本の市民が意識的に立ち上がって，

市民社会の成立を拒む現行制度をつくりかえて"市民団体の制度"に変えるため」（シーズのパンフレットより）である。それが目指したものは、①法人格の簡易な取得（営利法人と同様に、一定の要件を満たせば法人格が取得できる）、②市民活動を推進する税制の整備（寄付やボランティア活動の経費を個人所得税の控除の対象にする、市民団体に対する課税の軽減）、③市民活動情報の公開（社会から信頼を得、かつ市民団体の自主性を損なわないような、経理・活動情報の公開）であった（同）。

その目的のための具体的な活動としては、①市民活動支援の法案を作成し提案する、②政府、国会、自治体、政党などへのロビー活動、さらに市民活動支援制度実現に向けての③広報活動、④世論喚起、⑤調査研究があげられている（同）。そして、1995年1月の阪神・淡路大震災の翌月、政府がボランティア支援立法の用意があると表明したことを受けて、直ちに「ボランティア支援立法に関する要望書」を首相に提出した。そしてこの後、省庁や政治家が様々な案を提出する少なくとも2ヶ月前には、常に具体的な政策を提言することによって、C's（シーズ）は市民活動促進法案の内容を実質的にリードしていくことになった。

③「NPO研究フォーラム」の活動

この時期にNPOの制度化を目指していたもう一つのグループがある。それは1993年1月に結成された「NPO研究フォーラム」である。これは、「NPOやフィランソロピーに関する諸問題の調査研究を目的とするグループで、大学所属の研究者およびNPOの実務家を会員とする、研究所と学会の性格を併せ持つ柔軟な組織」（フォーラムの概要説明文）であるが、会のそもそもの出発点は1985年に発足した「公益法人税制研究会」に遡ることができる。

フォーラムは、「経済学を中心に学際的にNPOの研究を行ってきた」実践的な研究者のグループであり、その基本認識は、日本に「市民社会」を実

現するためには,「個々人のフィランソロピーに対する熱意を効果的に吸収し,生かすNPOの活動の場としてのシステム」が必要であるにもかかわらず,「明治時代に制定された民法に依拠する公益法人制度やそれに連動する税制は,フィランソロピーやNPOの活動の足かせになっている」(本間他 1996：2)というものであった。なお事務局は,大阪大学国際公共政策研究科内に置かれた。

その活動は,国内外の研究交流事業,調査研究事業,研究成果の公表など幅広く,日本におけるNPOの法人化の可能性と税制について精力的に調査研究している。また研究成果は『公益法人の活動と税制——日本とアメリカの財団・社団』(1986年),『フィランソロピーの社会経済学』(1993年)として公表し,政府がボランティア支援立法の用意があると表明した後の1995年2月には,「NPOの制度改革に関する緊急提言」を発表している。

④「市民公益活動基盤整備を考える会」の結成

一方,『市民公益活動基盤整備に関する調査研究』(NIRA報告書)を請け負ったグループは,「市民公益活動基盤整備を考える会」を結成し,続いて再びNIRA(総合研究開発機構)から「市民公益活動の促進に関する法と制度のあり方」について委託研究を請け負った。1994年12月から1995年11月まで「市民公益活動の促進にふさわしい活動団体の法人格のあり方と新しい非営利法人制度の必要性を検討し,さらに市民公益活動団体の法人化について考えられる具体的な法的措置について検討」(総合研究開発機構 1996：i)し,その結果は,NIRA研究報告書『市民公益活動の促進に関する法と制度のあり方』として1996年5月に公表された。この調査研究は,「急展開するNPO法成立を目指した運動と同時並行で進められ,単なる調査研究のまとめではなく,現実的な案として,NPO法に向けての諸議論の叩き台になった」(吉田 2007：146)と言われている。

また,このグループは,ボランティア支援立法の用意があるとする政府の

表明に対して，1995年3月に「市民団体の法人化などに関する超党派的なとりくみに対する要望書」を各政党に，そして「市民団体の法人化などの検討に対する要望」を首相にそれぞれ提出している。

　このように1993年から94年にかけて，法人化と税制改革によって市民活動の基盤整備の実現を目指す動きが活発化してくる。同時に民間シンクタンクもこの動きに注目し，この動きに関わる市民活動の実態把握と活動促進の方策について調査研究を進めるようになった。

　それらの報告書としては，例えば，ニッセイ基礎研究所の『市民活動に対する支援実態に関する調査』(1994.2)，住信基礎研究所の『市民活動の発展を目指した助成のあり方に関する研究』(1994.2)，ハウジングアンドコミュニティ財団の『民間非営利セクターの意義と役割に関する調査研究，米国調査報告書』(1994.4)，公益法人協会の『民間公益セクターの全体像把握のための予備研究』(1994.4)，日本ネットワーカーズ会議の『日本における公益活動の現状と課題』(1994.9)（同会議は，引き続き1994年10月より「ボランティア活動推進の仕組みづくりに関する調査研究」を開始した）などがある。

　このように民間の側から制度整備の盛り上がりを見せつつあったまさにその時，阪神・淡路大震災（1995年1月17日）が起った。

第4節　NPO法の提案から成立まで（1995年〜1998年）

1. 阪神・淡路大震災が市民活動にもたらしたもの

① 行政への信頼の崩壊と公益領域の出現

　大震災は，社会のハード・ソフト両面を根底から揺さぶることによって，日本社会の幾つかの実相を白日の下に曝した。被害の階層差，個人を救済し

ない政府，コミュニティの存在と被害の大きさとの関係（例えば神戸・真野地区の復興），外国人被災者の存在など様々な問題があるが，NPO関連では大きな問題は2つあった。1つは市民と行政との関係であり，もう1つは市民どうしの関係である。

　前者（市民と行政との関係）は，危機に際して適切な対応ができなかった「行政による住民に対するサービスへの絶対的信頼があやしくなってきた点」（宮西1995：34）である。一方，それと表裏の関係で，危機に柔軟に対応した延べ130万人を超えるボランティアとそのコーディネーターたちの活躍が高く評価され，「ボランティアは所詮キリスト教に基づいた西洋的な伝統で，日本に根づくはずがない」という反論は影を潜めてしまった。

　後者（市民どうしの関係）については，震災直後の助け合いや避難所生活から，「市民が相互に支えあうことの重要性と，公益という領域が存在し実際に必要なことがわかった」（同）というものである。例えば「避難所の環境改善，応急仮設住宅の建設，被災建物の応急修繕の面で，NPO的（公益）活動があったら」（同）よかったなどの反省が生まれた。

　要するに，大震災によって既成の枠組みが機能しなくなったことにより，「シーズ」，「NPO研究フォーラム」，「市民公益活動の基盤整備を考える会」などが主張してきた，「第3セクター」，「公益」，「市民公益活動」，「NPO」，「ボランティア」などの重要性が誰の目にも明らかになったのである。佐野は，大震災でボランティアが大活躍できた条件として「地縁コミュニティの崩壊」をあげる。「これまでの地域づくりでは，どちらかといえば地域への愛着など義務的なものが協調され，自発性を魂とするボランティアの関わる余地は少なかった」（佐野1996：16）。しかし，大震災では建物とともに，これら義務を強制する心理的枠組みも崩壊し，その崩壊の中から新しい結びつきが生まれた。

②「被災地の人々を応援する市民の会」の結成

　崩壊の中から新たに生まれた結びつきの動きは速かった。それは，市民と企業との民間どうしの結びつきである。大震災の翌日，これまで述べてきたNPO関係団体は相互に連絡をとりながら，救援ボランティアの会の名称を「被災地の人々を応援する市民の会（NPO応援団）」（以下「市民の会」）と決めた。そして，活動の理念を「被災地における生活復興の"主人公"はあくまで被災地の人々自身であり，我々ボランティアはその被災地の人々の主体的な復興への努力を側面的にお手伝いするという姿勢をとる」（市民の会 1996：25）こととした。

　「市民の会」の幹事団体は「大阪ボランティア協会」，「大阪YMCA」，「地域調査計画研究所」の3つとし，会には「関西NGO協議会」なども加わった。そして経団連「社会貢献部」にも呼びかけ，翌日，「被災者の立ち上がりを応援する」という基本コンセプトが明快であるとして（田代 1995：56），「経団連1％クラブ」も参加を決定した。「大阪ボランティア協会」は下部組織である「企業市民活動推進センター」を通じて参加企業に「市民の会」への協力を要請し，松下電気産業や三洋電機などから物資の提供の申し出が続いた。

　1月20日には「市民の会」が西宮で活動をスタートした。行政が供給できるもの以外の物資，例えば保温性のある下着，簡易ガスボンベ，軍手，ヘルメットやマスクなどを企業から提供してもらい，被災者に配布した（同）。2月上旬からは，経団連の呼びかけで，3泊4日の被災地ボランティア200人が集まり，さらに「市民の会」の事務を手伝う事務局ボランティア（2週間から1ヶ月）として6人の企業人が参加した（同：57）。とは言え，そこでは，企業のもつ「効率性」とボランティアのもつ「人間の変革」という価値観の衝突も少なからず見られ，それを事務局ボランティアが間に入って忍耐強く調整を図ったとのことである（同）。

　このように大震災の復興過程で，物的・人的交流を相互に行うことで，市

民と企業の間の結びつきが「パートナーシップ」としてより確固としたものになっていった。ちなみに，この「市民の会」の活動をまとめた総括フォーラムは，1996年5月，経団連会館で催された。

　大震災は，復旧・復興のための活動を通して，NPOの重要性を認識していた個々のグループを結びつけ，行政の限界を明らかにし，さらに行政の扱えない「公益」の領域が存在することを改めて人々に実感させた。それと同時に，NPOを日本で制度化する必要性が，各グループの間でより緊急度を増して認識されることになった。ちょうどその時，政府の側から，ボランティア支援の立法化の動きが現れたのである（政治家・政党の動きは，注1）を参照）。

2. NPO法案提出の動き

　1995年1月末，大震災の現地におけるボランティアの活躍に対して，国会でその支援策が論議された。その際，内閣官房長官が衆議院予算委員会において，ボランティア支援立法について検討することを明言した。翌月，経済企画庁を事務局とする関係18省庁による「ボランティア問題に関する関係省庁連絡会議」が設置され，法制化の動きが本格化した。各政党も検討を開始し，自由民主党，社会党，新党さきがけの与党3党は「NPOプロジェクト」を共に組織した。中でも新進党は「NPOパートナーズ」を結成し，3月早々に「ボランティア基本法」を国会に提出したが，廃案となった。これらの動きに対して，「シーズ」，「NPO研究フォーラム」，「市民公益活動の基盤整備を考える会」が直ちに要望書や緊急提言をしたことは，既に述べた通りである。

①「市民活動の制度に関する連絡会」の結成

　だが，この国会での動きはあまりに性急だった。NPO制度化の論議が市民運動団体の間で盛り上がったのは，ようやく1994年になってからで，当時官僚や議員はもとより，一般国民の間にも議論が十分に浸透しているとは

言いがたかった。立法化を目指している法律は，市民活動を初めて社会的な制度として認めさせるための画期的なものであったため，「市民的・国民的な論議」が不十分なまま，「将来の活動を規定する制度が稚拙に作られるとすれば，後々多くの問題を残す」（連絡会設立趣意書）ことにもなりかねないということで，先の 3 つの市民団体は，この問題に関心をもつ団体に広く呼びかけ，「立法過程にも何らかの形で参加して」いけるように，「ストップ！18 省庁連絡会議」のスローガンのもと「市民活動の制度に関する連絡会」を 1995 年 4 月に結成したのである。

　この連絡会は，「独立性・自立性をもった市民活動の強化のための制度的基盤の確立」という共通目標に向けて，「市民的・国民的な議論を活発にし深めることに重点を置く」（同）もので，会の存続期間を 1996 年 3 月までの 1 年間と定めた。事務局は，東京では「シーズ」，大阪では「地域調査計画研究所」に置かれた。結成の集いに集まったのは 101 名。そこでは，①この会はサロンでありロビーイングは考えていないという説明への異議，②支援制度という言葉は自立を損なうのでよくないのではないかという意見，③呼びかけの 3 団体の間でも 1 つの法案へのすり合わせが十分にできていないなどの意見が出され，活発な議論が交わされた。そして，この議論を通じて，法制化に関心のある市民団体の中にも様々な考えのあることが明らかになった。

　呼びかけ 3 団体の間にも主張に微妙な違いがあった（『朝日新聞』1995.6.23 朝刊）。「シーズ」は，「市民活動推進法」を新たに制定することを求めていた。それは，発起人が 10 人以上で，非営利活動をするという規約をもって登記すれば，「市民活動法人」という法人格をもてるようにし，さらにその法人は申請によって，税の優遇措置が受けられるようにするというものであった。

　一方「NPO 研究フォーラム」は，登録制による「登録非営利法人」を設け，その際，税制の優遇が必要な団体は，情報公開を条件に，税務官庁への届け出で「免税非営利法人」「公益寄付金控除法人」とする案をとった。そ

の場合，公益性を判断するのは市民で，また情報の公開に応じて税の優遇措置を与えるとした。

さらに「市民公益活動の基盤整備を考える会」は，既存の公益法人制度に追加する形で，営利を目的としない活動をしている団体を「非営利法人」として登記できるよう民法を一部改正する案をとった。このうち公益に関わる活動をしている非営利法人は，税制面で優遇されるよう別途税法で定めることとした。

しかし，上記のような相違はあるものの，「取りあえずスタートしてはどうか。まず共通のテーブルをつくるということが本日の趣旨であったと考える」（結成の集い議事録）ということで，拍手喝采の内に会の結成が承認された。

さらに様々な分野の市民グループが，この「市民活動」の推進グループ3団体と行動を共にしながら，NPO法案に対して提案をし，支援を表明していった。例えば，「全国社会福祉協議会」，「芸術文化振興連絡会議」，「日本弁護士連合会」，「神奈川ワーカーズ・コレクティブ連合会」，「市民セクター支援研究会」，「日本太平洋資料ネットワーク」などである。

② NPO法案が成立するまでの経緯

国会においては，1995年9月に関係省庁連絡会議の中間報告案が作成され，11月には経済企画庁がその中間報告を官房長官に提出した。しかし，与党による議員立法の形で提出する旨を与党3党の「NPOプロジェクトチーム」が官房長官に申し入れ，結局その中間報告は公表されないままに終わった。このような官僚主導のボランティア支援法案から，議員立法による市民活動促進法案への方針変更（1995年10月）の背後には，市民活動側と政治家・国会議員との密接な連繋がすでに存在していたことが分かる（シーズ1999）。

このような大震災を機に急展開を迎えた法案作成の動きに対して，市民の側も少なからず戸惑いを見せていた。市民公益活動の基盤整備に関する，1994年のNIRA報告書を1つの頂点として，その後も市民の側は地道に努

力を重ねてきていた。そこに突然 NPO 法案が現実のものとして浮上してきたことで，この事態に市民の側も組織的に対応する必要が出てきた。そこで「全国組織としての NPO セクターの基盤強化を担う」(林 2007：105) ものとして「日本 NPO センター」が構想され，1996 年 11 月に設立されたのである（その詳しい経緯は，注 2) を参照）。

(1) 衆議院での審議

　一方，議員立法についても，与党 3 党の間は決して一枚岩ではなかった。1996 年 1 月の橋本内閣発足時に連立与党政策合意として，NGO・NPO への法人格付与法を「早期に成案を得，議員立法により次期通常国会での成立をめざす」（住信基礎研究所 1997：46) としたにもかかわらず，自民党議員の間に「公益は官が担うものという信念，市民団体への不信，現行公益法人の悪用等の懸念」（同）などの思い込みがあり，交渉は長引くことになった。

　与党 3 党の間で議論になったのは，「(1)法律の対象とする団体を "公益目的の活動をするボランティア団体" に限定するかどうか，(2)法人格の付与にあたって所轄庁の認可にするのか，認証にするのか，届出にするのか，(3)認証の取り消しを所轄庁ができるようにするのかどうか」（認定 NPO まちぽっと HP より）であった。しかし，1996 年 2 月には「与党 NPO 確認事項」を合意するに至り，4 月に「市民活動促進法案」を提出することになった。

　ところがその法案提出直後に，自民党の修正案が出る。しかし，その内容は，公益性，対価を受けて行う活動，政治活動，所轄庁，立入検査事項などについて，合意事項を後退させるものであった。そのため社会党とさきがけが反発し，与党政策調整会議でも収拾がつかなくなった。しかし自民党が，同年秋の衆議院解散・総選挙を考慮して，他の 2 党に譲歩し，結局合意が成立した。大きな争点であった「公益の増進に寄与する」は「不特定かつ多数のものの利益の増進に寄与する」となり，「通常要する費用を上回る対価を受けて行う活動を含まないもの」は「開かれた社会貢献活動」となった（同）。

そして1996年12月，市民活動促進法案が衆議院に提出されたが，総選挙後の臨時国会は閉会しそのまま継続審議になってしまった。その後1997年1月からの通常国会で与党3党と民主党との協議が始まった。

(2) 与党3党と民主党との協議

しかしながらこの与党案は，市民活動の定義について，保健・医療又は福祉，社会教育，まちづくりなど11項目を限定列挙し，また市民活動団体の「社員名簿の提出や複式簿記による会計処理を義務づけるなど統制色が強かった」(『毎日新聞』社説 1997.5.26朝刊）ため，与党内部でも異論があり，結局継続審議のままで審議に入れなかった。

しかも，NPO法案の制定方法としては，「民法を改正して非営利法人の一般法を創設するか，民法はいじらずに特別法で市民活動団体の法人化の問題を扱うか」（雨宮 1997a：21）の2つがあり，与党案では後者を選んだため（市民活動団体も早期実施のためにこちらを選択），結局は「民法の公益法人との棲み分けのために，一定の要件をつけなければならないというジレンマをひきずってしまった」（同）。

11項目の限定列挙についても，民主党からの修正によって，「市民活動団体の活動，運営に関する連絡，助言または援助」を加えた12項目となった。また，市民活動の定義については，曖昧な「公益」という表現を改め，「不特定多数の利益の増進に寄与する活動」となり，さらに無報酬制の要件として，「報酬を受ける役員，社員はそれぞれ総数の3分の1以下」という規定から，「社員」（団体の構成メンバー）を除外することになった（同：22）。

また，市民活動法人設立の認証の際，「経済企画庁長官が所管大臣に意見を求めることができる」という与党案の規定については，民主党との修正案では削除され，2つ以上の都道府県に事務所がある団体の場合には届出は経済企画庁だけにし（1つの場合の所轄庁は都道府県知事），それによって役所の縦割りによる弊害をなくそうとした（同）。

第1章　1990年代の日本における市民運動　73

　そして「不認証の決定の際は，その理由を付して通知する」ことになった（1996年6月6日衆議院議事録）。さらに「名簿提出の義務などを削除し，複式簿記の規定を"正規の簿記"に改めるなど条件をかなり緩和」（『毎日新聞』社説1997.5.26朝刊）することになった。

　以上のように与党は，5月22日，民主党との間で9項目について修正することで合意し，28日から衆議院内閣委員会での審議に入った。そして6月3日に公聴会が開かれた後，6日の衆議院本会議で，「非営利団体に対する優遇税制の扱いも含めた見直しを，法律施行から2年以内に結論を得る」などの付帯決議をつけた上で，「市民活動促進法案」が可決され，参議院に送付されることとなった。

　なお，4党修正案が可決された際，新進党案（「市民公益活動を行う団体に対する法人格の付与等に関する法律案」の修正案）と共産党案（「民間のボランティア団体など非営利団体（NPO）への法人格付与法案」）は否決された。

(3) 参議院での審議

　しかし，参議院に送付された「市民活動促進法案」は参議院自民党の抵抗を受け，通常国会や臨時国会での継続審議が続いた。そのため法案推進側は，大詰めの1997年秋には「経団連によるロビイングを含めて，多様な組織の多様な活動により」（林2007：108）この状況に対応した。そして法案の名称に「市民」をつけることに反対する自民党長老の意見を受け入れて「特定非営利活動促進法」と変更することで，1997年12月，合意が成立した。

　その後，1998年1月からの通常国会で審議されることになったが，「シーズ」や「市民活動の制度に関する連絡会」等2821の市民団体が各党に働きかけた「NPO法案に関する緊急提案」や，「経団連からの積極的な動き」（山岡・田尻2007：69）もあって，1998年3月，全会一致で参議院を通過し，その後衆議院でも可決され，同年12月から施行された。

　ここにNPO法案は，市民と国会議員とのほぼ初めてと言える協働による

議員立法で成立したことになる。山岡はこの間の経緯を振り返り、「難航はしたが、その発端からして"市民立法"と呼ぶのにふさわしい立法過程であった」（同）と述べている（詳細は、シーズ1999：1-75を参照）。

(4) 付帯決議

しかしながら、「特定非営利活動促進法」（NPO法）成立の時点でも、税の優遇措置についての議論は持ち越されたままで、「付帯決議」として、施行後2年以内にNPO優遇税制について見直しの成案を得ると記されるに止まっていた。そこで各政党にNPO委員会が設置されるとともに、NPO法制定に関わった議員を中心に超党派の「NPO議員連盟」が結成され、NPOの優遇税制が議論されることになった。

また、シーズを始めとする市民活動団体も「NPO/NGOに関する税・法人制度改革連絡会」を結成し、2000年2月に各党およびNPO議員連盟に要望書を提出している。これによって6月の衆議院議員選挙では、各党の選挙公約にNPO優遇税制が入ることとなった。そして、2001年3月に「租税特別措置法等の一部を改正する法律案」が可決され、NPO法人に税制優遇措置をもたらす「認定NPO制度」が制定されたのである。

③ NPO法成立後を見通した市民側の動き

ここで特筆すべき市民の側の活動がある。それは、NPO法成立後を見通した市民によるNPOサポートシステム構築の動きである。

「市民公益活動基盤整備を考える会」がNIRA（総合研究開発機構）から「市民公益活動の促進に関する法と制度のあり方」について委託研究を受けた（1994年12月）後に、1995年7月から新しく始まった研究会がある。それが「市民活動地域支援システム研究会」である。

この研究会は、「94年12月の市民活動団体への法人格付与など法制度の基盤整備研究に一定の目処が立てられた時点で、いわばポスト法制度として、

市民活動団体の起業と活動サポートのための地域システムが必要ではないかと考えてつくられたものである」（市民活動地域支援システム研究会 1998：2）。そこでの研究は，「地域に根ざした市民活動の支援システム形成に関する調査研究」として，1995 年 7 月から 3 年間にわたって継続された。その研究の目的は，「地域における市民活動の実態と問題を調査しながら，それぞれの地域にあった市民活動支援のソフトプログラムをつくり，結果として，市民活動支援センターの実際の立ち上げにつなげていこう」（同：「はじめに」）というものであった。その事務局担当は，「地域調査計画研究所」の佐野章二であり，その総括調査委員会には，安藤周治，加藤哲夫，実吉威，中村順子などの各地域の NPO 支援の実践者たちが名を連ねていた。

　同研究会の意義は，市民活動団体への法人格付与などの法制度が整備される以前に，既にその次の段階，すなわちポスト法制度として，市民活動推進にとって必要なのは「市民活動支援センター」であることをしっかりと見通した上で，国会での NPO 法の成立過程と並行して研究を進めていたその先見性にある。そして，英国バーミンガムでのサポートセンター調査，続いて奈良，広島，宮城，兵庫の 4 地域で市民活動の実態調査を行い，その一部を団体名鑑としてまとめ，さらに広島，宮城，大阪の 3 地域で市民活動支援のソフトプログラムを取りまとめた。

　また，市民活動支援の具体的な成果としては，日本初の地域サポートセンターである「コミュニティ・サポートセンター神戸」（1996 年 10 月）の発足，引き続き「ひろしま NPO センター」（1997 年 9 月）と「せんだい・みやぎ NPO センター」（1997 年 11 月）の発足に関わったことが挙げられる。

　市民活動の側は，国会での NPO 法の成立を進めると同時に，地方の主要都市において，地域での市民活動や市民中心のコミュニティづくりを押し進める際の核となる「市民活動サポートセンター」づくりを推進していた。NPO 法の成立は，このような地方での市民活動推進の動きとも呼応していたのである。

注

1) NPOへの注目は，政治家や政党においても1993年頃から始まっていた。吉田忠彦は以下の例を挙げている（吉田2007：154）。

　1993年6月，日本新党が，東京都知事選に際して，「非営利法人基本条例」の制定を唱える。

　1994年8月，河村たかしを部会長とする「NPO議員立法タスクフォース」を設けた。

　1994年9月，鳩山由紀夫など新党さきがけのメンバーが，日本国際交流センターに依頼して，NPOについての勉強会を行う。

　1994年10月，より突っ込んだ勉強会である「NPS = Nonprofit Sector 研究会」に発展。

　1994年12月，『NPS研究会報告書』（講師5回分）を発表。

2) 市民公益活動の基盤整備について，1994年のNIRA報告書を引き継ぐ2つの重要な報告書がある。それらは，「日本NPOセンター」設立に大きな役割を果たした。一つは，日本ネットワーカーズ会議の報告書『ボランタリー活動促進のための仕組づくりに関する調査研究』，もう一つは，経済企画庁が社団法人社会開発研究所に委託した調査報告書『社会参加活動推進システム調査』である。

　『ボランタリー活動推進のための仕組づくりに関する調査研究』は，渡辺元を総括主査として，アメリカの様々な支援組織の調査を行い，1996年6月に報告書が出された。これは，1994年のNIRA報告書の「支援センターの部分を踏まえた構想の具体化という性格」（山岡・田尻2007：59）をもっており，「全国的なセンターを地域ごとに設立されるセンターの連合組織として捉え，研究機関やそれらを支える基金の構想も描いている」（同：60）。つまりNPOを日本に導入する際の「基盤整備全体のグランドデザイン」（吉田2007：151）を詰めたものであった。このグランドデザインとは，具体的には「直接課題対応型のボランタリー活動への支援を行う地域レベルの市民活動サポートセンターと，そうした地域レベルのサポートセンターの支援を行う全国レベルのサポートセンターを分ける，そしてシンクタンク機能を果たす研究所（"市民社会開発研究所"）と，さらにそれらの資金的支援を担当する基金（"市民社会開発基金"）も独立して設ける」（同）というものであった。

　『社会参加活動推進システム調査』は，山岡義典を研究委員長として，1996年3月に出されたもので，「名称こそ"社会参加活動"だが，実質的には"市民活動"のセンター立ち上げのシナリオを描き出したもの」（山岡・田尻2007：60）と言わ

れている。そこで提示されたのは，「情報の収集・提供を主体に，交流・研修・アドバイスおよび調査・研究等の事業を付帯させる社会参加推進センターの構想」（吉田 2007：147）であった。

　そして，NIRA 報告書を含めたこれら 3 つの調査報告書を踏まえて，山岡は，1995 年の秋に，日本で全国的な NPO 支援センターをつくるのであれば，「行政とは独立した民間で設立すべきである」（山岡・田尻 2007：60）という考えに至った。そして「民間で独自にセンターをつくる決意をして」（同），3 つの調査に携わったメンバーや経済界に呼びかけを行ったと言う。こうして出来たのが，1996 年 11 月に設立された「日本 NPO センター」である。

　山岡にそのような決意をさせた背景には，山岡自身「20 世紀中には無理と予測していた NPO 法」（吉田 2007：156）が，1995 年の大震災を機に急展開し始めた制定の動きを見て，「しっかりとしたセンターができていないと，法律ができても機能しない」（同）のではないか，また「誰かがやらないと，官主導のセンターができてしまうという恐れ」（同）を抱いていたことがある。そこで山岡は，「センター設立の活動の中心を担う覚悟を決めた」（同）のである。

第 5 節　NPO 法成立後の市民運動の動向（1998 年〜 2000 年前後）

　議員立法で提案された NPO 法案は，1998 年 3 月全会一致で参議院を通過し，次いで衆議院でも可決され，同年 12 月から施行された。特定非営利活動として特定されたのは，保健・医療，社会教育，まちづくり，環境など 12 分野だった。また，法人格の取得だけが認められ，税制面での優遇措置の検討は，「法律施行から 2 年以内に結論を得る」という付帯決議で先延ばしになった。しかし，法人格の取得にあたって所轄官庁の自由裁量による許可という従来のシステムが，「認証」（必要な要件を満たして都道府県あるいは経済企画庁＝ 2001 年以降は内閣府に届け出ればよい）になったことで，法人格は格段に得やすくなった。当時，この法律を市民団体はどう評価したのだろうか。

1.「特定非営利活動促進法」(NPO法) に対する市民団体の不満と評価

　市民活動団体が本来要望していたNPO法とは，2つの法律を指していた。すなわち，「①非営利活動を行う市民による団体が，簡易に法人格が取れるような法人制度，②そのような団体に，企業や個人が寄付を行う場合，これを経費として所得から控除できることで寄付を行いやすいような，寄付金に関する免除制度」(松原1997：70) である。しかし今回の法律では，①については，時間のかかる民法の改正には敢えて踏み込まず，特別法で対処し，②については，法案成立後，税制を含めた見直しを行うことが約束されただけであった。

　NPO法案づくりの過程では，行政サイドは「財政危機や福祉分野におけるコスト削減・マンパワーの確保といった行政の都合から，新たなボランティア団体や市民活動団体を行政が利用しやすい形で整備する」ことを目指し，一方市民サイドは「行政主導ではなく，市民のニーズをより継続的・専門的に政治や社会に反映でき，社会参加のルートとなりうる市民活動を強化する」(同：77) ことを目指し，お互いの主張を述べあった。

　その結果4党修正案になったわけであるが，市民サイドにはまだ次のような危惧や不満がくすぶっていた (松原1997，雨宮1997a,『朝日新聞』1997.3.6)。

(1)市民活動の分野が12項目に限定列挙されているため，新しい分野の市民活動が育ちにくくなる。特に行政を監視する活動が抜け落ちている。
(2)悪用をチェックするという名目で行政の監督があるが，そのためにむしろ行政に都合の良い悪いで市民活動間に選別が生じる可能性がある。
(3)提出書類が多く手続きが繁雑で，全般的に行政の管理・監督の色彩が濃い。
(4)行政の管理・監督は，行政組織の無用な肥大化を生むと同時に，市民活動における自己責任が育ちにくくなる。

(5)不特定多数の利益増進という条件は，互助型の市民活動や会員制の団体を排除することになる。
(6)報酬を受ける会員は総数の3分の1以下という規定では，子育てや介護を有料で支援する事業型の活動が除外される危険性がある。
(7)郵便料金の優遇など市民活動を促進するための施策が論議されていない。

このような不満や危惧は未解決のまま残っていたが，NPO法案の成立過程は，(1)議員立法で，(2)各党が独自の法案を出し，(3)市民グループとも何回も公開討論や話し合いがなされた上で，法案が作られたことはほとんど前例がなく，「市民による立法への参画が実現したことは大きな意味をもつ」（雨宮 1997b：23）と評価された。また，常に政党の一歩先を歩みながら，市民の側から法案作成に大きな影響を与えてきた「シーズ」の松原も，この法案は「70点以上の出来」と評価している（松原氏へのインタビュー）。

2.「特定非営利活動促進法」（NPO法）成立後の税制優遇の動き

NPO支援のためのもう一つの要件である税制優遇に関しては，2001年3月，「租税特別措置法を改正する法律」が公布され，同年10月より施行された。ここで相続税を含めて税制優遇を受けられるNPOを「認定NPO」と規定したが，優遇されるのはNPOに寄付をする側であり，NPO自体が優遇を受けるのではなかった。「認定NPO」となるためには国税庁へ申請しなければならないが，その認定要件としてパブリック・サポート・テストの基準（寄付金・助成金・会費等の割合が総収入金額の3分の1以上）や活動の広域性などに関して厳しく審査され，加えてNPOの活動実態に合わない要件も多く，ほとんどのNPO法人が認定を受けられないのではないかと危惧された（シーズ 2002：10-71）。その厳しさは，「認定NPO法」施行後1年を経過した2002年9月の時点で，8315のNPO法人の中で認定NPO法人が8つしかない（0.1％）というところにも表れていた。

そのため2002年12月，パブリック・サポート・テストの基準を緩和し，さらに活動地域の条件を撤廃するなどの小幅の税制改正が行われた。またNPO法自体も，申請書類の簡素化や，特定非営利活動に消費者保護，科学技術，情報化活動など5分野が追加されるなどの改正案が，同年12月に議員立法で全会一致で可決され，2003年5月から実施された。

しかし認定NPO法人の税制優遇に関する法律は，市民活動を活発化するためにはまだ不十分な点も多く，引き続き改革が進められることになった。そして2011年には，パブリック・サポート・テストの寄付金等の割合を総収入金額の5分の1以上にすること，寄付金について所得控除と税額控除のどちらかを選択できること，認定制度の見直しとして仮認定制度の導入などが実現した。

さらに，2016年の改正NPO法では，認証申請書類の縦覧期間の短縮，貸借対照表の公告規定の新設，事業報告書等の備置期間の延長，海外送金に関する書類の事前提出制度の見直し，「仮認定」NPO法人の「特例認定」NPO法人への変更などの改正が行われた。認定NPO法人を使いやすくするための取り組みは，その後も進められている。

3. NPO法が社会にもたらしたもの

従来の社会運動・市民運動は，既存の社会に解決すべき問題がある場合，制度の中での意見表明や改革のルートが閉ざされた集団が，その問題解決を目指して，制度の外から起こす要求実現行動であった。だが，NPO法成立後の市民運動団体は，NPO法によって自らを法人化することで，行政や企業と同じ土俵の上で自らの要求実現行動を行う可能性を得た。要求実現のためには，行政や企業と一部協力しながら活動することが射程に入ってきたのである。このことは，社会運動・市民運動の系列の中での新しい展開と言える。そこで，ここではこのNPO法人として新しく展開した市民運動を，NPO法成立に関わった市民団体が既に呼んでいたように「市民活動」と呼

び，それを構成する団体を「市民活動団体」と呼ぶことにする。このような新しい展開によって，社会にどのような変化がもたらされたのだろうか。

　第1に，市民活動団体は，希望すればNPO法人として法的に認証されることが保証されたことによって，公益団体の1つとして社会的に認知されたということ。その結果，市民活動団体（NPO法人）は法人として，行政あるいは企業とパートナーシップを組んで共に活動することができる可能性を得た。

　第2に，市民活動は，公益に関わることで，イデオロギー色の強い団体が指導する政治的な運動や，奇特なボランティアたちが行う慈善活動とは異なって，社会的に必要なこと（公的な課題）があると気づいた人たちが自ら集まって，困っている人たち，例えば高齢者や障害者，貧困家庭の子ども，ホームレスや海外の難民や移民などに，必要なサービスを提供する草の根の活動であるという見方が，一般に広まってきたこと。このことによって「市民活動」は，人々にとってごく身近な存在となった。

　本来こういった困っている人たちをなくすことは，社会の使命であり国家の義務であったはずである。しかし財政問題や官僚組織の硬直性のために十分に果されていない。それならばその役割を自分たちでやろうという動き（市民活動）を，国家が法的に認めたのがNPO法であった。つまり，"民間が担う公益が存在する"ということが社会全体で認められたのである。そこで，機能不全を起こしている従来の公益の担い手，すなわち国家や地方自治体と，新たに公益を担う市民活動団体とが，どのような関係をむすべばよいのかという問題が新たに浮上してくる（本節4.を参照）。

　第3に，市民活動団体間にある種のまとまりが形成され，「市民活動」の概念が団体間で共通のものになったこと。それまで各地の様々な分野で市民運動を展開していた団体が，NPO法案の作成とその成立という1点を目標に，地域ごとに，また全国的にネットワークをつくって連合した。その過程で，アメリカのNPO制度，イギリスのチャリティ制度，ドイツの非営利組

織制度などの情報が日本に持ち込まれることによって，市民運動の捉え方が，「反対的，単一的，一過性，事後的，外部責任的」な「運動」から，「提案的，総合的，継続的，事前的，自己責任的」（佐野1995a：25）な「活動」へと徐々に変化していった。

　第4に，市民活動団体が目指していくべき社会がどういうものかを，具体的にイメージできるようになったこと。市民活動が社会を構成する3つのセクターの1つであり，公共的課題の解決をめざすものであることが確認されたことによって，目指すべき社会とその価値を，単なるユートピアとしてではなく，より具体的に論じ得る可能性が出てきた。このことは，例えば「市民公益活動」の実践を目指している各NPO法人の定款の目的の欄から，大まかな姿を見て取ることができる（第2章4.④参照）。

　最後に第5として付け加えておくべきことは，「市民」による対決型の異議申立て運動も依然として存在するということ。今までは「市民」主体の市民運動がNPOに結実していくプロセスを辿ってきたが，政府や自治体，圧倒的な力をもつ大企業などが進める政策や公共事業に問題がある場合，改善を要求したり異議を申し立てる運動は，対決的な従来の社会運動の形を取らざるを得ないからである。

　これまでの一連の動きを以下のようにまとめることができる。先ず市民と行政の協働の事例は1980年代後半から始まり，1990年代に入ると「企業市民」が市民活動の担い手に加わり，市民活動の基盤整備の必要性が活動家の間に自覚されるようになってきた。基盤整備を行うことが今までの社会に大きな構造変動を起こすことを予感させるものであることは，NIRAの報告書（1994年）作成に集まった市民活動家たちの実際の活動や先進的なシンクタンクの調査で次第に見えてきていた。その流れを一挙に加速させたのが阪神・淡路大震災であり，ここに市民，企業，行政の協働が可能であることが具体的な形で明らかになった。政府は，この大きな動きの中からボランティ

ア活動のみを取り出し,「特定非営利活動促進法」によって草の根市民活動団体の法人化への道を開いたのである。

これは,民法の改正や税制の改革を先送りした小さな一歩ではあったが,日本に「市民社会」をもたらす大きな可能性を秘めた一歩でもあった。そしてこの法案の審議の過程で,「NPO」という概念が全国に広まることになった。「市民運動」が「市民活動」へと変化していく過程での,市民活動グループの様々な働きかけやネットワーク形成の努力によって,ようやく「市民活動」が「NPO」という一つの組織体の活動として,社会的に認知されるようになったと言えよう[1]。

4. 市民活動団体（NPO 法人を含む）と行政・企業との関係

NPO 法の施行によって,民間が担う公益があること,そしてその担い手が市民活動団体（NPO 法人を含む）であることが,2000 年前後には社会的に認識されるようになった。だが第3セクターである市民活動団体と,第1セクターである行政や第2セクターである企業はどのような関係を結べばよいのかについては,当時は手探りの状態であった。

① 行政の NPO への無理解と過剰期待
(1)市民活動・NPO への行政の過剰期待

2000 年前後には,日本経済が低迷する中,NPO に対する期待は過剰なほど高まっていた。とは言え,NPO が活躍できる場は,当時せいぜい失業者の受け皿,失業者のための職業訓練,および新たな起業などの失業者対策（2002 年 9 月の完全失業率 5.4％）くらいだった。

1999 年度から始まった厚生労働省の「緊急地域雇用創出特別交付金」は,あくまで「本格雇用までのつなぎ」という位置づけで雇用期間が半年限りというものであったが,NPO に事業委託して人員を雇い入れることが奨励された。また 2001 年には産業構造改革・雇用対策本部の中間報告で「新たな

経済主体としてのNPOの育成」が掲げられた（『日本経済新聞』2002.12.13夕刊）。

　2002年度に厚生労働省は「中高年ホワイトカラー離職者等に対する総合的な職業能力開発プログラムの展開」として，NPO法人を委託訓練先とするためにNPO支援センター等に開拓員を配置する費用として6億4264万円を計上した。その結果，支援センター等の受講者が高齢者向きデイサービスや移送サービスなどのNPO法人を起業する例が，小平市，長野市，枚方市などで現われた（同）。さらに関東経済産業局は，NPOのニーズと中小製造業が持つ技術を橋渡しする事業である「マッチング・プロジェクト」を2003年度にスタートさせた（『日本経済新聞』2003.9.5）。

　一方，国や自治体によるNPO設立への直接支援も活発化した。その背景には「多様化する住民ニーズに行政機関だけで対応するのは財政面からも難しくなっており，様々な業務を任せられる有力なNPOを育成し，住民サービスの向上につなげる」（同）という意図があった。そして，NPOの立ち上げや運営資金支援策として，岩手県は2001年度に「公益信託いわてNPO基金」を創設し，岐阜県では2001年末に「公益信託ぎふNPO基金」を創設している。また，滋賀県では2001年度より，NPOに必要な人材を県の外郭団体で臨時職員として雇い，希望するNPOに派遣する制度を導入した。北海道では2002年度より，NPO法人の運営を中心になって担う人材を養成する講座を開始した（同）。

　また国でも2002年度に，国土交通省が「都市居住再生のための民間活用に関する事業」において，居住地域再生のためのNPO設立支援として1億8000万円を計上し，まちづくりNPOの情報交流網や専門家の登録・紹介システムを整備しようとした。またNPOによる主体的なまちづくりを進めるために，「密集住宅市街地整備促進事業」として144億5千万円を拠出し，NPOへの支援措置を講じた。経済産業省も「新エネルギー導入促進及び省エネルギー普及促進の地域活動の推進」のために，NPO等が行うそれらの活動に15億2千万円を，また文部科学省も「地域NPOとの連繋による地

域学習活動活性化支援事業」に1億1,100万円をそれぞれ拠出した（同）。

(2) 市民活動・NPOに対する行政の無理解

　以上のように様々な施策が次々と打ち出されてきたが，だからと言って行政がNPOを理解した上で仕事を任せようとしていたとは言い難かった。元静岡県NPO室の渡辺豊博は「行政はNPOを理解しないで仕事を出している」と述べていた（民ボラ会議）。一方，事業委託を受ける側のNPOも，「個々のNPOは行政にうまく使われている，取り込まれている」という「危機感」を抱いていた（民ボラ会議での筒井のり子）。

　行政とNPOの関係について，「北海道NPOサポートセンター」の小林董信は「行政と仕事をしたいとは思わない」と述べた上で，それでも仕事を「戴いたのなら，(1)行政の言いなりになる。それに経済的メリットがあるのなら割り切ってやる。(2)行政の意見とNPOの主張を折り合わせる。双方でこんなところかなというところで。(3)金だけ出してもらって口を出さないようにしてもらう。これが理想。(4)お断りする。」と対応のパターンを述べている（研修交流会）。

　お断りした例は，北海道庁から，アグネスチャンを呼ぶ1600人の集会の会場の回りでNPOが展示会をするのをコーディネートしてくれないかと頼まれた時だったと言う。

　また「大阪ボランティア協会」は，2002年5月，経済産業省の「市民活動活性化モデル事業公募事業」に応募し，ITを活用した「企業とNPOのマッチング・ポータルサイト」を企画し提案していた。しかし経済産業局担当者からそれが「ビジネスモデルとしての事例になりうるのか」と問われ，「ビジネスモデルの追求を原点とすることは当協会のミッションではない」（民ボラ会議，早瀬昇）と，応募を見送ったと言う。

　行政とNPOが仕事をする場合，「協働」（パートナーシップ）が大切であると言われているが，実際の場面でパートナーとしての対等性を実現すること

は非常に困難である。北海道庁の職員も,「協働とは何かということは道の内部でも浸透していない」と述べている(研修交流会,四辻淳)。NPOは自らのミッションと経済的理由(行政から事業委託を受けることで入る収入)を秤にかけながら,時として苦渋の決断をせざるを得ない場合も多い。

ここで必要なのは,行政とNPOがお互いを理解し合うことである。「せんだい・みやぎNPOセンター」の紅邑晶子は,「企業の売り込みは相手を知ってからやるはず。NPOにもそれが必要だ」と,NPOも行政をもっと知るべきだと言う(民ボラ会議)。渡辺は県職員の立場から,「お互いのことをわかってやっていこう。そして新しい関係をつくっていくべきだ」と述べている。

しかし早瀬は「市民(NPO)と行政ではスケジュールの感覚が違う」と言う。「行政はNPOより遅い」。だがそれ以上に,両者には「根本的な違いがある。行政は法律を執行する組織であり,NPOは"情熱"を実現する組織である」(民ボラ会議,早瀬昇)。従ってその違いを乗り越えてお互いが繋がるためには,次の第5項で述べる特別な装置(=NPOサポートセンター)が必要になる。

② 事業型NPO──コミュニティ・ビジネスと社会資本マネジメント
(1) 事業型NPOへの道

NPOは,「公的領域」において,その社会に必要であるにもかかわらず行政や企業によっては行われる可能性の低い活動(サービス)を「自発的な市民」によって提供する。だがその活動を支える資金はどうすれば得られるのか。

NPOの資金調達の1つである事業委託による活動資金の確保については,上述のように様々な問題がある。そのため,NPOが自ら事業を行うことによって自前の資金を確保することが不可欠となり,その手段として「事業型NPO」を追求する動きが現れた。これは「NPOサポートセンター」や

「NPO 事業サポートセンター」の活動に顕著であった。

　行政は税金を徴収して法律に則って活動する。企業は物やサービスを供給する相手から対価を得て活動する。とすると例えば，ホームレスに食事を提供する NPO はどこから資金を調達できるのか。ホームレスに対価を要求することはできない。しかしその社会にホームレスを生み出す構造的問題がある（不況で仕事がなくドヤにも泊まれなくなって路上にいる等）のなら，社会として彼らにサービスを提供する義務がある。そのことの意義を訴えて行政や企業からファンドレイジング（資金集め）することも大切だが，資金の確保は不安定である。恒常的にサービスを続けるためには，自前の資金が不可欠である。そのため NPO が自ら稼ぐ，つまり事業をする必要が出てくる。

　しかし事業体としての NPO の場合，営利企業との差が見えなくなるケースも多い。起業するにあたって，当時，株式会社なら 1,000 万円の資金が必要だったが，NPO 法人ならタダという制度を利用して，ビジネス（営利を目的とする）のために NPO 法人を立ち上げるというケースも少なからず見られた。

　そういうベンチャー企業的 NPO に加えて，行政が，リストラされた失業者や定年退職者のための失業対策の１つとして，NPO による起業という形で支援するケースも，NPO をビジネスチャンスの１つと捉えていると言えなくもない。さらにはテレクラまがいの行為をする NPO 法人，多重債務者に債務一本化を持ちかける紹介屋を業務とする NPO 法人まで現われていた（『朝日新聞』2002.7.27）。

　また，本来の「公的領域」での活動と，資金を稼ぐ事業としての活動とを分離して，事業で資金を稼ぎながらその資金で本来の社会的サービスを行う NPO も存在する。しかしこれでは，１つの組織の中に２種類の組織が同居することになる。一方で事業をしながら，もう一方でサービスを提供する NPO の場合，どうしても団体全体が事業中心に傾きやすくなる可能性が出てくる。

もっともアメリカでは，税制優遇が受けられるチャリティ資格をもつ団体は，内国歳入法でIRS501(c)3団体（この団体を一般にNPOと呼ぶ）と決められており，その場合事業活動やロビー活動は行えない。従ってNPOが事業活動をする場合には，例えば大手の環境保護団体である「シエラクラブ」は，グッズ等の販売をIRS501(c)3団体とは別の組織で行い，そこから寄付を受ける形で，要するに2つの組織によって「シエラクラブ」のミッションである環境保護を目指している。

　そこで「NPOサポートセンター」の山岸秀雄は，事業活動の方に軸足を移して，従来のNPOを「社会的資源を活用して公共サービスを提供する事業体」と捉え直そうとした（研修交流会）。つまりNPOは「事業をやりながら市民活動を行っていく」という「事業型NPO」となる。そして，事業自体が社会サービスとなることによって，「公的領域」での活動を事業化する。その1つが「コミュニティ・ビジネス」なのである。

(2) コミュニティ・ビジネス

　「NPO推進道南会議」の池田晴男によれば，コミュニティ・ビジネスは，事業を通じて地域の中で人と人をつなぎ，それによって地域を活性化していくものである（研修交流会）。環境と福祉に貢献する事業を地域で行っていく場合，例えば，リサイクルを行う，生ゴミを土にする，廃油を回収し石鹸を作る，高齢者が活き活き元気に暮らせるよう生活を支えるクッキーづくりや手芸といったものを事業にするなど，やり方はいくつもある。つまり，地域（コミュニティ）に課題があり，それを解決する活動を事業化（ビジネス化）する。だからコミュニティ・ビジネスなのである。

　コミュニティ・ビジネスの活動は地域限定である。地域で事業をやって，地域に還元していく（研修交流会，山岸）。そこでは地域のニーズを仕事化しているので，仕事が地域の中で競合することはない。また，そこでのノウハウやアイデアを他の地域の事業型NPOと交換できる。つまり事業型NPO

は個々にネットワークをつくることができ，そのネットワークの形は多極分散型構造になる。従って，もし地域内に NPO に融資ができるシステムがあれば，お金は地域内で循環し外に出て行くことはない。それが「コミュニティ・バンク」であり，それ自体を NPO として実現している団体（貸金業「WCB」）もある（『読売新聞』2002.2.27）。その他，地域の NPO を支援するコミュニティ・バンクは，「北海道 NPO バンク」（北海道，2002 年），「NPO 夢バンク」（長野県，2003 年），「コミュニティ・ユース・バンク momo」（東海 3 県，2006 年）など次々と生まれている（藤井 2007：43-67）。

地域内にこのような事業型 NPO が多種類あれば，コミュニティ・バンクを中心にネットワークが形成され，その結果，地域の資源（人や金）が地域から流出することはない。もし地域にそのようなネットワークが形成されれば，そこで「地域通貨」を発行することも可能になる。そうなればそこでは，事業型 NPO が担うビジネスの部分と地域通貨が担う共助の部分が共存することになり，人間関係の密度の濃い，また経済的にも自立度の高いコミュニティが生まれることになる。

一方，ベンチャー企業（ビジネス）の場合は，最初は地域の中にビジネスチャンスを見出だしたとしても，あくまで営利を基本とする貨幣経済の中で，一旦当たれば地域を超えて大きく展開することもありえる。しかし，コミュニティ・ビジネスはあくまでも地域限定の事業型 NPO であるため，地域を超えて大きく展開することはない。地域のニーズという公的領域で分を守って活動し，しかも基本は公益的な非営利活動である。従ってコミュニティ・ビジネスとベンチャービジネスとを混同してはならない。NPO が関与するのはコミュニティ・ビジネスである。

(3) 社会資本マネジメント

事業型 NPO にはもう 1 つの方向性がある。それは「社会資本マネジメント」と言われるものである。2001 年，国土交通省は庁内に「社会資本マネ

ジメント検討会」を設けた。立ち上げの理由は,「NPO 推進北海道会議」の佐藤隆によると,「もうこれ以上国の仕事として社会資本マネジメントはできないという認識になった。河川,道路,ダム,公園などを,パートナーとして一緒に管理していくために,市民の力を予定せざるを得なくなった」(研修交流会)からだと言う。社会資本とは,道路,港湾,上下水道,文化施設など「主として都市を構成する物理的・空間的施設」(宇沢 1994：17)であり,これまでは専ら行政が造って管理していたものである。

　しかし今や,財政的にも,また合意を得るためにも,住民の意見を取り入れなければ成り立たなくなってきた。成功例としては例えば,道路では,福島市福島西道路の沿道風景づくり事業において設計から施工・管理までを地域住民が積極的に参加した例(1996 年),河川では,世田谷区北沢川緑道整備に地域住民が参加し,整備後は新しく誕生した市民グループが清掃などの維持活動を継続して行っている例(2000 年),公園では,八王子市の長池自然公園館の管理・運営を地域の NPO に委託した例(2001 年)などがある (NPO サポートセンター連絡会 2001：14-16)。

　事業型 NPO は,ここにビジネスチャンスを見出し,「行政が一方的に管理していたものを,NPO が提案し仕事にしていく。NPO が主導権をもって社会資本マネジメントを示していく」(研修交流会,佐藤)ことができると捉えた。しかしここで注意すべきことは,「受注―発注」の関係にならないようにする工夫であると,佐藤は指摘している。「受注―発注」の関係では NPO は行政の下請けになり,民間企業と変わらなくなる。NPO が関わる意義は,行政や企業中心の社会から市民中心の新しい社会に変えるところにあるのだから,少なくとも NPO と行政との対等性は確保されていなければならない。そのためには,まず行政と NPO が立案・計画の段階から課題を共有し,その解決のために両者が協働していくこと,つまりある課題解決のために「行政の側にあるお金を NPO と行政が協働で使っていく」必要がある。そうすることによって行政と NPO の対等性が保証され,お互いパート

ナーとして行動できるのである。その際には，発注や契約の仕方にも民間企業とは異なる工夫が必要になることは言うまでもない（対等性を保証するパートナーシップについては第5章5.①(2)を参照）。

こうして事業型NPOは，コミュニティ・ビジネスに限定されることなく，道路の拡幅を住民とともに話し合うNPO，河川の植栽に環境教育を取り込みながら実行するNPOなどとして，道路や河川等といった「公的領域」において，行政とともに仕事をしていくことができるのである。ここにも，地域の中で縦割りをこえて連繋できるNPOの利点が活かされることになる。

5. NPOサポートセンターによるNPO支援
―― インターミディアリー（中間支援組織）の重要性

①「NPOサポートセンター」の登場

NPO段階の市民運動には様々な問題点がある。しかしそれらの問題の解決のための仕組みをNPOという形で生み出していることも，NPO段階の市民運動の特徴である。それが各地に生まれている「NPOサポートセンター」（NPO法人格を取っている）である。

NPOサポートセンターは，NPOを支援するためのNPOであり，地域の「市民活動」を広範に支援する拠点にもなっている。支援の内容は，先ず第1に個人レベルの支援で，NPOで活動している個人やNPOをつくろうとしている人，また一般の人々の市民活動への関心を喚起すること。第2はNPOレベルでの支援で，NPO団体が必要とする情報提供や組織運営上のノウハウを提供すること。第3にNPOセクター（第3セクター）全体のレベルでの支援で，NPOや市民活動が存続・発展していくための良好な制度的枠組みづくりと，そのためのアドボカシー（政策提言）活動を挙げることができる。

実際に，サポートセンターが事業として行っている活動には，先に述べた

ように，①場所の支援，②情報の支援，③人材の支援，④資金の支援，⑤組織の支援，⑥シンクタンクがあり，さらに，サポートセンター独自の事業として，⑦全国あるいは県レベルでのサポートセンター間のネットワークづくり，あるいは市民・行政・企業セクター間のパートナーシップづくりを挙げることができる。この⑦のような活動を行うサポートセンターが，2000年前後に増加した。

「日本 NPO センター」はサポートセンターであることの基準を，「常設の事務所と専従の職員がいて，分野を特定せずに NPO の支援を行っている」（日本 NPO センターの HP より）としているが，2000年を境に自治体設立のサポートセンターの急増が見られる。その背景には，2000年代前半の地方自治体には，市民活動を支援するためのセンターをつくらなければ時代に乗り遅れるのではという危機感が高まっていたことが挙げられる（加藤 2002：22）。

このようなサポートセンターの増大は，当時，総体的に市民活動が活発化し，市民セクターが社会的に重要度を高めていたことを示している。だがその担い手（設立主体と運営主体）が誰であるかによって支援にも微妙な違いが出てくる。

② サポートセンターは「公設公営」から「民設民営」へ

サポートセンターには，設立主体が「市民」である「民設」のセンターと，行政等が設立主体である「公設」のセンターとがある。「公設」には，センターの管理・運営を行政の職員が行っている場合（「公営」）と民間に委託している場合（「民営」）とがある。さらに「公設・民営」については，管理運営の受託団体が，行政が設立した外郭団体である場合と NPO などの市民団体である場合がある。

さらに，受託する NPO などの市民団体については，「NPO 支援を専門にする NPO（専門型 NPO）」と，幾つかの「NPO が連合してつくった NPO（連合型 NPO）」（川崎 2001：34-5）の場合に分けられる。専門型 NPO としては例

えば「仙台市市民活動サポートセンター」の管理・運営を受託している「せんだい・みやぎNPOセンター」が，連合型NPOとしては，例えば「鎌倉市市民活動センター」の管理・運営を受託している「鎌倉市市民活動センター運営会議」が挙げられる（同）。両者の違いについては，「サポートセンターの専門的機能の充実という点では，すでに実績や蓄積のある専門的NPOが運営を担った方が効率的・効果的」ではあるが，「サポートセンターの相互支援機能という点では，連合型NPOというシステム自体が多くのNPOの相互交流・相互支援の機会となる」（同：35-6）とされる。

　このようにサポートセンターの担い手は多様であるが，これは設置される地域の市民活動状況を反映しており，いずれが優っていると言うことはできない。しかしサポートセンターの役割を考えると，「公設」よりも「民設」，「公設」の中では「公設公営」よりも「公設民営」，「公設民営」においては「民営」の主体が「外郭団体」よりも「市民団体」の方が，より自由な支援活動が展開できると言える。

　一方，アドボカシー活動に際して，「公設公営」のサポートセンターが自らもその一員である行政に対して批判的提言を行うことはほとんど不可能である。だが「場所の支援」と「資金の支援」に関しては，「公設」の方が安定している。「民設（民営）」の場合は，センターの建物，運営資金，援助する資金などをすべて自前で用意しなければならない。しかしアドボカシーやネットワーク活動はまったく自由に行える。両者の利点をできるだけ高めることを目指して，行政（自治体）が市民活動支援として新たにつくるサポートセンターの場合は，その管理・運営を市民団体に委託する「公設民営」の形態を取ることが多い。

③ インターミディアリーの場としてのプラットフォーム

　ところでNPOサポートセンターは「インターミディアリー（中間支援組織）」とも言われるように，3つのセクター，すなわち市民（NPO）セクター，

行政セクター，企業セクターを，市民セクターを中心に繋げようとするものである。だがNPO，行政，企業はそれぞれ行動様式を異にする。日本経団連1％クラブの長沢恵美子（当時）によれば，仕事を決断する際の合意形成において，企業は（行政も）組織（ヒエラルヒー組織）で行い，一方NPOはネットワークで行う。またNPOの場合，「共感」をどう形にできるかを大切にしているため，関係者間で合意を得ることは不可欠であり，どうしても会議は長くなる。また組織の目的についても前述のように，行政は法律を執行する組織であり，企業は営利を追求する組織であり，NPOは「情熱」を実現する組織であるという違いがある。また，組織原理の点では，行政は遵法，企業は私的利潤，NPOは「自発性」の発揮である。

これら組織の在り方を異にする3つのセクターを繋ぐものとして「NPOサポートセンター」が提案しているのが，「プラットフォーム（基盤，舞台）」である。それは「出会いの場」であり，一定の地域に着目して「産官学民」（企業・行政・大学・NPO）が協働して地域の問題の解決にあたり，それによって「NPO活動の基盤を整備」（『朝日新聞』2001.6.9夕刊）していくものである。例えば，江戸川大学を軸にした「常磐線NPOプラットフォーム」，白鴎大学を軸にした「北関東プラットフォーム」等がその例として挙げられる。これは地域の教育力を高めると同時に，地域との連繋によって学生の減少に歯止めをかけることによって，これからの大学の生き残り策にもなりえる。

一方，サポートセンターがセクター間を繋ぐための力を自ら貯えるためには，シンクタンク的な実力をもつ必要がある。サポートセンターには，市民・NPOからの税務会計処理や起業の相談，行政からの委託事業の問い合わせ，企業からの社会貢献活動へのアドバイスの要請や不用になったオフィス家具の寄付先の相談など様々な問い合わせがある。それらに的確に応じ，かつ市民セクターのためのアドボカシー機能を果たすためには，市民活動の現状を把握するための情報収集に加えて，自ら行う調査・研究活動も自ずと必要になる。つまり，個々のサポートセンターは，市民活動のための地域の

シンクタンクとしても機能しなければならないということである。

　そのための相互研修の場として，「NPO サポートセンター」は各地域のサポートセンターの「ブロック研修交流会」や「NPO サポートセンター連絡会」を，一方「日本 NPO センター」も「NPO パワーアップセミナー」，「NPO キャリアアップセミナー」等を開いていた。また民間からの政策づくりに特化した機構（「政策の知的インフラ」）として，「構想日本」等の民間のシンクタンクが集まった「21 世紀シンクタンク・プラットフォーム」も 2001 年に作られた。

　このように 2000 年前後の市民運動は，NPO サポートセンターを中心に 3 つのセクターをパートナーシップで繋げながら，地域社会（コミュニティ）の課題を具体的に解決していく形で展開されていった。そうすることによって，民間が行政とともに「公的領域」を責任をもって担う新たな段階に至ったと言うことができる。そしてこれが「NPO 段階の市民運動」であり，この基調は現在にも引き継がれている[2]。

注
1) 「特定非営利活動促進法」は 1998 年 3 月に公布され，同年 12 月から NPO 法人の申請受付けが始まった。2 年半後の 2001 年 5 月段階で，全国の申請受理数は 4811，その内認証されたのは 4060 団体，不認証は 20 団体（残りは当時審査中）である。認証数の多い所轄庁は東京都で 909 法人，次いで大阪府 291 法人の順であり，少ない所轄庁は富山県 11 法人，徳島県 12 法人，鹿児島県 15 法人の順であった（内閣府集計）。また同法施行後約 20 年の 2018 年 1 月の内閣府のデータでは，全国の申請受理数は 53065 団体，その内認証されたのは 51861 団体，不認証は 811 団体（残りは審査中）である。また解散した団体は 14844，その内認証を取り消された団体は 3259 であった。認証数の多い所轄庁は東京都 9472 法人，大阪府 1786 法人，埼玉県 1759 法人の順であり，少ない所轄庁は福井県 244 法人，島根県 282 法人，鳥取県 285 法人の順である（内閣府集計）。NPO 法人の数は右上がりで急激に増加していることが分かる。
2) この後，地方自治法の一部改正（2003 年 9 月）によって，公の施設の管理に「指

定管理者制度」が導入された。これによって，施設の管理の代行者が，公共あるいは公共的団体だけでなく，株式会社やNPO法人など民間事業者にまで拡大されたが，財政難の行政からの安易なアウトソーシングによって，NPO法人に行政の下請け化の問題が生じている。この問題は，行政と市民団体とのパートナーシップの観点からも，今後さらに見守っていく必要がある。

第2章 1990年代の市民運動がもたらしたもの
―― 「市民」による「公的空間」拡大のメカニズム

　「特定非営利活動促進法」（NPO法）成立の画期的な点は，NPOという市民団体に社会サービスの担い手として「公益性」が認められたことである。その結果，市民が「公益」活動を担うようになり，そのことが社会的に認知され，行政からも事業を委託されるようになった。では，そこで認められた「公益」とは具体的には何だったのか。

1.「市民活動」における「公益」

① NPO法における「公益」

　「特定非営利活動促進法」（NPO法）では，第1条（目的）において，「この法律は，特定非営利活動を行なう団体に法人格を付与すること等により，ボランティア活動をはじめとする市民（NPO法の中で「市民」という言葉が出るのはここだけ＝筆者）が行う自由な社会貢献活動としての特定非営利活動の健全な発展を促進し，もって公益の増進に寄与することを目的とする」とある。また第2条（定義）では，「この法律において特定非営利活動とは，別表（1）に掲げる活動に該当する活動であって，不特定かつ多数のものの利益の増進に寄与することを目的とするものをいう」となっている。

　すなわち，特定非営利活動とは，「ボランティア活動をはじめとする市民が行う自由な社会貢献活動」であり，その「公益」にあたる部分は「不特定かつ多数のものの利益の増進に寄与する」とあり，その具体的活動は20種類の「別表に掲げる活動に該当する活動」である[1]。

　「公益」についての積極的な規定は現在どの法律にも見当たらない（雨宮

1997a：186)。「特定非営利活動促進法」でも，定義の部分に「公益」という語を出すと解釈に紛糾が予想されるため，「不特定かつ多数のものの利益の増進に寄与する」としたと言われている（同）。なお，1996年9月20日の閣議決定で決まった「公益法人の設立許可及び指導監督基準」に基づく「公益」とは，「積極的に不特定多数の者の利益の実現を目的とする」である。要するに「公益」とは，法律的には「不特定多数の者の利益」と解されている。

　ただ，純粋に市民活動の立場から言えば，「市民活動は，そこに公益性があるからスタートするようなものではない。そこにニーズがあるに違いないという個人もしくは団体の信念からスタートする」。「公益となるかどうかは，活動してみなくては分からないのが市民活動の本質である」（シーズ1999：159）というのが正論であろう。しかし，市民活動の意義を自覚した運動側の人々は，様々な市民活動の中で「市民公益活動」に沿うものを「市民活動」と呼んでいる。従って運動側の使う「市民活動」という語には，すでに「公益」が含まれていることになる。続いて，その「公益」の内容を明らかにするために，先に述べた諸々の「公益」の規定をまとめて，運動側の主張する「市民公益活動」を捉え直してみよう。

②「市民活動」側の主張する「公益」すなわち「市民公益」

　ここでは「市民公益」を網羅的に説明するために，第1章第3節の「市民公益活動」に関する部分と一部重複する箇所もあるが，ご容赦いただきたい。

　市民公益活動とは，「地域住民や市民による自主的・自発的な，営利を目的としない，社会をよくする活動」（木原1993：1）とする規定が最も一般的である。この規定に従うなら，市民活動が，「自主的・自発的な」活動であることは前提条件であるので，この規定の「公益」の部分は，（私的な）「営利を目的としない」ということと，「社会をよくする」というところに関わる。つまり非営利で，社会全体に関わり，しかもそれを改善する（「よくす

る」）方向に働きかける（変革する）のが「公益」となる。

　別の説明では「市民公益活動」を，「行政体や企業ではできない先駆的，冒険的な活動を多様な価値観をもつ多数の市民団体が行うことにより，柔軟で多元的な社会をつくり，市民の自己実現と結びつく活動や仕事を生み出し，地域社会の再構築や国際社会での新しい貢献と立場を可能にする」（佐野 1995a：25）と捉える者もいる。そこには4つの特徴があり，「①個々人の自由意思に基づくポジティブな社会活動，②人々と社会の選択肢を豊かにする民間（非政府）で非営利な活動，③社会の自己治癒力を高める活動，④社会の網の目からこぼれる人々とともに暮しや新たな社会の仕組みをつくる活動」（佐野 1995b：59）があげられている。

　さらに，市民公益活動の定義には，「少数や一部の人の利益から生まれたものであっても，いずれ多数の人々や社会の多くの部分の利益に広がる可能性をもった活動」（佐野 1994：50）が付け加わる。ここでのポイントは，「特定の個人のためにやったことでも，その効果が一般の人たちにも"開かれている"場合」が「市民公益」だというところにある。

　すなわち，限られた人たちであっても，その人たちの抱える様々なニーズに対して，直ちに対応できるという特色をもつ。そこには創意工夫や，ニーズを捉えるという意味で，当該社会に対する感性も必要となる。従って「市民公益活動は発見され創られるものであって，社会の全体的な不特定多数の利益を担う公共団体の活動とははっきりと区別される」（同：51）。つまり，上記の法律的な「公益」と「市民公益」は区別されるのである。「市民公益」は，活動の効果が一般の人たちにも"開かれている"ものであることと，社会のさまざまなニーズに迅速に対応しその解決に貢献する（社会を改善・変革する）というところに特質がある。

　以上，市民運動側の考える「市民公益」をまとめると，①当該社会全体に関わるもの（影響を与える）であること，②私的な利益（営利）を追求するものでないこと，③特定の者に対する活動であっても，活動の効果が一般の人

たちにも"開かれている"ものであること，④当該社会のニーズへの対応から，その変革まで射程に入れていること，が含まれる。これは，法律的な「公益」とは区別する意味で，「狭義の公益」と言える。

一方，先述の『市民公益活動基盤整備に関する調査研究』（NIRA1994）における市民公益活動の定義では，より一般的な表現が使われている。すなわち市民公益活動とは，「民間非営利活動の一部で，その中でもとくに多くの市民の自主的な参加と支援によって行われる自立的な公益活動」（同：1，この章の執筆者は山岡義典）となっている。さらに市民活動を「市民の自主的な参加と支援によって行われる活動」と規定し，市民公益活動は，「その市民活動のうちの公益的性格の強い一部を指す」（同：2）としている。言い換えるならば，市民公益活動とは，民間非営利活動の一部で，公益的性格の強い市民活動となる。そして，この「公益的性格」が，人々に「開かれ」，「社会変革まで射程に入れる」という意味であれば，NIRAの報告書の「市民公益活動」も上記の「狭義の公益」と同じものになる。

以上により，「市民活動」における「公益」，すなわち「市民公益」とは，〈民間非営利で，当該社会の変革まで視野に入れて，そこでの様々なニーズに取り組むことによって，その解決によってもたらされる利益を，社会を構成するすべての人に波及的にもたらすもの〉と言える。

2.「市民活動」における「市民」の捉え方

1990年代の市民運動がNPOの基盤整備の出発点と考えた「市民公益活動」のうち，「市民公益」に関しては以上の通りである。次は，「市民公益」を担う者，すなわち「市民公益」を実現する主体である「市民」を明らかにしなければならない。そのために，市民運動側からどのような「市民」が提起されたかを辿ることから始めよう。

NPO法を制度化に導いた市民運動勢力にとっての「市民」の規定は，「社会的責任を自覚した個人」（山岡1997：27），あるいは「自分で考え，自己責

任で行動する人」（早瀬1997：49），また「社会的責任を自発的に引き受ける人，社会的協働に積極的に参加する人」（播磨1995：11）などである。ここでのキーワードは，「社会的責任」と「積極的な行動」である。

「社会的責任」とは，人々が社会生活を続ける際に，その生活の維持・発展のために共同で取り組まなければならない課題の解決に寄与することである。その生活の場には地域レベル，国レベル，地球レベルが考えられ，そこでの課題は，それぞれの場の全構成員（「みんな」）に共通に関わるもの（common）で，かつ全構成員がその課題解決に取り組む（アクセスする）可能性が開かれている（open）という意味で，ハンナ・アレントの言う「公共的」課題と言うことができる（斎藤2000）。従って「社会的責任」とは，当該社会（取り組む課題に応じて地域レベル，国レベル，地球レベルの3つのレベルから選択される）の公共的課題の解決に取り組むことでもある。

一方「積極的な行動」に関しては，ボランティアを原義に含むwill（意志）という意味から，上記のように「自分で考え，自己責任で行動する人」（早瀬1997：49）と捉える早瀬は，単なるボランティア性ではなく，「"放っとけない"という気持ちを押さえられずに行動に移す」（早瀬1997：47）ことであると言う。すなわち「積極的な行動」とは，ボランティアの気持ちが行動にまでつながる場合であり，自らの意志で積極的に課題解決に向けて行動することである。

従って上記の「社会的責任」と「積極的な行動」を合わせると，市民活動を実践している運動側にとっての「市民」とは，〈当該社会の公共的課題の解決に向けて自らの意志で積極的に行動する人〉となる。

また，先のNIRAの報告書の中では，「市民」とは，「広く所属や立場を離れて個人としての自由意志で発言し行動する人びと」（NIRA 1994：2）と規定されている。どこに住んでいるかには関係せず，従って「一定の地域に住む人びとの集団」である「住民」とは異なる。しかし「その集団が個人の自発性に支えられている場合は」，住民であっても「市民」に含まれる。

さらに、先の市民の規定の最初に、市民活動の「市民」とは「社会的責任を自覚した個人」（山岡1997：27）であることを挙げたが、山口智彦はそれに「余得のない人」（山口1998：143）を付け加える。なぜなら「賄賂を受けたり、天下り先を確保できたり、利便を図ってもらえたりする」ということがなくて初めて、「客観的なまともな意見」が言えると考えるからである（同）。これは、NIRAの報告書の「広く所属や立場を離れて」の部分と同義でもある。

一方、市民とは「単に自立した個人というだけでなく、権利・義務を伴った概念」であり、「政治的社会的権利義務をもったpeopleがcitizenである」（今田1997：5）というように、選挙権や租税の分担という政治的権利・義務関係から市民を規定する考えもある。さらに市民は、「人格として自由で独立な存在」（今井・金子1998：278）であるだけではなく、資本主義の発達の中で「利己心を持ち市場を通して社会を発展させ自己と社会を豊かにしていく個人」（同：288）という積極的側面も持つようになるという捉え方もある。すなわち、前者は「主権者」としての個人を強調したものであり、後者はよい意味での「利己的で経済的な存在（ホモ・エコノミクス）」（同：291）を強調したものであるが、それらの行動が広く「当該社会の公共的課題の解決」に向かっている場合には、どちらも「市民」としての行動に含めてよいと考えられる。

では実際には、「市民」の行動とはどのようなものなのか。もちろん日本の教育制度、裁判制度、官僚機構等への異議申立てでもよい。しかし「市民」の行動は、本来決して特別なものではなく、ごく日常的な生活の中にその芽がある。早瀬は「普段の暮らしを"開く"」ことが大切だと指摘する。「私的な行為も、その効果を"開く"ことによって公共性を持ち出す」（早瀬1997：49）。例えば、「絵画などの個人的コレクションを公"開"すると、私立美術館になる」し、「企業が社員の福利厚生施設として整備したグラウンドを近所の少年サッカーチームに"開"放すると、企業の社会貢献活動になる」（同）。要は、身近なちょっとしたところにも市民活動に繋がる芽がある

ということである。

　以上，市民活動側の意見をまとめると，「市民」とは，〈社会的責任を自覚し，広く所属や立場を離れて，自分で考え，自己責任で行動する人〉と言える。つまり，「社会的責任を自覚」することで，社会の中に自己を幅広く位置づけ，そこでの問題に積極的に取り組むというミッションを身につけ，「広く所属や立場を離れて」，既存のしがらみやものの考え方に捕らわれることなく，「自分で考え」ることによって，自主的主体的にものごとの関係性を把握し，「自己責任で行動する」ことで，現状の変革に向けて立ち上がり，その結果は潔く自分が引き受けるのである。

　この規定と，先の「社会的責任」と「積極的な行動」に基づく「市民」の規定を総合すると，「市民」とは〈当該社会の公共的課題の解決という社会的責任を自覚し，自らの立場に拘束されることなく自分で考え，自己責任で積極的に行動する人〉と言える。要するに，現実の社会を〈自分で見て，考えて，行動する人〉が「市民」なのである。

　「市民」が「公益」（＝「市民公益」）を担い，この「公益」のもとに社会を変革・再構築していく。だが現実の人間は，いつもそのような「市民」であるわけではない。われわれが人間を考える場合，人間は自己決定できる自由な存在であるという近代以降の考え方を前提にしている。それでは，「市民活動」を行う者として現れる能動的な「市民」は，現実の社会の中で，どのような場面に現れるのであろうか。そこが，1990年代の市民運動が導き出したNPOの導入という，すなわち日本でのNPO発祥の出発点だと言える。

3.「市民活動」を行う「市民」の社会の中での位置づけ

①「私的空間」と「公的空間」

　人間は自分の世界を構成するにあたって，引き裂かれた二重性を持っている（今井・古矢 1998：267, 291）。1つは「自らの利益を追求する利己的で打算的な，〈個〉としての存在」，もう1つは「人間が生かされている諸関係全体

の利益を追求する利他的で諸関係を調整する,〈関係〉としての存在」である。「公益」を担う「市民」は後者の側面を強く出しており,それが直接的に現れた例が「震災ボランティア」であった。正確には,人間が持っている利他的な諸関係構築の側面が利己的な個どうしの関係の中で利他的な行動として現れたと言える。

　だが,判断の基準を自己にもつ近代的人間（つまりわれわれ）が社会生活を営んでいくためには,この2種類の存在が同時に機能し充足されることが必要である。「利己的で打算的な"個"としての存在」だけでは社会が崩壊し,「利他的で諸関係を調整する"関係"としての存在」だけでは個人は生きていけない。ボランティアは無償では飢えてしまう。しかしボランティアを支えるシステムがあれば,つまりボランティアの活動に必要な資源が十分に絶え間なく供給されていれば,ボランティアも飢えることはない。阪神・淡路大震災では,大量のボランティアの登場と同時に,彼らの活動を支える組織が具体的な形として登場したことの意味が大きい。例えば,市民団体やNPOの集まりである「被災地の人びとを応援する市民の会」とそれらNPOを支援する経団連や地元企業等があり,両者は協働して被災した人たちへの援助や被災地の復興に取り組んだ。

　さてここで,「自らの利益を追求する利己的な〈個〉としての存在」である人間が関係を取り結ぶ領域を「私的空間」（private space）,「人間が生かされている諸関係全体の利益を追求する利他的な〈関係〉としての存在」である人間が関係を取り結ぶ領域を「公的空間」（public space）と名づけるとすれば,人間は生活のためにはこれら2つの空間を同時に生きていかなければならない。それが人間が生きていくための基本の形である[2]。

　このような二重性をもった人間が,「市民活動」における「公益」を担う「市民」として現れるのは,どういう条件が揃ったときだろうか。

②「市民」の4類型

　市民の原型と言われる古典古代のポリスの市民を考えてみると、彼らは「奴隷や女性、子どもを含む"家（オイコス）"を専制的に支配する家長」（今井・古矢 1998：266）であり、軍事を含めてポリスの管理・運営に専従し、「自分の家のやりくり」すなわち「家政」からは解放されていた自由な存在だった。このポリスは、「自由で平等な市民からなる共同体」（阿部 1973：9）で、「ポリスで生活するということは、すべてが力と暴力によらず、言葉と説得によって決定される」、すなわち「政治的である」（アレント 1958 = 1973：30）ということであった。「ギリシア人の自己理解では、暴力によって人を強制すること、つまり説得するのではなく命令することは、人を扱う前政治的な方法であり、ポリスの外部の生活に固有のものであった」（同）。そしてポリスは公的（public）領域、家政は私的（private）領域とされた。

　アレントによれば、公的領域の特性は、そこに「現われるものはすべて、万人によって見られ、聞かれ、可能な限り最も広く公示される」（同：50）という意味での「公開性 publicity」と、「私たちすべてのものに共通する」「世界そのもの」（この世界は、人間の手が作った「人工的な世界」とそこで「進行する事象」を意味しており、「人びとを結びつけると同時に分離させている」）（同：52-53）という意味での「共通性 commonness」である。一方、私的領域は「公開性」と「共通性」を奪われた（deprived）領域であり、それはすなわち「他人によって見られ聞かれることから生じるリアリティ」、また「物の共通世界の介在によって他人と結びつき分離されていることから生じる他人との"客観的な"関係」を、さらに「生命そのものよりも永続的なものを達成する可能性」を奪われていることを意味した（同：59）。

　私的領域の中に存在するのは「家族」であり、そこでは「個体の維持と種の生命の生存のために、他者の同伴（個体の維持が男の任務であり、種の生存が女の任務である）を必要とする」（同：33）。従って家族は、「生命が必要とするもの＝必要から生まれたものであり、その中で行われるすべての行動は、

必然によって支配される」(同)。それに対して,「ポリスの領域は自由の領域であった」(同)。すなわち「公的領域と私的領域,ポリスの領域と家族の領域,そして共通世界に関わる活動力と生命の維持に係わる活動力」,これらそれぞれ2つのものの間には「決定的な区別」(同:32) があった。

(1)〈公的市民〉

　公的領域と私的領域の区別を前提にして,古典古代のギリシアの市民は,自由で平等な存在で,「公開性」と「共通性」を備えた公的領域において,「自由な市民に影響を及ぼしうる勇敢な行動と雄弁な演説」(阿部 1973:9) を核とする政治的領域で活動していた。これが「市民」の第1の規定である。これは公的領域に一面化された市民であるが,公的領域はすなわち政治的領域であり,ポリス全体の永続性と客観的な関係を維持する。

　前項の「公的空間」のところで取り上げた「人間が生かされている諸関係全体の利益を追求する」とは,ここではポリス全体のことであり,この市民がポリス全体の永続性と発展,そのための社会関係を維持していくのであるから,「〈関係〉としての存在である人間が関係を取り結ぶ」と言える。従って,この第1規定の「市民」の活動領域を「公的空間」と捉えることができる。この「公的空間」で活動する市民を〈公的市民〉と呼ぶことにしよう。これは「公益」を担う「市民」の純粋型である。

　しかしこの〈公的市民〉の上に成り立つポリスも,時間の経過と共に「市民が公的でない側面・私的な側面を公的価値に優先させ始める」(今井・古矢 1998:272) ことによって公的領域と私的領域の区別が曖昧となり,やがて私的領域が優勢になっていく。

(2)〈私的市民〉

　「市民」の第2の規定は近代になって現れる。それは「社会」の出現と関連している。アレントによると,「家族の集団が経済的に組織されて,一つ

の超人間的家族の模写となっているものが，私たちが"社会"と呼んでいるものであり，その政治的な組織形態が"国家"と呼ばれている」（アレント 1958 =1973：32）。この「社会的領域」は「私的なものでもなく公的なものでもない」。「その起源は近代の出現と時を同じくし，その政治形態は国民国家に見出される」（同）。すなわち，経済活動の拡大によって，家族経済の段階を超えてはいるが，全体としては私的領域の拡大に過ぎず，公的領域の性格を備えていない新たな空間（＝市場）が登場したのである。

　この空間の担い手は，近代人すなわち「自分の考えを持っている自立した個人」（今井・古矢 1998：276）であり，典型的には「自己利益を追求する"経済人（ホモ・エコノミクス）"」（同：269）である。これはまさに，前項の「私的空間」のところで取り上げた「自らの利益を追求する利己的な〈個〉としての存在」が市場に現れた姿であり，その市場を中心に形成される社会関係は，すなわち「利己的な〈個〉としての存在である人間が関係を取り結ぶ領域」であり，これは先の「私的空間」に相当する。この「私的空間」において活動する者を〈私的市民〉と呼ぼう。これが「市民」の第2の規定である。

　なお「公益」を担う「市民」も現実の存在としては〈私的市民〉の部分を同時に持つ。ただし彼・彼女が「公益」を担う「市民」として活動する時は，「公的空間」の領域で〈公的市民〉として活動しているということになる。

　ここでアレントの私的領域を改めて見てみよう。そこは公的領域から切り離された閉じられた空間であり，生活と生命が再生産される家族の世界である。そこでのつながりは生産に結びついた地縁と血縁である。この私的領域が，「市場」によって社会全体に拡大した。とは言え，個体の維持と種の生存が「やりくり」される閉じられた空間であることに変わりはない。従って，「私的空間」の担い手（〈私的市民〉）は，「市場」という限定された活動領域において，家族から由来する血縁・地縁の上に，個体の維持と種の生存を「やりくり」する「利己的な〈個〉」と言える。それは近代以降の「利己心をもち，市場を通して社会を発展させ，自己と社会を豊かにしていく個人」

(同：288) でもあるが，その全体像は自立した個をもつ日々の生活を「やりくり」する生活者であり，「経済人」はその1つの理念的典型と言える。従って「私的空間」は，表層には「市場」があるが，そのベースには血縁・地縁などの共同体的要素がある。すなわち，「家族」と「コミュニティ」が存在するのである。

(3) 権力機構

ところで，この第2の「市民」の活動の場は，「不自然な統制や干渉が行われておらず，"事物の自然のなりゆき"にまかされる"自然的自由の制度"」(船越1966：211) の上に成り立っている。従って理念的には，放置すれば暴力と抑圧が支配することになり，何らかのルールが導入されない限り場自体が崩壊する。そこで考えられたのが「万人の万人に対する闘争」に代表される「自然状態」の想定とそれを克服するための「社会契約」，さらにそうして生まれた（政治）秩序を保証するための権力機構であった。

この苛烈な「自然状態」の想定は，新たに生じた空間が自由な「利己的な〈個〉」がつくり出す「私的空間」であることの証明でもある。そのため，その領域全体を秩序づける原理はなく，「各人が契約を，つまり社会契約を締結し，政治秩序を作り，その政治秩序によって困難に対処する」(今井・古矢1998：277) ことが想定される。その「政治秩序」を，圧政もやむを得ない（ホッブズ）とするか，「生命・身体・財産の共同の防衛のための秩序」とし，その契約を裏切った場合は「革命権を行使すべき」（ロック）とするかの違いはあるにしても，何らかの「政治秩序を実際に運営していく権力機構，立法や行政や司法を担っていく政治機構が必要となる」(同：278) ことは確かである。

だがこの権力機構は，あくまでも「私的空間」の中に設立されるものであり，領域全体を秩序づける機能を期待されるとは言っても，「公的空間」のようにそれ自体が全体への関わりにつながる特質を備えている訳ではない。

つまり権力機構は,「私的空間」の中に人工的に構築された,あくまでも「公的空間」の擬制に過ぎないのである。従って,統合の根拠となる「"政治秩序"の存在理由」から離れて自己目的化し,逆に個人の生活を脅かすことになる可能性も常に持つことになる。従って,権力機構は〈私的市民〉として機能する可能性を常に秘めていると言うことができる。

⑷〈ブルジョア的市民〉

「市民」の第3の規定は,初期の自由主義経済が発展し,「階級支配という政治的含意をもつ社会へ転換」(同:269)してきた段階で現れる。ここでの「市民」は,マルクスの言う「労働者階級を支配・搾取するブルジョア」である。社会契約説が現れた当時は,資本主義の黎明期で,「利己的な経済的な市民」(特にカルヴァン主義にもとづく市民)による経済的合理性にもとづいた自由で公正な競争が想定されていた。だが自由な競争は勝者と敗者をつくり,勝者は,競争の過程で大量に生み出された「労働力」という財しか持たない人間を支配するようになり,1つの階級(ブルジョア階級)として他を搾取する構造をつくり出す。こうして,公正な秩序を維持するはずの権力機構(あるいは国家)が,その階級にとってだけ有利な秩序を形成することになり,他の階級には暴力的抑圧装置として働くことになる。

この状態を解決するには,このような資本主義社会の「階級差別や搾取それ自体を克服し,"ブルジョア"としての人間を"公民"となしうるような新しい共同性を形成していくしかない」(同:290)と言われるが,例えばIMF(国際通貨基金)とWTO(国際貿易機構)による,アメリカを中心とした自由貿易体制の世界全体への急速な拡大は,むしろ「階級差別や搾取」を地球規模で押し進めるものになっている。特に発展途上国の政府に,債務を返済できるように経済構造を変えることを強要する「構造調整融資」は,途上国に累積債務の悪循環を生み出す「階級差別や搾取」の典型と言える(池田2001:42)。これが「グローバリズム」(「新自由主義による世界市場支配のイデオ

ロギー」）の実態である（篠原2004：79）。

このブルジョアとしての人間は，〈私的市民〉が資本主義社会の中で階級的・搾取的立場に転化した市民である。ここでは，これを〈ブルジョア的市民〉と呼ぶ。〈私的市民〉が「私的空間」である市場において個的利益を求めて利己的に行動するとすれば，〈ブルジョア的市民〉は「私的空間」が転化した資本主義社会（「私的空間の転化形態」）において，資本を蓄積する産業構造そのものを維持するように階級的に行動することになる。

⑸〈行政的市民〉

さて，「私的空間」が転化した空間がもう1つある。それは権力機構の空間である。この空間は，「私的空間」において，一定の領域内の複数の〈私的市民〉を秩序づけるために，当該の〈私的市民〉たちによって設立されたものである。ここでは権力機構が，特定の領域内全体の関係を維持し，あたかも「公的空間」内での活動と類似の活動を行うが，現実には「私的空間」内で行われる活動に過ぎない。つまり権力機構は，「私的空間」内に「公的空間」と機能的に等価な「疑似公的空間」を創り出すと言える。しかも，この権力機構を創り出したのは〈私的市民〉であるから，これはすなわち，〈私的市民〉が自らの一部を権力的立場に転化させたと言うことができる。

そこで，この「疑似公的空間」において活動する市民を，〈行政的市民〉と名づけ，「市民」概念の第4番目に付け加えることにしたい。「行政的」としたのは，権力機構の中で〈私的市民〉の間を直接秩序づける実務を担っているのが「行政」だからである。ここにはもちろん，権力機構を構成するすべての部門が入り得る。

③ 4種の「市民」間の比較

以上，〈公的市民〉，〈私的市民〉，〈ブルジョア的市民〉，〈行政的市民〉の4種の市民は，自主的・自律的に判断し行動する近代的な人間を前提とし，

その人間が社会の中で主に果たす機能から分析的に区分したものである。また，社会の中でそれらの機能を果たす場として，「公的空間」，「私的空間」，「私的空間の転化形態」，「疑似公的空間」を挙げた。現実の個人は，日常生活を生きるためには，これら4つの市民の要素を幾つか同時にもつ者として存在している。

　社会に影響を及ぼす行為主体として，この4種の市民を典型的に体現している現実の主体を行動面から考えると，それぞれの単位として個人と集団の両方が考えられる。具体的には，〈公的市民〉は個人としてはボランティアあるいは「市民」，集団としては「市民活動」団体・NPO法人，〈私的市民〉は個人としては日常の生活者・家族，集団としてはコミュニティ，〈ブルジョア的市民〉は個人としては企業家・その下で働く社員，集団としては法人としての企業，〈行政的市民〉は個人としては官僚（国家）・行政職員（地方自治体），集団としては地方自治体・国家となる。

　4種の市民のうち，〈ブルジョア的市民〉は〈私的市民〉の階級的転化形態である。〈行政的市民〉は〈私的市民〉の「公的空間」への転化形態であり，しかしその内実は「私的空間」を擬制的に「公的空間」に変えた（＝

図1　市民の4種の類型

「擬制的公的空間」）転化形態である。「公的空間」の担い手は〈公的市民〉，「私的空間」の担い手は〈私的市民〉であり，ここには転化も擬制もない。そこで4種の市民を，「公的空間」と「私的空間」，基本形態とその転化形態という2つの軸で分類すると前ページの図1のようになる。

　この図において，「公的空間」は第Ⅰ象限のみで，他は「私的空間」である。第Ⅲ象限は「私的空間」が資本主義体制を支える構造として転化したもの，第Ⅳ象限は「私的空間」を秩序づける権力機構のために「公的空間」として設定された擬制的空間である。従って第Ⅳ象限の行為者（〈行政的市民〉）は，第Ⅱ象限の原理で行動する。つまり〈行政的市民〉は，社会全体の公的秩序づけを期待されていたとしても「自らの利益を追求する利己的で経済的な〈個〉」として行動する。従って官僚や行政職員が自らの省のため（省益）や自分の課のため（課益）に，時には自分自身の利益のため（収賄，横領）に行動しがちなのは，構造的に仕方のないことだと言える。

　それを防止するには，「公共空間」からの何らかの倫理規制が必要になる。すなわち，「公的空間」を拡大し第Ⅰ象限の公的意識を第Ⅳ象限へ浸透（「公」の倫理性の注入）させる，あるいは，各象限とは別の超越的次元からの強制力の発動（超越的権力）が必要になる。だが，「豊かな社会」に慣れた現在の日本では，いずれも実効性・実現性は低く，官僚たちの腐敗を防ぐのは構造的に困難であろう。

　また，規制の出発点になるはずの「公的空間」が劣勢になる場合もあり，アレントが「公的領域の死滅」として指摘している通りである。すなわち「公的領域が死滅したということ，あるいはむしろ，公的領域が非常に限られた統治の領域に変形したということ」で，「実際，マルクスの時代に，この統治はすでに死滅し始めていた。つまり国家規模の"家計"に変形し始めていた。そして私たちの時代になると，公的領域は，一層限られた非人格的な管理の領域へと，完全に消滅し始めている」と述べられている（アレント1958＝1973：61）。

しかし，図1からわかることは，社会をその転化形態から引き戻すには，「公的空間」の活動主体が，自らの空間の拡大を目指して行動を起こすことより他にはないということである。市民が「公益」を担うようになったNPO法施行後は，その行動の担い手は「市民」（〈公的市民〉がベース）であり，拡大を目指すべき「公益」は「市民公益」で，行動の出発点は「公的空間」（図1の第Ⅰ象限）であるというように，社会を是正するシナリオは見えてきたと言える。

このように分析的に見てくると，「市民が"公益"を担うようになった」ということが，画期的な事態であるということが分かる。近代以降現在まで，「公益」すなわち当該社会全体の利益が生まれるように管理・調整をしていたのは誰だったのか。絶対王政期のブルボン家やハプスブルグ家のような家族，レッセ・フェール期の企業家，さらに時代が下って金融資本，国家独占資本主義期の国家，近年の福祉国家，地球規模の社会で自由貿易を推進するグローバル資本，いずれも分類図（図1）から分かるように「私的空間」における主体である。「市民公益活動」を担うNPOが登場して初めて，「市民」が「公的空間」から「公益」を担う主体として現れたのである。

次に，この4つの象限の分類図を使って，1990年代の日本社会で何が起ったのか，前章での展開を辿りながら，NPOの登場による「市民」と「市民活動」の位置づけを示していこう。

4.「市民」による「公的空間」の実現（1990年代に起きたこと）

①「市民活動」の基盤整備

人間が生活を営んでいく場合，「私的空間」と「公的空間」は共に必要である。現在われわれが抱えている問題は，「私的空間」が人間生活の大部分を覆い尽くし，「公的空間」とのバランスを著しく欠いていることにある。このアンバランスは是正されなくてはならない。そのためには，上で述べたように，〈公的市民〉としての「市民」が，「公的空間」（第Ⅰ象限）の境界を

他の象限に押し広げ,「公的空間」を拡大していくことが必要である。それはすなわち,従来の社会の仕組みを変えていくことを意味する。その具体的な動きは,以下で示すように,日本では1990年以降に始まった。

「奈良まちづくりセンター」の木原勝彬（当時）は,「現在の日本の地域社会においては,市民の公益活動の重要性がすごく認識されてきている」のに,「日本では自由な市民活動が大きく育っていくという社会的,制度的な枠組がない」（木原他1992：1）。従って「奈良まちづくりセンターとしては,"市民公益活動"の基盤づくりをめざして率先して動いていく役割を果たしていきたい」（同：3）と決意を述べている。さらに社会を第1セクター（政府行政部門）,第2セクター（企業・営利活動部門）,第3セクター（市民セクター・民間非営利活動部門）に分けるとすれば,今は第1と第2セクターが異常に突出しており,その是正のためには「第3セクター革命」が必要であると考えた。

そして,そのためには「市民公益活動基本法の制定」と「市民公益活動セクターのナショナルセンターの設立」という市民公益活動の基盤整備が必要であると提案した（木原1993：1）。ここに,「市民活動」を推進しようとする市民グループが進むべき,社会の仕組みを変えるシナリオが明確化した。その明確になった2つの提案が,「NPOのための法制度の確立」と「NPOサポートセンターの設立」という仕掛けの創造であった。

ここで一言付け加えておきたいことは,これら3つのセクターと111ページの図1とを比較すると,第1セクターは第Ⅳ象限,第2セクターは第Ⅲ象限である。従って第3セクター（市民セクター）は,第Ⅰ象限と第Ⅱ象限が混在した状態になる。第Ⅱ象限は家族・コミュニティをベースにした「市場」の領域であるが,「最近では家族や近隣などを"コミュニティ"あるいは"インフォーマルセクター"としてもう一つのセクターに加え,4セクター論をとる議論も少なくない」（重富2002：58）という指摘もある。ただし,ここで留意すべき点は,市民セクター・イコール・「公的空間」（第Ⅰ象限）とは限らないということである。

② NPO のための法制度の確立

2つの仕掛けの内の1つである「"市民公益活動基本法"の制定」とは，第Ⅰ象限内の活動主体に活動の継続性と社会的責任の自覚を保証するために，法人格と財政的基盤を与えることをめざす。従ってこの基本法には，法人格の取得，税制の優遇措置，民間から民間への資金のルートの確保（企業財団からの資金供給や使用目的を納税者が選択して納税できる制度等）などが含まれる。この方向で中心的に活動しているのが「C's（シーズ）」である。

シーズは，1994 年 11 月，市民活動の基盤整備のために「(1) 簡易な法人格の取得，(2) 情報公開制度，(3) 税制優遇制度」(松原 2001：ⅰ)の3つの実現をざして設立された(3つの目的の実現後は解散を予定)。法人制度については，シーズを始めとする市民グループと超党派の国会議員との協働により，議員立法で「特定非営利活動促進法」として 1998 年 3 月に成立し，同年 10 月より NPO 法人の受付が始まった。情報公開制度については「情報公開法」(「行政機関の保有する情報の公開に関する法律」)として 1999 年 5 月に成立し，2001 年 4 月より施行され，行政情報開示の請求が始まった。税制優遇制度については，国税庁が認めた「認定 NPO 法人」に対する寄付への減税等を認める法案(「租税特別措置法を改正する法律の一部改正案」)が 2001 年 3 月に成立し，同年 10 月から施行された。

しかしこの段階では，市民活動を行っていく上での不備や不満足な点もまだ多く，法人制度については認証手続の一層の簡素化，「特定非営利活動」を列挙した別表の活動の拡大などの問題，情報公開制度については行政の都合による情報開示の制限や引き延ばし，税制優遇制度については厳しすぎる「認定 NPO 法人」認定の条件，NPO 法人自体への税の軽減がないことなどが，未解決のまま残されていた(松原 2001)。

これらの改善策として，「特定非営利活動促進法の一部を改正する法律」が，先の NPO 法と同じく議員立法で 2002 年 12 月に成立し，翌年 5 月から施行された。ここでは NPO 活動として，従来の 12 分野に，情報化社会の

発展,消費者保護,経済活動の活性化を図る活動など5分野（注1）の⑫〜⑯）が新たに追加され,さらに認証申請書類の簡素化も実現した。またNPO支援税制の改正として,2003年4月より,認定NPO法人の認定要件の緩和と「みなし寄附金」制度[3]が新たに導入された。ただしこの要件でも,非営利活動の促進には十分ではないことは,2004年5月当時で認定NPO法人が24しかない（NPO法人全体の0.15％以下）ことが証明している。

　一方,国側からも新たに公益法人制度自体の改革の動きが出てきた。これは,従来の公益法人（財団法人と社団法人）,NPO法人,中間法人（法人化した同窓会や親睦団体）の3つを「非営利法人」に一本化し原則課税すると同時に,税を優遇する場合はその条件とされる「公益性の認定要件」をめぐって「許認可」（NPO法では「認証」となっている）を行う監督官庁が復活する可能性が生じかねないものであった。これに対し「市民」の側は,シーズも含めた「民間法制税制調査会」や「公益法人改革オンブズマン」,「日本NPOセンター」や「NPOサポートセンター」の下に集結し,NPO法人制度を守るために,意見書や提言,ロビー活動や一般集会などを活発に展開して,この動きを阻止することに成功した。その後の展開は,前章第5節で述べた通りである。

③ NPOサポートセンターの役割とその活動実態
(1) NPOサポートセンターの役割

　もう1つの仕掛けである「"市民公益活動セクターのナショナルセンター"の設立」は,第Ⅰ象限内の活動主体と他象限内の活動主体とをつなぎながら,もっぱら第Ⅰ象限拡大のために活動する専門組織の設立をめざすものであった。この方向を踏まえて現在もナショナルに活動しているのが「日本NPOセンター」等全国規模のサポートセンターであり,地域でローカルに活動しているのが各地（地方,県,市町村の各レベルで）のサポートセンターである。

　サポートセンターは,本来「公的空間」を社会全体に広げていく役割を担

っているが，先のNPO法第2条別表では⑲（「前各号に掲げる活動を行う団体の運営又は活動に関する連絡，助言又は援助の活動」）に分類される。個々のNPOは，社会の各領域（第二条別表の①〜⑱）で「市民活動」を展開している。また，他の象限の活動主体と個別にパートナーシップを組むことにより，第Ⅰ象限を越え出た活動をすることもある。しかし第Ⅰ象限自体を積極的に拡大したり，第Ⅰ象限と他の象限との関係を密にすることを目的とした直接行動はとらない。その行動を専門に行うのがサポートセンターで，個々のNPOのサポートだけでなく，第Ⅰ象限全体の構造と他象限との関係を視野に納めながら行動する。つまりサポートセンターは，「公的空間」を維持・保全しながら，さらに社会全体へと広げる役割を担うのである。

アメリカでは1970年代からサポートセンターの動きが活発化するが（マサオカ1998：24），日本ではサポートセンター活動を明確な目的とした組織としては1993年9月設立の「NPO推進フォーラム」（現「NPOサポートセンター」）が最初である。ではサポートセンターの活動は，実際に「公的空間」を拡大するものになっているのだろうか。

(2) NPOサポートセンターの実際の活動

「公的空間」を社会全体に拡大する役割を担うサポートセンターが，実際に事業として行っている活動をまとめると，前章第5節の最後に述べたように，個々のNPOに対しては，①場所の支援（会議や作業の場と機材の提供），②情報の支援（情報の収集と提供，相談対応），③人材の支援（交流促進，学習・研修の機会提供），④資金の支援（運営や活動の資金提供），⑤組織の支援（コンサルティング，インキュベートのための事業），⑥シンクタンク（調査研究支援，アドボカシー支援）の6つがある（土屋2001：4,6，川崎2001：31-32）。

さらにサポートセンター独自の事業としては，⑦として，個々のNPOと他のセクターの活動主体をつなぐコーディネーション，全国あるいは県レベルでのサポートセンター間のネットワークづくり，あるいは市民・行政・企

業セクター間のパートナーシップづくりが挙げられる。

では，これらの活動が，「公的空間」の整備とその拡大とどのようにつながっているのだろうか。

第1にサポートセンターは，前ページの活動①（場所の支援），②（情報の支援），③（人材の支援），④（資金の支援）により，「公的空間」を創造・維持していくための資源を確保する。それは①モノ，②情報，③ヒト，④カネである。「公的空間」内の活動主体を支援・整備するこれらの活動は，「公設公営」・「公設民営」のサポートセンターが得意で，「民設民営」は弱い。

第2に，活動⑤（組織の支援）は，活動主体をより「公益」を実現する方向へ導くための支援であり，サポートセンターによる独自の「公的空間」整備と言える。その中でコンサルティング（マネジメント等支援）は，個々のNPOの性格を踏まえた「ディープな相談機能」であり，「公益」をめざす活動主体内部の調整と活性化を図る機能（第Ⅰ象限内の活動主体の活性化）を果たす。一方インキュベーション（NPOの立ち上げ支援）は，NPOの卵たちをはぐくみ育てるものであり，第Ⅰ象限の活動主体を再生産していく機能（第Ⅰ象限内の活動主体の育成）を果たす。

第3に，活動⑥（シンクタンク），⑦（ネットワークのパートナーシップ支援）は，他の象限の活動主体に働きかけながら第Ⅰ象限の境界を拡大していく，まさにサポートセンター独自の役割である。その中で⑥のアドボカシー（政策提言）は，行政への批判も含めた現状の変革に向けての政策提言であり，「公益」実現への筋道・方向づけを提示する機能（第Ⅰ象限拡大の方向づけ）を果たす。⑦のコーディネーション（個々のNPOと行政や企業をつなぐ機能）は，NPO支援の需要と供給をつなぐものであり，「公益」実現に向けてその個々の活動主体間の連携を図る機能（第Ⅰ象限内の活動主体と他象限内の活動主体との橋渡し）を果たす。同じく⑦のネットワークづくり（NPO間，サポートセンター間，異なるセクター間をつなぐ機能）は，さまざまな市民活動団体を横につなぎ市民セクターを形成していくものであり，さらに⑦のパートナーシップ

づくりにおいて，それら活動団体と行政・企業セクター内の構成主体とを対等につなぐ機能（第Ⅰ象限拡大の活動）を果たす。これらの"つなぐ機能"を重視してサポートセンターは「インターミディアリ」（中間支援）とも呼ばれる。

活動⑤，⑥，⑦は，「本来的に行政からの委託には馴染まないNPO独自のもの」（川崎2001：36）である。すなわち，「公益」を実現しようとするNPOに対して，社会的基盤の変革をも視野に入れながら支援を行おうとしており，自律的でかつ自由に活動できる「民設民営」のサポートセンターでなければ成し得ない，また行政が行うべきではない専門性のある支援機能である。

第4に，特に活動⑦は，パートナーシップ形成を通して行われる。つまりパートナーシップの形成は，活動主体間の対等性と相互信頼のもとに行われ，第Ⅰ象限を外に広げる活動であっても，他の象限を侵略・支配することは決してない。従って，パートナーシップによる「公的空間」の拡大は，ヒエラルヒー構造をもたらすことはない。

また，パートナーシップの形成によって，第Ⅰ象限の外にも〈公的市民〉の性格を備えた活動主体が生み出されることになり，彼らは「公的空間」が第Ⅰ象限を越えて拡大していく際の協力者として，大きな役割を果たす。

さらにパートナーシップは，相互認識・相互理解によってお互いの自己変革の可能性も秘めており，〈公的市民〉に企業や行政の論理への理解を広めると同時に，〈公的市民〉の性格を備えた〈ブルジョア的市民〉や，〈公的市民〉の性格を備えた〈行政的市民〉をも生み出す。具体的には「公的空間」の存在を自覚した企業の社会貢献担当や行政内のNPO担当がこれにあたるが，彼らの中には退職した後に実際にNPOを始める者も現れている。

第5に，新たに活動⑧として，以上の具体的な活動に対して，サポートセンター自らの活動のアウトカム（成果）についての自己評価とアカウンタビリティ（説明責任）の活動を挙げることができる。これは，サポートセンタ

ーについての「市民」からの評価の仕組みとセットになる必要がある。自己評価に関しては，「コミュニティ・シンクタンク・評価みえ」という評価を専門とするNPOはあるが，サポートセンター全体としては弱い部分と言える。

「民設」のサポートセンターの場合は，その活動に「ニーズがなければ潰れるという市場メカニズムが働く」（土屋2001：17）。しかし「公設」の場合は，「公設民営」も含めて，税金が投入されるので，そのメカニズムが働かなくてすむ。従って，パートナーシップによる「公的空間」の拡大を評価するためには，活動の評価の明確な基準と第三者的評価機関（「市民」によるチェック）が必要となる。

以上のように，サポートセンターの活動は，「公的空間」を維持・保全しながらそれを社会全体に広げ，社会変革につなげようとしてきた。しかし，このように「市民」が自覚をもって「公益」を担うようになったのは，歴史的にまったく新しい展開であるため，サポートセンターの活動が，今後の「公的空間」の整備とその拡大につながっていくのかどうかについては，未知数の部分が大きい。サポートセンターのスタッフは，手探り状態の中，行政や企業との関係も含めて，すべて自ら切り開いていかねばならず，毎日がオン・ザ・ジョブ・トレーニングであり（川嶋2004：36-38），スタッフのための全国規模，地方規模での様々な研修が頻繁に行われている[4]。

その成果は，研修会の報告書，事務局運営のマニュアル，NPO会計やNPO法令の解説書等として徐々に蓄積され，相互の研鑽から生まれた個人どうし，NPOどうしのネットワークも密になっていった。またサポートセンター数の増加，規模の拡大に伴い，新しいスタッフも増大していった。そして，各サポートセンターのコアになる層（代表・事務局長とその周辺）は，自分たちこそ「公益」を担う「市民活動」を実践しているのだという自覚を強くもち，自らの目指す最終目標（ミッション）として「市民社会」の実現を掲げている。では，彼らが目指す「市民社会」とはどのような社会なのか。

④「市民社会」の実現に向けて

　サポートセンターの設立趣旨，ミッションあるいは定款の目的の部分から，「市民社会」をめざす姿勢についての記述のうち，主なものを抜き出してみよう。

　　「民間非営利セクターに関するインフラストラクチャー・オーガニゼーション（基盤的組織）として，NPO の社会的基盤の強化を図り，市民社会づくりの共同責任者としての企業や行政との新しいパートナーシップの確立をめざします」（日本 NPO センター）。

　　「地域における NPO 活動の発展をめざし，新たな市民社会の実現に向けて，……幅広く地域や分野を越えた NPO 活動基盤強化を図り，NPO と企業や行政とのパートナーシップ形成を促進することを目的とする」（市民フォーラム 21・NPO センター）。

　　「"市民社会"，つまり多様な市民活動が活発に展開される社会の創造」。「"自分で考え自己責任で行動できる"自立した市民が生まれ，その自由で主体的な社会活動の推進を通して"市民社会"構築の拠点たらんとする」（大阪ボランティア協会）。

　　「私たちの暮らす仙台・宮城の地における NPO 活動の発展をめざし，地域における民間支援組織として，幅広く地域や分野を越えた NPO 活動基盤強化をはかり，企業や行政とのパートナーシップの形成を促進し，もって市民社会の発展に寄与することを目的とする」（せんだい・みやぎ NPO センター）。

　　「NPO が活動しやすい土壌づくりを推進し，市民社会の構築を目指します」（長野県 NPO センター）。

　以上の記述から言えることは，サポートセンターは，「市民社会」の構築をめざして，NPO 活動の基盤強化（土壌づくり）と企業や行政とのパートナ

ーシップ形成のための活動を行おうとしているということである。それらの活動と「公的空間」との関連は前節で述べた通りである。だが「市民社会」自体の説明としては，大阪ボランティア協会の「多様な市民活動が活発に展開される社会」位しか見あたらない。しかし，彼らが思い描く「市民社会」は，「市民」およびNPOの活動によって支えられていることは明らかである。従って，NPO・NGOの活動にもとづいて描かれた1990年代以降の市民社会像も引用しながら，「市民社会」と「公的空間」との関連を明らかにし，サポートセンターが設立趣旨等に描いている「市民社会」の説明としたい。

　「市民社会」を「1990年代ほぼ世界同時に生じた地球化とポスト社会主義の時代における新しい公共性志向」（辻中2002：8）と捉え，それを1990年代に世界各地で生じた現象の分析のための概念であるとする辻中は，「市民社会」を「国家，市場，共同体と相関しつつ現象する，多様な非政府の社会組織による公共的な機能，およびその機能の場（空間）」とみなし，従って「非政府組織の"公共性"が市民社会のエッセンス」（同：18）であると捉える。さらに「公共的機能」を，「人間の"共同的"側面に力点があり，私を貫く，個のもつ共同性を総合していくベクトル，集団を閉鎖的にするというより，相互につなぐ側面」と捉える。そして，「市民社会」における「市民」とは，「私的な側面も当然持ち，生活を営む現代社会における個人の公的側面，公共的な機能の側面を指す言葉」（同：20）だと言う。

　これらの規定は本稿の諸概念とほぼ重なる。上記の「公共的機能」とは「公的空間」の働きであり，上記の「市民社会」とは，NPOが第Ⅳ象限，第Ⅲ象限，第Ⅱ象限の活動主体とパートナーシップを形成しながら拡大しようとしている「公的空間」であり，「市民社会のエッセンス」とは，「公的空間」を体現している理念型としての〈公的市民〉である。従って，辻中の言う「市民」は，まさに「公益」を担う「市民活動」の担い手としての「市民」と言える。

ただ辻中の「市民社会」は，現在進行中の現象を反映したものであるので，「公的空間」と「私的空間」のバランスをとるという「市民社会」の最終の目標形態ではなく，あくまでもその過程でのものである。そして，1990年代が強調されていることでも分かるように，ここでの辻中の「市民社会」への注目は，第Ⅳ象限における政府のガバナビリティ（統治能力）の低下，第Ⅲ象限におけるグローバリズムの台頭とその限界，第Ⅱ象限における地域のガバナンスと自治意識の台頭（サブシディアリティ＝自律補完主義の原則にもとづく）というきわめて現代的なグローバリゼーションの影響を強く受けていることが分かる。

篠原はこの事態を，1970年代以来の「新しい社会運動」が生み出した「新しい公共」を形成する運動と捉える。その結果現れてくる「新しい市民社会」は，将来の形として，グローバルには「地球市民化を土台にして，タテとしての自律補完主義，ヨコとしての多文化主義」が織り成す「グローバル・デモクラシー」（篠原2004：85）であり，ネイション・レベルでは「市民社会の中での討議によって得られた問題解決の方向性（コンセンサス会議や市民陪審制等の「討議デモクラシー」によって得られたもの＝筆者注）に従って，政治システムが敏感に反応し，法的決定をするという形」（同：188）と捉える。そして「新しい市民社会の中の市民」とは，「教育と知識と一定の富と，そして認識力と判断力をもつ広汎な自律的市民層（かつての財産と教養のあるブルジョア的市民ではない）」（同：152）であり，「討議デモクラシー」の担い手とされる。

篠原の「市民社会」は，「新しい公共」が，「市民社会という公共空間におけるディスクルス」（同：108）である「討議」を「社会全体の縮図を示す」設定で繰り返すことによって，支えられる空間である。これは，〈公的市民〉が直接形成する「公的空間」であり，この「公的空間」の存在を先の3つの象限の「私的空間」の各主体に情報伝達するのが「新しい社会運動」ということになる。

しかし篠原の「市民」は，現実の調整をする訳ではない。それは「新しい社会運動」を「体制変革の運動であるというよりは，社会の病理に対する警告行為」(同：30) と解しているところから推察できる。「討議」を活かして現実の意思決定の調整をするのは第Ⅳ象限の「政治システム」である。また篠原の「市民」は，一見〈公的市民〉的な市民活動を担う「市民」のようであるが，実際の活動への傾斜が乏しい。それは「それなりに良い市民（グッド・イナッフ・シティズン）」であって，「問題の発生した時に政治に参加し，またそれは継続して行うものでなくともよく，参加する時もパートタイム的であればよい」(同：198) とあるように，市民活動の担い手というよりも，市民活動の支援者という一歩距離を置いた存在と言える。

　では，市民運動やNPOがめざす「市民社会」は，どのように「公的空間」等と関連づけられるのか，本書の用語を使ってまとめてみよう。
　「市民社会」とは，最終的には，「私的空間」に覆われた現在の社会に「公的空間」を復活・拡大させ，転化形態を含めた「私的空間」とバランスがとれるようになった状態である。そこへ向う道は，〈公的市民〉を基軸としたパートナーシップによる〈行政的市民〉，〈ブルジョア的市民〉，〈私的市民〉との間の息の長い連携と調整にある。それを担う現実の主体が「市民」・NPOであり，その中でも特に専門化した主体が「NPOサポートセンター」である。
　現在，NPOに関する議論で，「ネットワーキング」や「パートナーシップ」が強調されているが，その重要性は，単に市民・行政・企業の3つのセクターの協働を創り出すというよりも，「公的空間」を第Ⅰ象限から拡張し，「公益」中心の新たな社会に変革する有効なツールになっているところにある。そしてその新たな社会が「市民社会」なのである。

　最後に「公共性」に言及しておきたい。国や行政が主張してきた従来の

「公共性」は，〈行政的市民〉によって「擬似公的空間」に設定された「私的空間」の統合原理であり，具体的には「公共の福祉」を指していた。これは「公的空間」とは別次元のものである。それに対して，1990年代以降注目されている「新しい公共性」の形成とは，「市民」・NPOによる「公的空間」拡大の営為である。「公益」を担う「市民」・NPOの活動によって開かれてきた「公的空間」が，「新しい公共性」を実現する「新しい公的空間」なのである。

以上のような現代社会の構造が，1990年代の日本にNPOを生み出した市民運動・市民活動に焦点を当てることによって導き出される。その趨勢を踏まえると，これからの時代は，紆余曲折はありながらも，「市民」・NPOによる「公的空間」拡大の方向に進んで行くと言えよう。

注
1) 別表に掲げられた活動とは，「①保健，医療又は福祉の増進を図る活動，②社会教育の推進を図る活動，③まちづくりの推進を図る活動，④観光の振興を図る活動，⑤農山漁村又は中山間地域の振興を図る活動，⑥学術，文化，芸術又はスポーツの振興を図る活動，⑦環境の保全を図る活動，⑧災害救援活動，⑨地域安全活動，⑩人権の擁護又は平和の推進を図る活動，⑪国際協力の活動，⑫男女共同参画社会の形成の促進を図る活動，⑬子どもの健全育成を図る活動，⑭情報化社会の発展を図る活動，⑮科学技術の振興を図る活動，⑯経済活動の活性化を図る活動，⑰職業能力の開発又は雇用機会の拡充を支援する活動，⑱消費者の保護を図る活動，⑲前各号に掲げる活動を行う団体の運営又は活動に関する連絡，助言又は援助の活動，⑳前各号に掲げる活動に準ずる活動として都道府県又は指定都市の条例で定める活動」である。
   なお，以上の活動のうち，1998年のNPO法の成立時点で掲げられていた活動は，①②③⑥⑦⑧⑨⑩⑪⑫⑬⑲の12活動である。2002年の改正特定非営利活動促進法で追加された活動は，⑭⑮⑯⑰⑱の5活動である。さらに2011年の改正特定非営利活動促進法で追加された活動は，④⑤⑳の3活動である。
2) 「公的空間」を「公共空間」と呼んでもよい。しかしあえて「公的」としたのは，

「公共性」とは何かという繁雑な語義解釈に陥る可能性を避けたこと（齋藤 2000）と，対立する private を「私的」と名づけたこととの整合性においてである。
3) 認定 NPO 法人が，収益事業に属する資産のうちから収益事業以外の事業のために支出した金額については，その収益事業に係わる寄附金の額とみなすとともに，寄附金の損金算入限度額を所得の金額の 20％とする（内閣府国民生活局「NPO ホームページ」より）。
4) 1990 年代には，スタッフの研修は，サポートセンターの全国組織である「日本 NPO センター」や「NPO サポートセンター」では定期的に実施されていた。また地方でもブロックごとに「北海道 NPO センター」,「せんだい・みやぎ NPO センター」や「長野県 NPO センター」等のように地域に合ったサポートの仕方を研修していた。さらに従来ボランティアをコーディネートする仕組みづくりに関わってきた民間のボランティア・センターも，幾つかの NPO サポートセンターと協働して「全国民間ボランティア・市民活動推進者企画戦略会議」を開いていた。

第Ⅱ部　1990年代の理解のために

第3章　1980年代のアメリカの草の根市民運動
——「ネットワーキング」の源流

はじめに　「ネットワーキング」の源流を辿る

　日本では「ネットワーキング」の導入によって，市民運動の社会的意義と向かうべき方向性が明らかになったが（第1章参照），その方向に進むためには，先ず市民運動を支える基盤整備が必要で，90年代には市民運動団体の法人化と税制優遇の制度確立のための運動に大半の努力が傾けられることになった。

　一方アメリカでは，既にNPOは制度的に確立しており，さらに1970年代からはそれを支える民間の中間支援組織（NPOサポートセンター）も整ってきていた。「ネットワーキング」は，この基盤整備が整いつつあるアメリカの草の根市民運動の中で生まれたものであり，その背景には，それまでの運動の積み重ねがあったと言える[1]。

　60年代のアメリカでは，公民権運動を始めとして，学生，反戦，女性など様々な異議申し立ての運動が起き，社会的弱者や少数民族の権利が大幅に拡大された。しかしながら70年代は一転して，「ナルシシズムの時代」すなわち人々の関心は個人の内面に向い，革新をめざす社会運動は下火になったと言われている。

　しかし，そのような70年代でも，水面下では，「自分たちのために，自分たちのコミュニティの中で重要で具体的な問題をめぐって動員された，地域の住民からなる草の根組織が過剰な程噴出し」（Perlman, 1976: 4），そこでは，医療，福祉，教育，生活保護，都市再開発阻止，差別撤廃運動など様々な領域で草の根運動が活発に活動していた。

その草の根運動の活発な動きから「もう一つのアメリカ」と呼べる状況を描き出したのがリップナックらによる『ネットワーキング』(1982年)であり，従って，日本での「ネットワーキング」を理解するには，その源流であるアメリカの草の根運動が80年代前半にどのような価値観と組織形態を創り出していたのか，そしてその流れはどこから来たのかを把握しておく必要がある。そうすることで，「ネットワーキング」からNPOへと進んだ日本の運動状況をより深く把握できるようになるだろう。

　本章では，既に60年代から運動の先進地であったサンフランシスコ湾岸地域での草の根運動に焦点を合わせている。そこでは，共通の価値観をもつ草の根レベルの人々や集団が，相互にゆるやかに結びつき，全体として1つのネットワーキングが形成されるような「新しい動き」が現れていた。

1. 1980年代の市民運動の「新しい動き」

　「現在，社会運動の中に"新しい動き"が現われてきています。それは反核運動，エコロジー運動，フェミニスト運動の3つが連合しつつあるということです」。これは，アメリカの元SDS（民主社会をめざす学生組織）のメンバーで，当時非暴力直接行動をとる反核グループの女性活動家の言葉（1983年12月にインタビュー）である[2]。

　この「新しい動き」は，地方レベルでは，すでに70年代後半以降，オルタナティブを志向する個々の草の根組織の連合の拡大，あるいは反核，環境，資源保護などのグローバルなテーマでの草の根組織間の共闘や同盟，また情報センター設立や名鑑づくりなどに見られた。例えば，1970年代後半から原子力発電所に反対するグループが連合した「ハマグリ同盟」(1976年)，反核グループなど12万人を集めたネーダー・グループの主催する「クリティカル・マス」のワシントン大動員(1979年)などもこの「新しい動き」の流れにある[3]。

　80年代になると，この動きは全国レベルでも見られるようになる。リッ

プナックとスタンプスの言う「もう一つのアメリカ」構築の動き，ファーガソンの「アクエリアンの陰謀」，エルギンの「意識的に選んで簡素な生活を始めた多くの個人たちの自発的な連合」などは，この動きについて述べたものである。

すなわち，リップナックらの「もう一つのアメリカ」とは，特定のある場所を指すのではなく「心の状態」を言う。具体的には，「60年代の文化」と「平和で躍動的な地球というヴィジョン」によって生じた「全く新しい文化」を「等しく分ち合う何百万という人々」を指している（Lipnack, 1982: 1=1984: 23-24）。

ファーガソンの指摘する新しい動きとは，「人間は限りない変革と古いものを超越して新しいものを作り出す能力にめぐまれている」という人間への信頼，そして究極的には「人間は自然の中に溶け込む」という理想を持ちつつ，従来の生き方をすべて「人生の目標や価値まで」見直そうとする何百万という人々の存在である。彼女はこれらの人々を，「透き通った愛と光にあふれた水瓶座（アクエリアス）の世界」に生きているという意味で「アクエリアン」と総称し，彼らが，敢えて連合するという意識もないままごく自然に「互いを察しあい」，「次第に手をつなぎ始め」ていることを「陰謀 conspiracy」と呼んでいる（ファーガソン 1980=1981：15-39）。

一方エルギンは，このような人々を「自発的簡素さ（voluntary simplicity）というオルタナティブな生き方」を選んだ人々と呼ぶ。その数は「1980年のアメリカ成人人口の約6％，およそ1000万人」（Elgin, 1981: 101）に達し，「この生き方の革命は，80年代に入ると，社会の草の根レベルではっきりとその姿を現わすだろう」（ibid: 28）と予想している。これらの「新しい動き」こそ，草の根運動の80年代の新展開なのである。

2. オルタナティブとしての草の根運動

① 草の根運動の「新しい動き」の起源

　この「新しい動き」とは，すなわち「60年代に何が起ったか，70年代に人々はどこへ向かったのかという問に対する答として，現在存在している"もう一つのアメリカ"」だと，リップナックらは端的に答えている。マス・メディアがいくつもの災害や汚職事件を追跡している間に，既存の体制に異議を申し立てた「60年代の経験者たちは，"もう一つのアメリカ"の建設に取り組んでいたのだ」(Lipnack, 1982: 1-2=1984: 24-27) と言う。

　エルギンはこの「新しい動き」をさらに特定化して，「意識的に選ばれた簡素さ」の「より最近のルーツは，60年代に西欧諸国に現われたいわゆる対抗文化運動である」と見る。そして，80年代にはこれら生き方の実験は「首尾一貫したオルタナティブな生き方に収斂(しゅうれん)し始めるであろう」と予測している (Elgin, 1981: 7-9)。つまり，80年代の草の根運動の「新しい動き」の直接の起源は，60年代の対抗文化運動にあると捉えているのである。

　対抗文化とは，狭義には，1966年サンフランシスコのヘイト＝アシュベリー地区に全米から集ってきた若者たち（ヒッピーたち）の示したライフスタイルが典型的である。それは，当時の社会にとって極めて衝撃的で，対抗文化の側は「広大で驚異的な輝ける新天地の布告」と言うが，「普通の人々にはケンタウロスのけたたましい乱入としか思えない」ものであった（ローザック 1968=1970：297）。しかし，その根底では，60年代の様々な異議申し立ての運動に共通する「新しい感性」や「60年代に登場した新しい文化スタイル」(Bell, 1976: 73=1976: 上 166) を共有していた。

　一方，対抗文化を広く捉えると，この狭義の対抗文化に，さらに公民権運動，学生運動，反戦運動，女性解放運動等を含め，自己と社会の新たな関係を自らのライフスタイルの中に真摯に創造しようとした個人的かつ社会的な探求の運動と規定することができる。エルギンの言う「草の根運動の起源」

とは，この広義の規定を指している。では，このような広義の対抗文化運動から広汎な草の根運動を生み出した社会構造上の特質は何か。

② 80年代社会の中での草の根運動の位置

当時の社会構造を，ドライツェルは，ハバーマスの見解を踏まえて，次のように整理している（Dreitzel, 1977: 115-6）。それは現代にも通じるものであり，すなわち社会は，「道具的合理性」の支配する「経済的そして科学・技術的活動の領域＝企業的諸活動の領域」と，「価値合理性」の支配する「個人的な生活や相互行為の領域＝日常生活の諸経験の領域」に構造的に2分されている。その中で生きる個人は，企業的諸活動の領域においては「物質的再生産の領域における自己決定の欠如および感情の抑圧」すなわち「疎外」を，日常生活の諸経験の領域においては「自己の人間的な関係性，象徴化作用といった個人化された領域における指導的な価値基準，確立された解釈様式等の欠如」すなわち「アノミー」を経験する。

このような事態に内在する危機は，「疎外」の場合は「道具的合理性の危機」，一方「アノミー」については「アイデンティティの危機」として現われる。そして，社会の2領域が共にこのような危機に陥っている状況の根幹に，自己と社会の存立の基盤をともに疑わざるを得なくなっている現代社会の病理を見出だし，それを「正当性の危機」と呼んだ（ibid.: 115-6）。その中で，「対抗文化運動の政治的機能は，正当性の危機の絶えざる政治化，あるいはそれを意識化させつづけるところにある」（ibid.: 107）と捉えている。

この「企業的諸活動の領域」対「日常生活の諸経験の領域」の対立は，トゥレーヌによれば「テクノクラシーの理念に基づく革新と，巨大組織機構に対する批判や個人および集団生活の創造性の擁護という主張にもとづく異議申し立て」（トゥレーヌ 1969=1970：36）との間の闘争，つまりテクノクラート対異議申し立て集団という図式で捉えられる。そして彼は，異議申し立ての

中でも特に尖鋭な集団として，60年代では産業の最先端部門にいる専門技術を持った幹部職員，そしてその予備軍としての青年層および大学生を，また70年代では「新しい社会運動」として「女性運動，地域運動，そして反核運動」（トゥレーヌ 1980=1988：122）を挙げている。

　これこそ，草の根運動の新しい動きにつながるものである。すなわち，オルタナティブを志向する草の根運動とは，社会構造的には「日常生活の諸経験の領域」にあり，そこをも「道具的合理性」によって統御しようとするテクノクラートに対して異議を申し立て，「文化」あるいは「象徴的構造を備えた体験社会」を武器に，日常生活の側から社会の分裂を克服し，社会に対しても個人に対しても正当な存在理由と生きる目標を与えようとしているのが草の根運動と言える。

　一方，グンデラッハは，1970年前後から80年代までを「資本家社会から脱産業社会への移行期」とし，そこでの「新しい社会運動」を「草の根運動」と捉え，それを「ボランタリー・アソシエーションの新しい波」と呼んでいる（Gundelach, 1984: 1050）。その上で，現代の政治システムにおける変化の趨勢として，「政治的意志決定の場における諸利害集団の併呑」すなわち「意志決定のより集中化されたプロセス」を生む「コーポレーション化」と，「数多くの草の根組織の急速な成長」との対立の深化を挙げる。

　グンデラッハはここで，草の根組織を，参加民主主義と自律，そして自主管理を望む「社会の部分変革を目指すローカルな政治的組織」であると規定し，その働きとして，「政治的意志決定者によって定められた価値を広めることに反対し，その意志決定者の正当性を絶えず疑問に付す」とした（Gundelach, 1982: 58）。つまり草の根運動は，歴史上の転換期（脱産業社会への移行）への対応においては「新しく」，一方それへの関わり方においては「政治的」という性格をもっていると言える。

　草の根運動の持つこの「新しさ」と「政治性」は，アラトーとコーヘンも

指摘している。彼らは，草の根組織に支えられた様々な運動，すなわちポーランドの「連帯」，「緑の党」に代表されるエコロジー的オルタナティブ運動，西欧の平和運動，政権を獲得した西欧の社会主義政党を分析し，その当時を「リベラル民主主義の危機」，すなわち連帯や意味や協調をつくり出す「社会─文化的生活世界への行政の浸透」と捉え，それに対して「ポスト・ブルジョア的な民主的市民社会」を築こうとした（Arato and Cohen, 1984: 267）。

そのために彼らは「民主化のための二重の戦略」を考え，一方に，上からの「制度的改良」を進める「構造的妥協」を知っている政党を，他方に，下からの「制度外的」「直接行動」をとる草の根運動を配置し，この両者を「組み合わせること」のできるより大きな「社会運動」を想定していた（ibid.: 282）。そこでは草の根運動は，より大きな社会運動の一部として，より民主化を進めるためには「制度的なもの」との妥協が不可欠という，一層の「政治性」を要請されることになる（ibid.: 273）。

このように80年代のオルタナティブを志向する草の根運動は，1970年前後以降の先進資本主義社会の新しい歴史状況に規定された，支配機構の存立を疑問視する政治的色彩の強い，日常生活の側からの異議申し立ての運動として現われていたのである。

3．80年代の草の根運動がもたらした価値観と特質

① 80年代草の根運動の4つの価値観

80年代草の根運動のオルタナティブ性は，60年代の対抗文化運動がもたらした「意識革命」から徐々に形成されてきた価値観に根ざしている。その価値観が，草の根レベルでの運動体間の緩いネットワーク形成をそれ以前の社会運動から区別する，1つの重要なポイントとなっている。本節では，先ずこの緩いネットワークの底に潜む価値観を，先に述べたリップナック，ファーガソン，エルギンの著作の中に再び見ていくことにする。

先ず，リップナックらは，「ネットワーカーの活動を方向づける本質的な価値」を「統合性」と捉える（Lipnack, 1982: 232-3=1984: 295-7）。それは，「人間という面と，生態系・全地球という面の両方を持っており」，「個人と全体の間の動的な均衡という価値」と捉えられている。すなわち，様々な行動や側面をもつ人間はそれ自体として，また多様な動植物を持つ地球は生態系として，個々の要素が調和的に動的均衡状態を形づくり，統合された全体として存在しているという認識である。このことは，彼らの造語である「wholeparts（全体かつ部分）」という考え方によく現われている。彼らは，これをネットワークの第1特性としてあげ，「ネットワークは，それ自身が1つの全体であると同時により大きなものの一部になっている。"全体かつ部分"とは，我々をとり巻く世界のこの相互関連性を表現するためのもの」と述べている（ibid.: 222=同：274）。

　次にファーガソンは，アクエリアンたちの獲得する認識とは「失われた部分を取り戻して大きな自分になったという個人レベルの一体感，全ての人間は同じ屋根の下にあるというより大きな存在との一体感，更には全ての生命と宇宙現象を繋ぐ輪の存在を感じる」というものであり，「陰謀 conspiracy」の核心は「人間が自然の中に溶け込む」という認識の共有にあるとする（ファーガソン 1980=1981：120）。ここでの価値観は「精神の新しいあり方」にあり，人間の内なる無限のフロンティアを開拓することによって全ての生命と宇宙的規模で繋がり，「ありとあらゆる物をそのまま受け入れる」ことによって「才能も感受性も解き放つ」ことができるという認識である（同：30, 129）。

　エルギンは，この新しい価値観を「自発的簡素さ voluntary simplicity」と呼ぶ。これは，リチャード・グレッグの言葉（グレッグ 1936=1983：242-9）だが，「人生それ自体と意識的かつ直接的に出合うことを涵養するやり方で生活すること」（Elgin, 1981: 107），また「生命奉仕的なやり方であらゆる生活の巨大なエコロジーと調和的に生きること」（ibid.: 146）と定義している。この

基底には,「我々はあらゆるものが他の全てのものと関連し結びついているというエコロジー的現実に住んでいる」(ibid.: 40) という洞察がある。すなわち「自発的簡素さ」は,人生と世界を共に開示し,あらゆるものが密接に関連し共存・共生しているという認識を現わしている。

　以上の3人は「統合性」「陰謀」「自発的簡素さ」というそれぞれ異なった表現をしてはいるものの,それらは一様に,現に存在している草の根運動から帰納的に導き出されたものである。従ってこれらの総体が,緩やかな連合を形成しつつあった80年代の草の根運動の価値観を示していると言ってよい。そしてその特徴は大きく以下の4点にまとめることができる。
　第1に,あらゆるもの,人間を含め全ての生命体が密接な相互連関の中にあり,個々の単位は独立的・自律的であると同時に相互に依存し全体としては統合されていること。
　第2に,この全体には幾つかのレベルがあり,おのおのの全体がより上位の全体の欠くべからざる部分(「全体かつ部分」)として統合され調和していること。
　第3に,この全体の最大のものは地球であり,全生命は地球全体を1つの生態系として統合体を形づくっていること。
　そして,これら第1,第2,第3という認識は全体で1つの価値観を現わしている。本章ではそれを,地球規模の《エコロジー的世界観》と名付けることにする。
　このように人間の存在が地球という大きな生態系の中で捉えられることになると,キリスト教的なものの考え方や人間至上主義的な考え方,資源の搾取的な利用,物質中心の都市文明などは批判の対象となり,われわれは「経済成長を至上価値とし,権威主義,ヒエラルヒー構造,道具的合理性に支配された」(Gundelach, 1984: 1070) 現在の産業社会の中に居場所を見出すことは困難となる。その結果,必然的にそれに代る社会を摸索せざるを得なくなる。

その摸索過程で，上記第1，第2，第3の特徴を踏まえて《エコロジー的世界観》に基づくオルタナティブとなる生き方を能動的に提示することになる。これが第4の特徴である《オルタナティブ志向》である。すなわち草の根運動は，《エコロジー的世界観》という価値を社会の中で実践してゆく構造を，自らの中に備えているのである[4]。

このような試みは，既に60年代から「実例による社会変革」として個別に積み重ねられてきてはいた。しかし，先の3人が示そうとしたものは，それをさらに一歩進めたものであり，すなわちオルタナティブな生き方の試みは，これまで地域の草の根レベルでの小グループによる活動であったのに対し，70年代末から80年代初めにかけて，その動きは全国的に見られる普遍的現象になったということである。特に「反核，人権擁護，帝国主義的外交政策反対」(ウォーリン 1983：72)など地域を超えたテーマをめぐっては，全国的動員あるいはネットワーク形成として現われるようになったと言える。

② 80年代草の根運動の4つの特質

さて，80年代草の根運動は，60年代対抗文化運動を，その価値観と共にほぼ引き継いでいる。しかし，以下の4点に相違があり，その中に80年代の運動の特質が顕著に現われている。

第1に，80年代では，我々が依拠すべき最大の基盤として，エコシステムとしての地球という考え方が明白に現われている。60年代対抗文化においては，人間を基礎づけようとする場合，その対象は，個々の人間どうしのミクロで具体的な「トゥギャザーネス」(一体感・連帯感)か，超マクロで抽象的な宇宙意識しかなく，それらを理解するには，ドラッグか神秘体験に頼るという状況であった。自然と人間を，共存する1つの生態系として把えると同時に，それを運動の理念として政治的に強調するエコロジーという考え方が運動の中に明確に登場したのは，1969年，「地球の友」が強力な環境保護団体である「シェラ・クラブ」から分離・独立したのが最初であろう[5]。

その後，我々の存立の基盤としての地球という認識が一般化したのは，ローマクラブの『成長の限界』(1972年) によって資源・環境問題の深刻さが提起された後である。このように地球という具体的な認識の足場を得たことは，80年代の運動を，抽象的・観念的さらにはユートピア的でさえあった60年代の運動から区別し，草の根の多くの人々を運動に近づき易くした。

　第2は，80年代には，全体であると同時に部分でもあるという統合体としてのエコシステムに焦点が合わされ，人間とその他の生物が一つの全体として捉えられるようになったという点である。60年代は，運動の中で「倫理的命題（実存主義的人間変革）と政治的命題（社会秩序の根本的変革）」(高橋1968：15-23) をめぐって自己の生き方やアイデンティティがトータルに問われ，「本来の自己」を発見し「表出する」ということに関心が集中していた。70年代は，その土壌となっていた運動状況が終焉した為，自己の追求だけが形骸化した形で残り，「誰もが我慢しない生き方」と否定的に表現される「ミーイズム」の時代（佐藤1982：50）になったと一般的に言われている。

　しかし，第1のエコシステムとしての地球の発見は，自己を観念的・独立的に捉えるのではなく，社会関係さらにはエコシステムの中で相対化して捉える道を開いた。従って，全体であると同時に部分でもある統合体とは，人間が自己をエコシステムの関係の中で他の主体（生物）と共に捉えた姿であり，その意味で，自己を追求していた60年代の運動は，80年代の運動の中に発展的に継承されたということができる。

　第3は，オルタナティブな世界を創り出す具体的な技術と考え方が提唱され，さらにそれによって社会設計がなされるようになった点である。60年代は先進産業国においては経済的成長が続いていた。しかし，60年代後半は「世界的傾向として私達の生活の中で現代の巨大テクノロジーの持つ限界がはっきりと現われた時期」と言われ，具体的にはプラスチック・重金属な

ど「生物学的に分解不能な物質の生産」,生態系に対する非可逆的影響など外部不経済の内部化では片付かない問題が出現し始めていた（玉野井 1977：64-66）。また，一般の人々が石油の海に浮ぶ巨大テクノロジーの持つ本質的な脆弱性を思い知らされたのが1973年の石油ショックであった。

それに対して「人間の背丈にあった小規模の生産や経営」という，大量生産・資源多消費型の従来の産業社会とは正反対の発想から提唱されたのが，シュマッハーの「中間技術」であり（シュマッハー 1973=1976：135），またエネルギー問題を社会システムとの関連で説明し，再生可能なエネルギーを用途と地勢に合った適正規模で分散的に供給しようというのが，ロビンズの「ソフト・エネルギー・パス」であった（ロビンズ 1977=1979：86）。

これらの再生可能なエネルギーを利用するための技術は，「オルタナティブ・テクノロジー」あるいは「ラディカル・テクノロジー」（Harper, 1976）とも呼ばれ，エネルギー専門家グループの試算では，カリフォルニア州の全エネルギーがソフト・エネルギー・パスによって賄えることが示された[6]。

さらにこのオルタナティブ・テクノロジーと「経済民主主義」という理念，「政治権力の分散化」，「草の根レベルでの永続的な市民運動」を組み合せて，紀元2000年のアメリカの青写真を「経済民主主義と太陽エネルギーの社会」として描いていたのがT・ヘイドンである（ヘイドン 1980）。60年代の運動が輝ける目標と情熱を持ちながら，「豊かな」産業社会の前に単なる例示行動やイデオロギー批判に止らざるを得なかったのは，産業社会を乗り越え，より豊かな生活を保証する技術的可能性を人々に示し得なかったことが大きい。80年代の運動はこの可能性を具体的な形で得たと言える。

第4は，80年代の草の根運動はオルタナティブとなる生き方を，既存の社会との適切な関わりの中に定着させたという点である。60年代のオルタナティブの追求は，先ず既存の社会から「身を引き離し」，既存の道徳的価値や自明性に挑戦し，「産業社会の果実を拒否」して，生活の全面的転換を

目指したため，豊かな社会との連続よりも断絶の方が強調された。だが80年代の運動参加者は，具体的には次のような活動を行いながら，既存の社会の中で普通の市民として生活していた。

　すなわち，自分の自由な時間を確保するために敢えて常勤の職に就かない。ボスの居ない職場を自分たちで作る。ラットレースには参加しない。リサイクルしながら消費生活をおくる。規格化されない自由な「もう一つの（オルタナティブな）学校」を建設する。子孫に害を及ぼす物質は使用しない。自分の身体に本来備っている治癒能力により病気を治す。住いを共同で管理し，家事を共同で行う。自分に関わりのある社会の中の矛盾には自発的に立ち上って改革の運動を起すなどである。すなわち彼らは，既存の社会の中に生活の基盤（生業）を持ちながら，その中に取り込まれることはない。生活の全面的転換は，自分に合ったペースで徐々に行っていこうとする。

　草の根運動の価値あるいはイデオロギーは，反ヒエラルヒー，反中央集権的，参加民主主義的な構造といった組織上の特性も含めて，ほとんどが《エコロジー的世界観》と《オルタナティブ志向》の中に包摂される。例えば，自己実現，自然との調和などの価値を強調する「代替的環境パラダイム」(Gundelach, 1984: 1070)，「活動性，表出主義というイデオロギー」，「オルタナティブな社会機構と価値をつくること」(Gundelach, 1982: 64)，「自律，連帯，意味，コンセンサス」(Arato and Cohen, 1984: 268)，「生活の意味」(Alger and Mendlovitz, 1984: 36) などは全て，ここで述べた4つの価値観と，運動の4つの特質の中に見出すことができる。

　では，このような価値観と運動の特質は，草の根運動では如何なる形の組織に支えられているのだろうか。

4．草の根運動の組織特性

① 草の根組織の5つの特質

　1960年代末の黒人運動，エコロジー運動，新宗教運動を調査したジャー

ラックによれば，この3つの運動組織は共に「部分集合的 segmentary，多頭的 polycephalous，"網の目"的 reticulate」によって特徴づけることができる(Gerlach, 1971: 817)。

ここで「部分集合的」とは，「運動が成長したり，消えたり，分裂したり，融合したり，増殖したり，縮小したりするひとまとまりのグループや班から出来ていること」で，「多頭的」とは，「この運動組織が中央司令部あるいは意志決定構造を持っておらず，組織全体としても又それぞれの班の中にも複数のリーダーやライバルを持っていること」である。「"網の目"的」とは，「これら様々なグループは，単なる無定形の寄せ集めではなく，横断的なつながり，スポークスマン，メンバーの重複，共同行動，目標や敵を共有することによって，ネットワークあるいは"網の目"構造に組織されている」ことを指している。ではこれらの特質は，1980年代のオルタナティブを志向する草の根運動の組織にも当てはめることができるだろうか[7]。

1980年代の草の根運動組織は，日常生活の中でオルタナティブ世界を追求している個人によって形成されている。それは，単一あるいは複数のイシューを巡って組織化されたものであり，組織自体の存続を目的とするものではない。従ってイシューと運動を取り巻く状況に応じて組織の増殖・縮小，さらに他グループとの連合・分離など，様々に変化することになる（部分集合的）。また，その組織は個人の自主性・自発性を大切にする平等なヨコの関係であるため，メンバーは誰でもそのグループを動かすリーダーになる可能性をもっており，現に複数の中心人物が存在する（多頭的）。そして組織の基底には個人どうしのネットワークが網の目状に広がっている（"網の目"的）。従って1980年代の草の根運動が上記の3特質を持つことは明らかであろう。

これら3つの特質は，1970年代の全国動員の反核運動から地方の公聴会への介入や非暴力直接行動をとる反核グループまで広く研究したドゥエィヤーによっても，反核運動に特有の「構造」として確認されている。そして，エコロジー運動や反核運動では「部分集合的で，多頭的で，"網の目"的」

な構造をもった組織の方が，従来の官僚制に代表される「リーダーと分業体制をもった集権的組織よりも運動を進めていく上で効率的だ」と結論づけられている（Dwyer, 1983: 149-152）。

　次に，以上の3つの特質に加えて，組織の大きさに関して，草の根組織は「等身大」であることを第4番目の特質とする。「等身大」とは，メンバーが対面，電話，手紙等の手段を用いて，直接コミュニケーションが可能な範囲の組織であるということである。この範囲を超えると，コミュニケーションが間接的・媒介的になり，情報の集中，指導者の出現，権力の行使などが生じる可能性が生れるため，草の根運動のオルタナティブ性が無くなってしまう。この適正な大きさは，一方的で間接的なコミュニケーションによって個人の行動が縛られるまでには拡大しないというのが基本である。

　第5番目の特質としては，草の根運動にはそれぞれ活動のレベルによる違いはあっても，その間に指導・支配といった「上下関係は無い」ということがあげられる。日常生活の中で生じてくるイシューには様々なレベルで草の根的な対応ができる。例えば環境と子孫を守るために合成洗剤を追放しようという運動の場合，個人レベルでは学習会への参加，自宅での粉石鹸の使用，近隣では粉洗鹸の共同購入，職場レベルでは合成洗剤使用反対の署名集め，自治体レベルでは市や県への合成洗剤使用禁止条令制定の働きかけ，全国レベルでは厚生省等関係省庁への合成洗剤規制の働きかけなどが考えられる。この間に，議員，政党，関連企業，労働組合などの大組織，規制推進派の他のグループなどとの複雑な応対が必要となる。

　草の根運動としては，これらのレベル毎にネットワークを形成することが可能である。草の根運動の基本は個人のネットワークにあるので，その上に描かれるグループは，自治体レベル以下で活動するローカリストのものであれ，国際レベルで活動するグローバリストのものであれ，5つの特質の草の根的性格をもちうる。それぞれのレベルにはそれぞれの課題があり，それを

解決すべくグループが成立している。

　もちろんある個人が，あるイシューに関して異なるレベルでグループを複数作ることもありうる。ただ各レベルのグループどうしはあくまでも同格であり，自治体レベルのグループが近隣レベルのグループを指導するなどの上下関係を持ち込むことはない。

　以上の5つの特質を備えた組織と,《エコロジー的世界観》と《オルタナティブ志向》を持った個人によって創り出されたのが，80年代の草の根運動なのである。そして，これらの要素を全て備えた組織形態として具体的には「コレクティブ」が現われてきた[8]。

② 草の根運動の組織形態としての「コレクティブ」

　「コレクティブ」とは，反核運動，ワーカーズ・コレクティブに見られるように，80年代の草の根運動の中で優勢になりつつあった組織形態である。その特徴は,「第1に，メンバーが直接民主的にコントロールしていること。そこではコンセンサスに基づく意志決定がなされ，内部にヒエラルヒーはない。第2に，自律していること。つまり何らのヒエラルヒー的組織にも従属していない。第3に，非搾取的であること。つまり資源，技能，余剰を支配的システムの商品連関を強化するよりも，"コミュニティの生活をより豊かにする"ように使用する」(Coul, 1982: 4) の3点が挙げられている。

　ここで重要なポイントは,「コンセンサスによる意志決定」,「自律」,「非搾取的」の3つである。

　第1に「コンセンサスによる意志決定」とは，グループにとっての問題をメンバー全員で討議し，全ての者が納得するか，同一の結論が出るまでグループの決定とはしないということで，1人でも反対者が居る限りグループとしては動くことが出来ない。動く時には全員が一丸となる。これは全員が平等の立場で，最初から最後まで意志決定に加わるのであるから，最も徹底し

た自主管理であり，直接民主制と言える。また中央集権的あるいはヒエラルヒー的構造からも最も遠い。

このコンセンサス方式による意志決定は，代表民主制に代るものとして，60年代のコミューンあるいはニューレフトの中の小グループで採用されたが，余りに労力と時間がかかるため一時放棄されていた（ヨーセン 1971：44）。だが，60年代末のフェミニスト運動，ワーカーズ・コレクティブ運動で再度導入される（Freeman, 1983: 20-21; Curl, 1982: 26）。この方式では徹底した討議のために長い時間と根気を必要とするので，余り大きなグループは作れない。せいぜい15-6人が限度である。

第2に「自律」とは，グループが外部の何れのヒエラルキー的組織にも属していないことであるから，個人レベルから全国レベルまでどのグループも独立しており，すなわち原理的に平等ということになる。

第3に，「非搾取的」とは，直接的には反資本主義すなわち資源・技能・余剰を資本主義的搾取・収奪の体系に投入しないことであるが，より本質的には自然，人間，他の生物に対して搾取的態度をとらない，すなわちそれらと適切な共存を図ることである。これは《エコロジー的世界観》に通じるものであり，それ故，第3の特徴の中の"コミュニティの生活を豊かにする"とは，エコシステムの中でコミュニティの生活を考えようということになる。

このようなコレクティブと草の根組織の5つの特質を比較すると，第1の「部分集合的」に対しては，コレクティブは運動状況に応じて拡大，縮小，分裂，融合が自在に出来ること，第2の「多頭的」には，各自が自発的参加で特定のリーダーはいないこと，第3の「"網の目"的」には，コンセンサス形成過程に見られる直接的コミュニケーションの談合のネットワーク，第4の「等身大」には，グループの大きさがコンセンサス形成可能範囲に限定されていること，第5の活動のレベルの間に「上下関係はない」には，コレクティブの第2特徴である「自律」（＝どのグループも独立で平等である）がそれぞれ対応していることがわかる。従ってコレクティブは草の根運動の5つ

の特質を備えた典型的な草の根運動の組織形態であるということができる。

③ コレクティブと類似の組織形態

　コレクティブと類似の組織形態に，「コーポラティブ」（コープ，協同組合）と「コミューン」がある。コーポラティブには，労働者コープ，消費者コープ，農業者コープなどがある。コーポラティブは一般的に，コレクティブが意志決定では全員一致のコンセンサス方式を用いるのに対し，多数決ルールを用いる（Curl, 1980: v）。また，コープでは運営の専門家を「マネジャーないしは指導的活動家」として雇い入れるため（石見 1984: 8-9），この方がはるかに多くのメンバーを集めることができる（例えば「バークレー消費者コープ」にはかつて 10 万人のメンバーがいた）。コープでは仕事が分業体制で行われ報酬は仕事に応じて個々に支払われるのに対し，コレクティブでは仕事はグループ全体で請け負われ，固定的な分業体制を組むことなく，報酬は平等に分配される（Curl, 1980: iv）。

　コレクティブの条件に加えて「共通の世帯までシェアされる」，すなわち住居，家計，家事，保育，時には性までが共有され共同化されるようになると，「コミューン」と呼ばれる。

　コープ，コレクティブ，コミューンは，「自由で，自発的で，民主的で，平等主義的な状況」（ibid.: v）を意味することにおいては共通している。しかしコープは，多数決原理が「"網の目"的」に，メンバーの多さが「等身大」に，マネジャーの雇い入れが「多頭的」にそれぞれ抵触する。一方，コミューンのように世帯までシェアされると，増殖・縮小が困難になり，「部分集合的」に抵触する。従って中央集権的・官僚制的ヒエラルヒー組織のオルタナティブとして考えられる組織形態は，コレクティブが最適ということになる。

④ コレクティブ組織の限界から「アメーバ的組織」による〈うねり〉へ

　しかし，草の根運動全体の組織形態としてもコレクティブが最もよいということではない。コンセンサス方式の意志決定を基本とするコレクティブは，そのまま拡大することはできないという欠点がある。もしそのまま全国レベルまで拡大し，コンセンサスによる「草の根政治」が実現するとすれば，コンセンサスを守るために，それを受け入れないグループを政治過程から排除したり，対抗的勢力への抑圧が生じたり，あるいは少数のグループが過激主義に走る可能性が出てくる（Berry 1970: 130-1）。またコンセンサスを追求するあまり「政党どうしお互いの差が見られない時，それからどの政党も人々の特定の利害を支援しないように見える時，人々はアパシー的になりうる」(ibid.: 132)。その結果，直接民主主義に通じるはずのコンセンサスを導入した「草の根政治」は，「抑圧的権威主義的構造」に変貌し，「政治的アパシー」，特定グループの政治過程からの排除，「利害を水路づける政治過程の失敗」，「直接的かつ暴力的過激主義」などを生み出し，結果として民主主義自体を危うくしかねない（ibid.: 132-3）。

　一方，コレクティブを積み上げていく組織形態にした場合，例えば「ハマグリ同盟」など非暴力直接行動をとる反核運動のように，コレクティブであるアフィニティ・グループを基礎に置き，その上にそれらの代表者で構成する「調整委員会」というコレクティブを重ねていく方式であるが，ここでも問題が生じる。

　先ず，コンセンサスを各グループでつくりそれを確認していくのに非常に時間がかかること，各コレクティブが単なる「おしゃべり集団」に堕し易いこと，緊急事態にコレクティブ集合全体としては機敏に反応できないことなど，集合体としての構造を欠いている点があげられる。この欠点は，ハマグリ同盟が逮捕覚悟の直接行動を予定していた原発建設予定地での抗議行進を，州が突如許可することになった時に露呈した。各代表者は調整委員会での合

意を各アフィニティ・グループに持ち帰る時間がなかったため、メンバーから同盟の非集権的構造に対する重大違反だと彼らに非難が集中した（Barkan, 1979: 30）。

また、構造を欠くコレクティブを活性化するためには、絶えず何らかのイベントを打っていなければならない。このため、非暴力直接行動の反核グループは抗議行動を繰り返し、その都度メディアの注意を引くべく逮捕者数や暴力的エピソードをエスカレートさせてゆかざるを得なかった。しかしこのことは有力メンバーの逮捕、一部メンバーの幻滅とグループ離れを生み、運動としては沈滞、活動停止の危機を迎えることになった。

さらに、このことはコレクティブ積み上げ方式自体への疑問を生み、運動内部からも「中心的意志決定組織と一般的な意志決定ルール」が必要ではないかという声が上ってくる（Dwyer, 1983: 158）。しかし、これはオルタナティブを志向する草の根運動としては、組織上の自殺行為である。対応が個々のコレクティブでは難しい場合、コレクティブを積み上げるのではなく、コレクティブどうしが横の関係で繋がって協同の運動として取り組む方が有効である。

"コレクティブどうしが横の関係で繋がって協同の運動として取り組む"とは、どういうことか。それは次章の「反原発運動ニューウェーブ」の組織とその展開に見出だすことができる。それは90年前後に日本に現われたものであるが、個々の運動体は「アメーバ的なゆるい結合組織」の形をとり、また、それらがつくり出す全国規模の運動は、個々のアメーバ的組織が連合したり融合したりしながらつくり出す〈うねり〉という運動形態を取る。それが、80年代草の根運動の組織的特質であるコレクティブという形を維持しながら、横の関係で繋がって、より大きな運動へと成長していく１つの例を示している。キーワードは「アメーバ的組織」と〈うねり〉である（第4章6. pp.167-169を参照）。

また、この1980年代のアメリカの草の根運動が明らかにしたオルタナテ

ィブな「価値観」と運動の特質は,「ネットワーキング」の導入を経て,1990年代の日本の「市民活動」にも影響を与えていると考えることができる。

注

1) 過去のアメリカの社会運動の中で「草の根的」とみなされている主なものには,1870年代から1890年代にかけての農民運動,特に産業労働者を迎え入れて「人民党」を結成した「ポピュリスト」の運動（ベアード 1960=1964：330-331），また1930年代,労働運動の高まりと併行して,ニューディール政策の保護の下に進められた農業コープ運動,アプトン・シンクレアの農村と都市を結ぶ新経済システムを目指した「カリフォルニアにおける貧困撲滅運動（EPIC）」,各地で進められた労働者・農民たちによる相互扶助のための生産者・消費者＝コープ運動などがある（Curl, 1980: 42-43）。

　しかしこれらの運動は,第2次世界大戦および1950年代の体制順応主義や表面的な平穏さの中に消え,1960年代初頭には,「我々が伝統として頼りに出来る,1940,50年代からの組織は殆んど何も無かった」（ブローダー 1980=1981：160）と活動家をして言わしめる状態になっていた。草の根運動が再び活発化するのは,60年代に様々な異議申し立ての運動が全国的に起ってからである。

2) 筆者は1983年10月から6ヵ月間,バークレーを中心にサンフランシスコ湾岸地域で草の根の活動家70人に面接調査を実施した。本章は,そこで実地に見聞した草の根運動の1980年代の動向に基づいている。詳細は（高田 1984）を参照。

3) サンフランシスコ湾岸地域以外で運動の活発な地域としては,シアトル,ポートランド,ミネアポリス,マディソン,オースチン,ニューヘブン,ボストンなどがある（Curl, 1980: 50）。

4) ここでの4つの特徴から導き出されるものの捉え方としては以下のものがある。(1)動的均衡を保つ生態系の中では,目標としての均衡よりも,どのような経路で目標に達するかという過程の方が重要になること。(2)個々の要素が有機的に結びついている生態系という捉え方から,存在するあらゆるものに固有の価値を認めるという考え方が導出されること。(3)全体としての人間には,物質的なものと精神的なものとのバランスが,そして生き方の中にも統合性が重視されるようになること。すなわちある人間の生活全体が,丸ごとその人の依拠する価値を現わすようになるのである。個人がこのような価値観を身につけるのは,広い意味での運動に参加し経験を積むという実践の場面を通してと考えられている。

5) これは，《エコロジー的世界観》をもった運動体が新たにこれまでの運動の中へ登場したという意味においてであり，環境問題への注目は，R・カーソン『沈黙の春』（1962年）の出版以来，日本でも60年代中葉からの公害反対運動の高まりの中に見られる。
6) 1978年，カリフォルニア州ローレンス・リヴァモア研究所で働くエネルギー専門家グループが，ソフト・エネルギー・パスを研究し，「技術的観点からすれば，1975-2025年にカリフォルニアの人口が2倍になりエネルギー活動が3倍になっても，再生可能で広く分散されたエネルギー・システムに基づいて活動することは可能」（ヘイドン 1980：107）と述べている。
7) この第3の特質「"網の目"的」は，ジャーラックとハインの共著では，「相互行為 interaction のネットワーク network」となっており，「部分集合的 segmentary」「多頭的 polycephalous」の頭文字と組合わせて SPIN 型組織と呼ばれ，草の根組織のモデルとされている（Gerlach and Hine, 1970）。
8) ここで比較のために，草の根運動の組織ではない従来の組織の特質を挙げてみよう。それは，草の根運動の組織の特質の真逆となる。第1に，メンバーの資格および集団内での役割分担と集団の境界が明確であり，ある程度持続する保証があること。第2に，グループ内に中心となる意志決定構造があり，集団固有の目標と規範が存在し，内部はヒエラルヒー構造による統一が保たれていること。第3に，個々のメンバーは外部環境に対して集団として適応的なまとまった行動をとり，同種の集団に多重帰属することはないこと。第4に，命令系統を延長して間接的コミュニケーションをとることによって，集団の大きさの拡大が容易であること。第5に，集団が個人に優先し，集団内・集団間においても指導・支配関係が明確で，中央集権的ヒエラルヒー構造をとること，となる。

第4章　1990年代の市民運動の「原型」
―― 「反原発運動ニューウェーブ」の登場

はじめに　「ニューウェーブ」の衝撃

　「NPO」が社会運動として取り上げられなくなったように，日本の反原発運動の中にも，その存在が忘れられてしまった運動がある。それが「反原発運動ニューウェーブ」である。1990年代の日本の市民運動の価値観と運動形態は，1980年代アメリカの「ネットワーキング」の影響を大きく受けていたことを第1，第2章で述べたが，個々の運動を見ると，日本独自の新しい価値観と運動の形を示す動きがあったことが分かる。その1つが「反原発運動ニューウェーブ」であり，運動は基本的に個人が担うということを再確認させたという意味で，言わば運動というものの「原型」を垣間見せるものであった。

　しかしそれは，ほぼ同時期に経験した全国規模の反原発運動の挫折（1988年の脱原発法制定運動と1989年の脱原発参議院選挙）とバブル景気の狂騒の中で，次第に注目されなくなってしまった。その結果，「1990年代に日本の脱原発運動が閉塞状況を迎えた」（町村他2016：120）と言われている。しかし，「ニューウェーブ」は運動としては消滅したが，それが提起した価値観と運動スタイルは現在の市民運動（国会前の集会や各地の反原発運動等）の中に生きている。

　日本の反原発運動は1980年代後半に転機を迎える。すなわち1986年のチェルノブイリ原発事故を契機に，それまでの組織中心の社会運動から，自覚した個人中心の市民運動へと変化を遂げた。その劇的な現れが，1988年の「反原発運動ニューウェーブ」の登場であった。参加者がそれぞれの気持ち

を思い思いのパフォーマンスや歌と踊りや打楽器で表わすという運動スタイルは，個々の運動のテーマを超えて，1990年代以降の市民運動に引き継がれていく。本章では「ニューウェーブ」の反原発を追求する姿勢の中から，運動を支える主体の在り方，その主体が選びとった組織の形態，そしてその組織が織りなす運動がどんなものかを今一度明らかにしておきたい。

反原発運動は，日本では1960年代から現在まで続いているが，本章では，1986年4月26日のチェルノブイリ原発事故以降に焦点を合わせる。それ以前の反原発運動については別稿（高田 1990）を参照されたい。

先ず，反原発運動に劇的な変化をもたらした1980年代末の「ニューウェーブ」の動きを見てみよう。

1.「反原発運動ニューウェーブ」の登場

反原発運動に初めて「ニューウェーブ」が登場したのは，1988年1月25日高松市で開かれた「伊方原発出力調整実験中止を求める集い」においてであった。この集会は，従来の政党や労働組合等の動員による組織だったものではなく，カネや太鼓，獅子舞や竜踊り，思い思いの派手な衣装やぬいぐるみをまとった女性や子どもが主体という型破りのものであった。この集会を取材した『朝日ジャーナル』が，「この突然現われた反原発ニューウェーブの人びと」と報道した（『朝日ジャーナル』1988.2.5：94）ところから，「ニューウェーブ」という言葉が定着することになった[1]。

この集会を呼びかけた「グループ・原発なしで暮らしたい」の小原良子は，当時別府でパン屋とレストランをやっていた主婦で，原発が危険だということを知ってまだ1年にもならない，反原発運動「業界」では言わばシロウトであった。にもかかわらず，高松の集会には全国から1500人が集まり，前年の12月7日から全国に発送し始めた実験中止を求める署名は，1988年1月25日段階で60万人を超えていた。また同年2月12日四国電力が出力調整実験を強行した時の抗議行動には，再び高松に5000人が集まり，その時

点で署名は 100 万人に達していた。

　この動きが，(1)組織動員なしでこれだけの人と署名が集まったこと，(2)参加者に女性と子どもと若者が多かったこと，(3)反原発の行動は初めてという者も多かったこと，(4)代表者が交渉するのではなく個人個人が抗議したことなど，反原発運動が今までとは違った段階を迎えつつあることを示していた。

　一方，この変化を最も敏感に感じとり危機感を抱いたのは，当の電力会社であった。関西電力原子力事業部は，早くも 1988 年 4 月 6 日に「原子力発電をめぐる最近の社会情勢」と題する内部資料を作成している。そこでは，「ニューウェーブ」が生まれた背景，現在の活動，活動の今後の見通し，その結果生じる電力側に取って危惧される 9 つの事態について分析している[2]。

　「ニューウェーブ」が登場する前の 1986 年 4 月 26 日に，チェルノブイリ原発事故が起きている。推進側が起るはずがないとしていた炉心溶融事故がスリーマイル島原発事故（1979 年）に続いて現実に起きたのである。また 1986 年 5 月に入ってからの各地での放射能異常値の観測，食べ物からの，そして母乳からの放射能検出（『朝日新聞』1986.5.21）は，国民に原発事故への不安を身近に感じさせることになった[3]。

　こうした不安の高まりはチェルノブイリ事故後 1 周年に，各地での反原発集会の高揚としても現われている。日本消費者連盟と反原発団体の共催で「4.26 原発止めよう！東京行動」，札幌市では幌延町高レベル放射性廃棄物貯蔵施設建設反対集会，青森市，和歌山市，松山市，金沢市，大阪市などでも反原発集会とデモ行進が行われた。そしてこれらには「子どもを連れた主婦の参加が目立った」（『朝日新聞』1987.4.27）と言われるように，それまでの反原発運動とはやや違った兆しが既に見えていた。そして 1988 年を迎える。

2.「ニューウェーブ」の活動

① 小原良子氏

　1988年1月と2月の高松行動を全国に呼びかけたのは，別府市の小原良子である。彼女は，1987年4月20日 広瀬隆の大分での講演会で「大ショック」を受け，原発を「とにかく止めなきゃ」と思って運動を始めたと言う。翌年1月25日，出力調整実験中止を求める高松行動では，高松市中央公園で1000人，四国電力本社での直接交渉では1500人，その内200人が本社に泊り込む（翌日自主退去）という結果を生み出した。高松行動の呼びかけは，先ず署名活動から始められた。

　先ず『はんげんぱつ新聞』(1978年に結成された反原発運動全国連絡会の交流紙，2018年3月で480号) の全国の連絡先150ヵ所，次に甘蔗珠恵子『まだ，まにあうのなら』を申し込んだ全国リストの600人，さらに『もう一つの日本地図』（野草社）にある「いのちのネットワーク」154の団体，『ばななぼうと』にある「いのち・自然・くらし」をテーマに活動する1300のグループなどに対して行われた。

　この呼びかけに対して，最初の『はんげんぱつ新聞』関係での反応は鈍かったが，それ以外の反応には目覚しいものがあり，署名用紙を受け取ったグループはそれをマス刷りして自らのメッセージを添えて自分のネットワークのメンバーに送るなどして瞬く間に全国に広がり，呼びかけ開始後約2ヶ月の2月12日段階で100万を超える署名が集まった。署名に賛同したのは，従来の反原発グループを超えて，主に共同購入，八百屋，有機農業，リサイクル，自然保護，消費者，女性，第三世界などをテーマに活動する様々なグループだった。

　小原は高松行動の後，2月29日，伊方原発の出力調整実験を認めたおおもとである通産省への抗議行動（4000人）を行い，同年7月には北海道泊原発試運転阻止行動（「泊が止まればミナ（泊原発は37基目）止まる！」）を呼びか

けた。

　また，1990年4月26日より11日間，大阪で開かれた「花と緑の万博」では，9電力会社が出資した電気事業連合会がつくった「電力館」に対して，原発を止めるよう抗議行動を行い，初日の26日には電力館を5時間にわたって閉鎖させた。なぜこの日に「花博」を抗議目標にしたかと言えば，4月26日はチェルノブイリ原発事故から4年目の命日，「花と緑」と言いながら実は緑の丘陵を破壊して作られた「花博」，それ以上の自然破壊の可能性をもつ原発を推進する側が作った電力館，しかも国際博覧会として外国のプレスも注目しているという状況は，原発を止めるための抗議行動としては最高のセッティングだという判断による。このように小原たちは，"即原発を止めさせる"ために最も効果的な活動領域を選んでいた。

②「ヒロセタカシ現象」

　ここで，ニューウェーブ登場に広瀬隆が大きな役割を果たしていることをつけ加えておきたい。広瀬は，チェルノブイリ関連で原発の危険性を問題にしたものとして『東京に原発を（新版）』（1986年8月），『危険な話』（1987年4月），『眠れない話』（1988年10月）などを出版しているが，中でも『危険な話』の売れ行きに関しては「ヒロセタカシ現象」と言われるほど反原発運動への影響力があったと言われている。その状況を評して『朝日ジャーナル』は，「恐らく『危険な話』が新しい反原発運動を呼び出したという言い方は当たるまい。チェルノブイリ以降，市民の間に広がった不安が，その表現として『危険な話』を選んだのである」（『朝日ジャーナル』1988.7.29：33）と述べている。

　的を射た分析であり，客観的にはその通りであろう。しかし，冷静に語りかけながら聞いた人々を不安にあるいは恐怖に陥れるほど，「感性に訴えかける」広瀬の話がなければ，それまで原発に関心がなかった人々を行動にまで立ち上がらせることはできなかったであろう。現に反原発運動に新しい

人々が参加するようになったのは、それまで原発の危険性を論じてきた学者の高木仁三郎や久米三四郎らの講演会からではない。広瀬は全国の原発の現地や都市を、反原発の語り部として隈なく飛び回った。そしてその後にはいろいろなグループが生まれている。データの中に不正確な部分があり（『文芸春秋』1988年8月：256），不安を煽り感性に訴えるとして危険視する人々もあったが、彼の働きかけがなければ「ニューウェーブ」は目覚めなかったであろう。

また「ニューウェーブ」を感情的ときめつける向きもあったが、原発の危険性に目覚めた人々はその後に改めて原発を勉強し始めている。これは、ある計画が発表された後、反対のために立ち上り、その後勉強を始める住民運動と同じである。小原も、広瀬の講演を聞いてから反原発運動に取り組むようになった。

3．「反原発運動ニューウェーブ」の特性

① 高松行動3原則

「ニューウェーブ」の特性について論じる前に、先ず「小原さんたちの流儀」を「平井孝治さんが文章化」し、中島真一郎が「加筆修正した」（中島1988a：134）「ニューウェーブ」の3つの行動原則から始めることにする。これは1988年2月11日の第2次高松行動の呼びかけのチラシで初めて明らかにされ（『原発なしで暮したいニュース』（1988年2月29日）に再録），以後その解釈が「ニューウェーブ」理解の鍵となっているからである。3つの行動原則とは以下の通りである。

(1) この行動は，参加者の1人1人の意志と責任において実施されるもので，行動全体を指揮・統率する団体や個人はありません。各個人，グループが自らの正義と責任で判断し，行動してください。

(2) この行動については，参加者は，1人1人当事者として何人も同じ位

置にいます。グループ・団体の構成員の多さ，歴史の古さ，能力，知識，有名さ，その他一切を含めて関係ありません。すべて1人1人，1参加者として対等な存在です。行動の場と情報は呼びかけ団体が責任をもって設定し，お伝えしますが，それに参加するか否かは各人の自由です。また，各人の刻限が来れば，自由にお引き取りいただいてけっこうです。
(3) (1)と(2)の原則を理解していただける人であれば，この行動はすべての人に開かれています。またこの行動の原則に納得できない個人ないしグループ，団体は，それぞれ別の形で行動するようにお願いします。

この3原則に対して，土井淑平は，(3)を削除し，今後指針とすべき行動原則として「非暴力」を新たに加えることを提案している（土井1988b：61）。暴力はあらゆる権力・支配関係を生む根源であり，60年代の「新左翼の党派政治」をもたらした元凶でもあるので，あらゆる行動様式からの暴力の排除は，新たな方向を模索する運動としては必ず採用しなければならない要素であろう[4]。

②「ニューウェーブ」の行動4原則

以上から「ニューウェーブ」の行動原則を整理すると，
1) この行動は，参加者の1人1人の意志と責任において実施されるものであること。
2) 参加者は，1人1人当事者として何人も対等な位置にいること。
3) 行動全体を指揮・統率する団体や個人は存在しないこと。
4) 行動のスタイルは非暴力であること。
の4項目になる。

1) は「ニューウェーブ」の基本理念である。この"自分の意志と責任において行動する"というスタイルは，1月25日の高松行動の呼びかけでは，「自分の命の問題は自分の口で言うんだ。自分の耳で相手の話を聞きたい。

他人に委ねるわけにはいかない，という人たちが来て下さい」だった。つまり"自分で見て考えて行動して，結果を自分で引き受けられる人"は集まれ，ということである。このような人は，まさに近代西欧が生みだした主体的な「個人」であり，民主主義の真の担い手であろう。だが「ニューウェーブ」も現実にはそこまで達してはおらず，小原は次のように反省している。

「私たちは民主的な在り方が実現できてるとまではいかなくても，そんなにできてないとも思っていなかったんですね。だけどそういう事（四国電力や通産省との交渉）を通じる中で平等な関係，主権が自分たちにあるということが，自分たちの中に育っていなかったということがだんだん見えてくるんです。私たちは自立した個として自分の足で立つということが出来ていない。民主的な国の在り方なり，民主的な関係なり，世の中といったものが実現できてなかったということが，私は原発の問題を通じて本当にわかってきたんです」（同：30）。

2）における「当事者」という意味は，第1に，チェルノブイリ事故を知った今では原発に関しては日本中が"現地"であり，誰1人傍観者ではありえないこと，第2に，原発を止めるのは，自分たち以外の個人あるいはグループや組織ではなく，我々1人1人以外にはない，自分の問題だから自分で解決する他はないということである。従ってこの項目は，従来の反原発運動に見られた，現地の運動と現地支援型の都市の運動という枠を撤廃すること，構成メンバーの行動においては，誰かがしてくれるというお客様意識ではなく主体的かつ積極的に対象に関わること，またその行動に責任をもつこと，上下という関係をもたない対等な人間どうしのヨコとヨコの繋がりを拡大していくネットワーク形成を行うことを意味している。

3）は，運動の中にごく些細な権威や支配をも持ち込まないための呼びかけ人の側からの工夫であり，その結果，行動における個人の自由度を何よりも優先させながら，できる限り状況に即応した創意工夫を引き出し，参加者の意志と責任における行動を最大限発揮させるものである。呼びかけ人は，

第4章　1990年代の市民運動の「原型」　159

スムースな情報伝達（連絡係として）に自己を限定し，行動の提案は対等な位置から行うように心がける。しかし，現実の行動では達成がなかなか難しい。特に宣伝カーからの指示には，高松行動でも反省すべき点があったと指摘されている（土井 1988b：62-3）。

　権威や支配を運動に持ち込まない参加者の側からの工夫が，4）の非暴力である。これは機動隊とのもみあい時などにおける物理的な暴力を指すと同時に，相手の威圧や抑圧，上下関係や運動経験の長短による差別など関係的・心理的な暴力をも含む。また暴力を用いないことは，それを徹底すれば，"自分"対"自分と合い入れない打倒すべき相手"という図式が成立しないことを意味する。すなわちあくまで対等な者どうしであり，本質的に「敵」が存在しないことになる。

　行動原則からは，このように幾つかの特徴が引き出されてくるが，要するに参加者が自身の意志と責任で自己を発揮しやすい状況を，保証しようとしていると言えよう。

③「ニューウェーブ」の行動現場での4特質

　次に，高松での実際の行動に現われた特質として，4点挙げることができる。

　第1に，行動の中心になったのが女性たちであること。中でも特に中心になった小原たちはそれまで運動経験が全くなかった。小原は別府市のパン屋の奥さん，甘蔗は福岡県のお寺の奥さん，その他南こうせつの奥さん，徳島の西川栄郎（「徳島暮らしをよくする会」）の奥さん，署名用紙の整理をしてくれた近所の奥さんたちなどで，「もう男の人とは話したくないという気になっていく」（小原 1988a：29）と言う程であった。高松でも，パレードでは「家族連れ，乳飲み児を連れた女たちが目立ち」（『人間家族』1988年2月：10），機動隊とのもみあいでは大阪の「なにがなんでも原発に反対する女たち」の非暴力行動が目立った。従って，主に女性のものの考え方，感性が高松行動

を形づくっていったと言えよう。

　ただ，その女性は子供をもった女性，すなわち「母」というニュアンスが強い。このことは『まだ，まにあうのなら』に顕著である。「私もまた生物です。そして母親です。その本能に衝き動かされます。子ども達の生命を守るために私はハッキリと"原発はいらない！"と声に出して言い，そのための行動をしたいと思います。それが原発のある世に子どもを産んだ母親の，子どもに対する責任だと思っています」（甘蔗 1987：43）。この文章は感動的である。だが，母にならない女性やなれない女性の排除，また女性を母性中心に捉えることに対して批判が集中する。「子供のためではなく，自分のために原発に反対せよ」という批判もあった（『クリティーク』第12号，1988：137-152）。これらの批判はもっともであるが，ここでは，この本は反原発の数あるメッセージのうちの1つ，「原発のある世に子どもを産んだ母親」からのメッセージであるという事実を確認するに止めておきたい[5]。

　第2に，行動自体がパフォーマンスになったということ。ええじゃないか踊り，岩倉獅子舞，竜踊り，歌，派手な服装，思い思いのゼッケン，幟，筵旗などは，従来のシュプレヒコール型のデモとは全く異質で，「ニューウェーブ」を目立たせる特徴になった。

　しかしこれは始めから意図しての行動ではなく，抗議行動を無視し続ける四国電力に対して，怒りをどう表現するかで，自然とリズムや打楽器が加わり，歌や踊りになっていったと言う。「結局やり場のない怒りを表現する中で，本当にギリギリの自分自身の命の叫びと出逢うんですね。それを全身で表現したら，そのことで私たちはあんなに楽しい思いをし，突き抜けるような解放感を経験したんです」（小原 1988b：28）。これは既成の枠組みの中にまだどっぷりと浸っていない者（女性と若者）にのみ許される至福の瞬間である。その時を振り返って小原は，「そこで繰り広げられる，語りあり，謡いあり，舞いあり，踊りありのその文化の数の豊富さ。文化の発祥を生で体験した気がしました」（小原 1988a：40）と言っている。

もっとも,「ニューウェーブ」の集会だからというので,歌や踊りで始めるというのは,既に歌や踊りが既にエスタブリッシュメント化されている危険性がある。

　第3に,反原発運動を他の社会運動の領域に拡大したこと。これは,「ニューウェーブ」の行動原則第2項目の「当事者」ということが,チェルノブイリ事故以降全ての日本人に当てはまるということがわかったからである。どんなに努力して有機農法を実践していても,放射能を大量に含んだ雨に降られると,全てが無に帰するということは,8000kmも離れたチェルノブイリからの放射能のために廃棄処分になった生活クラブ生協の「わたらい茶」の例が如実に示している(土井1988a：371)。従って,安全な食べ物も,自然保護も,人権も,福祉の充実も,先ず原発を止めてからだというように,反原発があらゆる社会運動の前提になっていることが,強く自覚されるようになったのである。

　特に敏感に反応したのは,「"安全な食品"を求めて産直運動や有機農業運動に関わっていた女性や男性たちで,これまでの反原発運動を含めて政治的な運動に関わっていない人々」(中島1988a：129)であり,このことは,先に述べたように,従来の反原発運動とは別のルートを通じて,出力調整実験反対の署名と高松行動の呼びかけが行われたことが象徴している。そこには反原発の新たな草の根ネットワークが姿を現わしていたと言える。

　第4に,敵をつくらないこと。これは非暴力であることからも導出されるが,原発の前には全ての日本人が「当事者」になってしまう現状では,一方的に搾取するだけの敵であり続けることは誰にも不可能である。電力会社の社員も通産省の役人も,「ニューウェーブ」にとっては究極の敵ではない。共に脱原発の世界に進んでいかなくてはならない隣人である。オールドウェーブの1人をびっくりさせた次の光景は,このことをよく物語っている。「涙ながらに四電の社員の誰でもをつかまえて,"あなただって子供いるんでしょ。子供のこと心配じゃないの？これ以上原発の事故が起ったら人類は

滅んでしまうのよ！実験やめてよ！"と声をふりしぼって訴える女の人の姿だった」（『原発やめてええじゃないか』1988：101）。ここでは四国電力の社員が自分たちと同じ目線で捉えられている6)。

　以上の4つの行動面での特質は，その後の反原発運動でも，あるいはその他の市民運動でも，今や基本になっていると言える。

4.「ニューウェーブ」をどのように捉えればいいのか

①〈うねり〉としての「ニューウェーブ」運動

　以上，1988年の高松行動に基づいて「ニューウェーブ」の特質を抽出したが，考えなければならない点もある。それは，呼びかけの対象は「個人ないしはグループ，団体」と言いながら，もっぱら個人に対してのみ行われているということである。このことは，「運動」の持続，次の世代への継承という点で問題がある。現に「運動」を「目標を達成するための組織的活動で，戦略論，行動論，組織論が不可欠」と捉える丸山は，「ニューウェーブは個人と個人がつながることによって，行動を計画し，実行していく。だから"運動"ではない。」（丸山1989a：25）と断定している。

　確かに「ニューウェーブ」の行動は，労働運動のような計画性，戦略性はなく，しかも公害反対運動，住民運動のような持続性ももたない。また，高松行動でのパレードや四電交渉が象徴するように，決まった形（主催者，参加予定の個人・団体の数，行動日程など）をもたない。では，「ニューウェーブ」の「運動」はどのように捉えることができるのか。

　「ニューウェーブ」は，1つの個別テーマをもった運動ではない。例えば，別府市で小原たちが「グループ・原発なしで暮したい」をつくる。その少し前に松下竜一や中島たちが「"原発なしで暮らしたい"九州共同行動」をつくる。また別の所で，誰かが伊方原発出力調整実験反対を機に幾つかのグループをつくる。そのうちの幾つかは1988年2月以降消えていく。高松行動で危機感をもった人たちが東京で講演会「青森住民と広瀬隆の緊急報告」

（1988年6月）を開く。また誰かが1988年10月の北海道泊原発1号機試運転開始に抗議するグループをつくる。また誰かが青森県六ヵ所村でグループをつくるというように，幾つものグループが生まれては消えていく。同じ人がまた作る場合もあれば，相互に全く繋がりのないものも多い。

　そこには，1つの運動としての固有の実体はない。テーマもバラバラである。しかし，相手がどこに居ようとも，またお互い直接的な繋がりがなくても，一緒に闘っているという感覚がある。この一体感をつくり出したものは，広瀬隆，高木仁三郎，槌田劭らの書物や講演を通じて，チェルノブイリの恐怖，原発推進側への不信，電力多消費型の生活への批判という共通の意識であった。

　「ニューウェーブ」の個々の運動は，問題意識をもった個人とその周辺が立てる〈小さな波〉と捉えることができるのではないか。この〈小さな波〉は，ある時は集まって1988年2月の高松行動（5000人）のように〈中位の波〉になったり，また別の所に集まって1988年4月の東京行動（2万人）や1989年4月六ヶ所村（1万人）のようにやや〈大きな波〉になって現われるが，基本は全国のいろいろな所で波立っている形である。それは，1960年6月18日の国会への33万人のデモの時のように，いろいろな波が次第に集まってその全体が1つの大きなうねりになるのではなく，〈小さい波〉や〈中位の波〉があちこちに沸き立ち，それらが互いに干渉し合ってまた別の所に波が幾つも現われるというように，小刻みだが全体が振動している〈うねり〉と言える。

　この〈うねり〉には終わりがない。反原発運動の〈うねり〉は無数の波による全体の振動であり，個々の波を起すのは個人である。反原発運動は，次々と形成される運動体が網の目状に相互に影響しあって新しい別の運動体をつくり，それらがまた網の目状に相互に影響しあってまた別の運動体をつくるというように，全体が小刻みに振動して，その様相（網の目）を刻々と変えていく形の〈うねり〉を生み出している。

②「ニューウェーブ」とオールドウェーブとの断絶？

　次に考えなければならないのは，運動の「ニューウェーブ性」を明確化するために過度な強調がなされている点である。それは，中島の言う「今回の闘いは 1970〜80 年代の反原発運動（オールドウェーブ）の延長上に花開いたものではなく，両者の間には大きな断絶があること，今回の闘いが発展していく過程の中で，これまでの流儀・原則・運動のパターン等との闘争があり，その介入を拒むことによって，発展することができた」（中島 1988a：129）という「ニューウェーブ」とオールドウェーブとの断絶の強調である。

　これに対して土井は，先ず「ニューウェーブ」とオールドウェーブとの断絶に関して，「いわゆる"ニューウェーブ"の出現は処女懐胎や無から有を生ずる奇蹟ではない。やはり，そこには言うところの"オールドウェーブ"の前史と介添えがあった」と捉え，「非連続の連続というべきものを認める」（土井 1988b：55）必要があるとしている。

　その理由としては，1）高松行動の担い手に九州共同行動（オールドウェーブ）の中島，平井，松下がいたこと。2）署名運動，高松行動への参加にしても，「参加者の半分以上は，これまで何らかの形で反原発運動に関わってきたオールドウェーブの人たち」（同）であったと見られること。3）署名活動の拡がりにおいても，「ニューウェーブ独自のルートと並んでいわゆるオールドウェーブの活動家やサークルやネットワークが側面からの媒介役を果した」（同）こと。4）1 年前まではチェルノブイリも知らなかった高松行動の主役たちにも，広瀬，高木といった「先行者との出会いと覚醒」があったこと，を掲げている[7]。

　このように批判はするが，全体としては「伊方闘争の画期的意義」を認め，それを「ニューウェーブ」と呼ぶことにも反対しない（同：54）土井は，「要するに両者（オールドウェーブとニューウェーブ）は，相互に学び合う関係あるいは相互補完の関係にある」（同：57）と捉え，「一貫した持続的な情報または活動の様々なネットワークと並行して，無数の自発的で一時的なイニシャ

ティブによる行動が共存することが望ましい」(同:68) と結論づける。土井の個々の批判もその結論も共に納得できる。

しかし中島もこれらのことは十分理解していたと思われる。彼が批判を覚悟で強調したかったことは，自分の行動に「意志と責任」をもった自立した個人から出発するということの確認と，「原発を止めるという目的実現のために統一しなければならないという組織主義に陥らない」ということ（そこには既存の反原発運動の中にある暗黙のヒエラルヒー構造への批判がある）であり，それが「ニューウェーブ」だと言いたかったのだろう。

5. 反原発オールドウェーブの意識と構造

中島は，九州の市民運動のオルガナイザーと呼ばれるほどの活動家であった。そして各グループを繋ぎ，集会やイベントをスケジュール闘争的に企画していた。しかしそれで原発は止まったのか，という本質的問題に気づく。その契機となったのが，それまでの暗黙の秩序や組織の枠に全く従おうとしない小原たちの運動との出会いであった。もう1人，オールドウェーブから「ニューウェーブ」への転向者の言葉に耳を傾けてみよう。

「今回の出力調整実験反対騒動によって，それこそ，"コペルニクス的転回"をしてしまいました」(佐藤1988：79) と言う佐藤憲幸は，先ず「今回の運動は新たな価値観をもった運動で，従来の運動とは決定的に違います」(同:67) と「いかたの闘い」を意味づける。

彼が中心的役割を担っていた従来型の運動，例えば1986年「非核平和大分県民連絡会議」が開催した「ピース・フェスティバル」では，「私はこのイベントを進める中で"国際平和年なので何かしよう"というくらいで，"絶対やりたい"という気持より"やらなければならない"といった義務感をもっていたわけです」(同:70) と反省する。そのイベントの意味は大分で市民運動が続いていることを示すことにもあったわけであるが，「運動を持続しなければならないということは，"持続は力である"という言葉にしば

られていることでした」と反省している。

また「いろいろなグループや個人に呼びかけているため，調整が必要になり妥協せざるをえなくなりました。熱い気持をもっていても熱くない気持の人がグループにいると，それに合わせてしまう。何かしら手をつなぐことは"善"だという考えにもしばられていました」とも反省する。そして「結果的に全国に，県民に"大分の市民運動はやってます"という力の誇示（権威主義）に陥ったのではないかと思います」（同：71）と語っている。

出力調整実験反対署名を始める時，佐藤が先ずは従来の活動家たちに根回しして，彼らの助言に基づいて署名活動を始めるようにアドバイスしたのに対して，「オハラさんは，とにかくこの事実（出力調整実験）だけを伝え，反対署名を誰にでもそのまま広げていこうとした」。このことは「つまり古い活動家とか普通の人とか分けるのではなく，反対するという事の前では誰でも平等であるという認識に立っていた」のであり，この点が「今回の運動を性格づける決定的なもの」であったと言う。しかしそのことは，「反対するという事の前では誰でも平等」と逆の事態が，運動の中に存在することを暗示している。「現在"古い活動家を切り捨てている"とか"闘争の歴史を尊重していない"とか言う人は，つきつめて言えば，みんな原発を止めるということに対して平等であることに不満なのです。特に立地現地や古い活動家は，自分を尊重しろと言っているだけなのです」（同：74）と厳しい。

ここで佐藤が自己批判と共に一貫して告発しているのは，市民運動の中にある無意識の「ヒエラルヒー構造」である。労働組合のもつヒエラルヒー構造やスケジュール闘争は今や自明のことであるが，それが市民運動の中にもあるのではないかという気付きである。中島はこの点に関して，従来の市民運動を「その先の結果，すなわち"力関係において弱いので，勝てないが抵抗しておくという程度"を見通し，その次の抵抗の手段を考える，さらには季節ごとに企画"イベント"を準備していくやり方の闘争」（中島1988a：143）であると批判しており，その底には，「政府，電力会社，原発推進派と

同じ土俵の上に立ち，同じ発想や価値観を共有し，体制側の秩序に似せた，一種のヒエラルヒー構造」があると指摘している。

　以上から中島は，従来の運動を次のように特徴づける。「①目的を含めて具体的に考えていない，②やらないよりやった方がましの世界，③自分が一生懸命やっていると誤解している，だからきっちりした総括もしない，つまり"垂れ流しの運動"になっている」（同）と。従って今しなければならないことは，現在の行動で本当に原発が止まるのか，誰がその行動を決めたのか，自分は何でその行動をしているのか，本当にどう止めるのかが見えているのか，自分の中に止めようという熱気があるのかをしっかり吟味することであり，「打倒するのはまず"自分の今までの在り方"」であると結論づけている。

6.「反原発運動ニューウェーブ」登場の意義

　「反原発運動ニューウェーブ」は，本気で原発を止めたいと思って行動していた人たちである。彼らが本気で止めようと行動する中で，原子力発電の仕組み，推進側の意図，現地の事情，自分たちの関わり方，自分たち内部の人間関係など考えるべきことは際限なく出てくる。それらを誰か（専門家や活動家）に任せるのではなく自分の頭で考え，自分で責任の取れる行動によって克服していく。すなわち彼らは，〈自分で見て考えて行動しその責任を取るそれぞれ自立した存在（主体）〉だということである。彼らは，どのような組織や運動をつくり出すことができるのだろうか。

①「ニューウェーブ」のアメーバ的なゆるい結合組織

　「ニューウェーブ」の組織は，ヒエラルヒー構造や運動経験の長さを重視する従来のオールドウェーブ的組織とは異質のものである。それは，個々人が主体性を保って行動しながら，組織をコントロールし，組織目標を達成できる伸縮自在のアメーバのようなゆるい結合体である。もちろん，ニューウェーブ登場以前の市民運動に，そのような組織がなかったというのではない。

だがそれは、取るに足らない一時的な泡沫集団と一般的に見なされていた。

　このアメーバ的なゆるい結合体の特質を抽出するとすれば、先ず運動体内部の組織では、1）会長や代表は存在せず、問題を感じ行動する者が中心となる、つまり特定の者が恒常的に中心的役割を果すのではない、だが2）会計や全体調整など運動体の事務局的役割を果す者は必要なので、ローテーションで回す、3）意志決定方法はコンセンサスが基本だが、緊急の場合はその時動ける者が判断して小グループで行動する、4）メンバーの評価は運動への熱意と行動力による、以上から5）運動体の大きさや境界は不明確、つまり活動内容と状況に応じてアメーバ的に小さく分裂したり（時には1人で行動）、大きく重合したりで変化が激しい、6）そのアメーバ内部は信頼でつながった対等の関係の網の目状のネットワークになっている。

　つまりニューウェーブの運動体は、根底には信頼でつながった対等の網の目状の個人間ネットワークをもつが、伸縮自在のアメーバ的組織であり、現象的には一定の形を取りにくいと言える。

　次に、運動体間の組織では、組織化はある共通テーマに向けて運動体どうしが手をつなぐ時に生じるため、アメーバどうしの連合、すなわちアメーバ的運動体を単位とした対等の関係の網の目状のネットワークとなる。個々のアメーバ的運動体が不確定であるので、組織化された全体の大きさも境界も不確定である。但しこの場合、個々のアメーバの枠（境界）は崩さない。

　一方、個々の運動体の境界が融合した場合は、より大きなアメーバ、すなわち別のより大きな運動体ができることになる。但し、個の自立を第1とするニューウェーブが、自らがコントロールできる範囲を越えた大きさの運動体をつくることはないので、この融合にはおのずと限界がある。これら運動体全体の動きは、大きさを変化させる個々のアメーバ的運動体が、現われたり消えたり、ある所に中規模の連合を作ったり、またある所では融合して大きなアメーバになったり、様々に変化する。反原発運動全体では、伊方の署名結果に見られる約100万人を下地に日本全国でこのような動きが作り出さ

れ，それを時系列で見ると日本全土がゆるく振動しているように感じられることになる。それが先に述べた〈うねり〉であった。

② 小さな〈うねり〉と大きな〈うねり〉

　その〈うねり〉とは，全国のアメーバ的運動体が立てる無数の〈小さな波〉，原発立地ないしは予定地で立てる〈中位の大きさだが恒常的な波〉，全国的な争点に向けて個々の波が集まって生じる〈大きな波〉といった3種類の波が重なりあって生じる，反原発運動全体の〈うねり〉である。

　その中での「ニューウェーブ」の位置は，無数の〈小さな波〉の1つで，〈うねり〉を起すゲリラ的起爆剤というものであろう。彼らのボランタリーで真摯な行動，率直な問題提起は，オールドウェーブには運動開始当初の熱意と問題点を想起させ，既成の運動組織には喫緊の問題の所在を知らせる。そしてこの「ニューウェーブ」の例示的行動はやがて両者の注目するところとなり，それらが活動を開始すると共に，大きな〈うねり〉が姿を現してくることになる。

　このような〈うねり〉という運動形態，それらを構成する伸縮自在のアメーバ的なゆるい組織，その基になる自己責任に基づく主体的な個人，これらが，「ニューウェーブ」が反原発運動に新たにもたらしたもの，ないしは思い出させたものである。

注
1) もっとも反原発運動内部においては，高松行動以前から，チェルノブイリ原発事故以降に原発の危険性を知り反対運動に立ち上がった者を「ニューウェーブ」，チェルノブイリ以前から反対運動を続けている者を「オールドウェーブ」と，対比して言うことはあった。
2) 「ニューウェーブ」への対応として，先ず，電力会社側は「ニューウェーブ」の生まれた背景を分析している。
　それは第1に，1986年4月のチェルノブイリ事故による原子力発電自体に対する不安の増大，また広範囲に及ぶ食品汚染による放射能への不安が顕在化したこと。

第2に，国民投票で脱原発への道を選んだイタリア，完成していた未操業の原発を解体したオーストリア，住民運動により原発の建設中止が相次ぐソ連など，ヨーロッパをはじめとする諸外国の原子力政策の転換。

　第3に，伊方原子力発電所の出力調整運転において，反対派に「チェルノブイリ事故と同様の実験」という宣伝・攻撃を許したこと，九州の市民運動を起爆剤とした全国的な盛り上がりが生じたこと，電力側の認識の甘さ，そしてプレス対応の不的確による波及。

　第4に，世論調査に現われた国民の原子力に対する不安（総理府調査 1987 年 8-9 月で「原子力に何らかの不安あり」86％）をあげている。

　このような反原発側に有利な状況の下で「ニューウェーブ」が当時やっていたこととしては，

　第1に，出力調整運転の危険性を取り上げ社会問題化させようとしていること。すなわち「出力調整運転はチェルノブイリ事故を引き起こした実験と同様で極めて危険」と「デマ宣伝を繰り返し，危機感を煽り立てている」。

　第2に，原子力発電所の必要性・経済性・安全性に対する議論を「煽り立てている」こと。すなわち反原発学者・リーダーが著作・講演やビラ配布などを積極的に利用し，「電気は余っている」「原発は不経済」「放射能でガンや白血病が多発する」などの宣伝を繰り返している。

　第3に，子供を守る母性本能に訴えて草の根運動を発生させる巧妙かつ意図的な筋書きを取っていること。すなわち原発の運転→放射能→食品汚染→ガンの大量発生，および原発の事故→一瞬の破滅と大量の放射能障害死亡の発生という図式を，20～30代の主婦を中心とした自然食品グループに，食品の配布のルートを利用して宣伝している。

　このような反原発側の主張が，電力会社が言うように，単なるデマ宣伝か，事実なのかという議論は，3・11を経験した我々には既に明らかなのであるが，続いて，電力側はこのような「ニューウェーブ」の活動が今後どのような結果をもたらすかという見通しを述べている。それは，

1) 食品汚染の長期化と不安感の増大，
2) 運動の継続化を狙った反対派の戦術，
3) 一部雑誌等の根強い反原発企画などによって，この反原発のうねりは一過性のものではなく，ここ数年は拡大傾向をたどること，

4）反原発の裾野が広がるとともに反対運動のパワーアップが進むことになろう，という見通しをあげている。

その結果，電力側にとっては以下のような9つの危惧される事態が生じるとしている。
1）原発即時停止を求めた大規模な市民運動が発生する。
2）原子力発電が政治・選挙の争点となり，立地県町村などで反対派が当選，行政権限により圧力をかけてくる。
3）発電所の運転環境が厳しくなり，安全性に過度の配慮が要求される。
4）規制強化により故障からの復旧が長期化し，稼働率が極端に低下する。
5）MOX（ウラン・プルトニウム混合化合物）燃料，APWR（改良型軽水炉）等の新技術導入，合理化効率化のための改良等が不可能になる。
6）小規模の事故（放射能廃液漏れなど）を契機に一斉点検，一旦停止，立入検査等が強硬に要求される。
7）新規立地点での合意形成が不可能になる。
8）原子燃料サイクル施設の建設が不可能になる。
9）電気料金不払い，口座振替停止等のゲリラ攻勢が激化する。

要するに，こうなってしまうことが電力側にとっては困るわけである。これら9つの電力会社側の危惧は，2011年の福島第1原発事故の後，すべて現実のものになった。

以上が電力会社側による「ニューウェーブ」の分析である。一部に立場性を反映した表現（「デマ宣伝」「煽り立てている」等）が見られるが，おおむね的を射ている。しかし，オールドウェーブからの攻撃にはかわす術をわきまえていた原発推進側が，「ニューウェーブ」登場に衝撃を受けている有り様がありありと読み取れる。この資料を見た反原発側が「どうやって原発を止めたらいいか，よくわかったよ！ありがと。」と，コメントを付けていた。

資料は「脱原発東電株主運動」主催の1990年3月4日の集会で配布された。
3）原子力安全委員会は，チェルノブイリからの放射能が日本に届く前の4月30日に，早々と「日本国民の健康への影響はない」（『日本経済新聞』1986.5.1）と発表した。
4）先ず"非暴力という原則"をなぜ"高松行動3原則"に盛り込まなかったのかということについて，中島は次のように説明する。"組織的暴力"と"組織的非暴力"という対立構造を越えるものとして高松3原則があった。党派の実力闘争主義

は，組織と指揮・統率の関係を必然的に伴うものであるが，一方で向井孝氏が強調する非暴力直接行動主義も，そのアンチとして，組織的に指揮・統率した非暴力行動（勝手なことやハネあがった行動をする者を認めない）となる。その結果，"非暴力トレーニング"という事前の訓練が必要とされる。

　高松3原則は，自分の意志と責任において行動する限り，非暴力的行動であるか暴力的行動であるかを問わない。1人1人が何が実験を止めることになるかを考え，その責任において実行されるというものである。"非暴力"を原則としたり，その枠内で闘いたい人は，そのような結集軸や賛同する人のみで担われていくやり方をとる。いかたの闘いはこれとは異なり，組織的暴力も組織的非暴力も強制せず，すべて各人1人1人の意志に委ねられた。従って，形態上"暴力"的な行動をとる人がいても，その人の責任で行われる以上，批判することは自由であるが，そのような人の存在を否定できない。むしろ問題は，自分と異なる人，異なる方針を持つ人と一緒にされたくないという1人1人の在り様が問題となる」（中島氏から筆者への手紙より。以下同様）。ここでも，自立と責任という「ニューウェーブ」の質的新しさが現れている。

5）　甘蔗への批判には，中島は次のように反論する。「大事なことは，実際に実験や原発を止める行動をすること」。「いかたの闘い」では「理屈の正しさでは"正しい"理屈を知っていながら，動かない在り方が問われた」と。

6）　個人レベルで敵をつくらないということに関して，中島は次のように説明する。「組織は個人によってつくられている」。だが「個人の自立や存在を組織に投げ出し，本末転倒させた結果，歯車の一つとして機能してしまう。敵が誰もいないという意味は，敵味方の論理で自足し原発を許していく在り方を越え，許さない自分と同じ平等な存在として社員・警察官を見て，彼ら・彼女らに組織の歯車の一員ではなく，人間として個人としての在り方を優先させ，共に止めに行くことを求める」ところにある。「従来の敵味方の論理で，敵として切り離し，実際上無視していた在り方を改め，敵であれ味方であれ，個人の自立と対等な主体として，原発を止めに行くことを訴える。個人の自立と責任を明確にして，組織を無視し，原発を支えつくっている仕組みを解体し，人間を解放していく。」

7）　土井のこれらの指摘に対しては，中島は「客観的事実としてはその通り」と認める。「但しそのことが，両者の断絶や質的な違いを主張している私への反論とはならない。いかたの闘いと脱原発法制定運動の違いが明らかにしているように，オールドウェーブが運動方針を支配していれば，いかたの闘いは実現できていない。」と断じる。

第5章　パートナーシップによるまちづくり
——川越・蔵造りの町並み保全運動

はじめに　NPOと「パートナーシップ」

　「ネットワーキング」を経験した市民運動である「市民活動」では，主体として活動する「市民」は，他のセクターである行政や企業との協働の中で，当面の問題解決を図りながら，「公的空間」を広げようとする。従って，「市民活動」を行うNPOには，その行動様式に「パートナーシップ」がビルトインされていると考えられる。

　本章では，その「パートナーシップ」を，蔵造りの町並み保全を目指す市民活動団体である「川越蔵の会」の活動の中に，具体的な形で捉えていく。「パートナーシップ」が成立するためには，市民活動団体（ここでは「川越蔵の会」）と，他セクターの活動主体との間で力のバランスが取れていることが条件である。ここでは，そのバランスづくりのための装置として，「町づくり規範」，「町並み委員会」，町並み保存活動を支援する専門家と行政職員の活動を取り上げ，その結果，どのような「パートナーシップ」が形成されてきたのかを辿ってみる。

1. 川越の蔵造りによるまちづくり

① 川越の蔵造りの町並みへの注目

　川越は蔵造りの町並み保全の成功例として，「まちづくり」の研究者たちの間では有名である。1970年，建築評論家で日本大学教授の浜口隆一が「地方都市川越のあり方，歴史的商業活動について」で問題提起を行い，蔵造りの元煙草問屋「万文」の取り壊しに際して，「万文」を「江戸文化館」とし

て保存活用することを提案したのが，川越の町並み保全運動の端緒とされている（福川 1999a，八甫谷 2000：55）。その後，日本建築学会関東支部による川越を舞台とした歴史的街区再生計画のアイデア・コンペティション（1974年）の開催や，川越市から委託された環境文化研究所の「川越の町並みとデザインコード」報告書（1982年）の作成，川越のまちづくりをテーマにした全国町並み保存連盟第 16 回全国大会（1993 年）の開催などで，川越の町並み保全運動は全国的に知られるようになった。

　本章は，川越のまちづくりにおけるパートナーシップ形成を明らかにすることが目的であるため，対象を川越一番街に限定し，期間も蔵造りの町並みが注目され始めた時期から，「重要伝統的建造物群保存地区」への選定（そこで残された問題も含む）までに限ることにする。

② 川越市と一番街

　1922 年，埼玉県で最初に市制を敷いた川越市は，当時人口は 3 万人であった。2015 年には人口は 35.07 万人，面積 109 平方km，東京都心から 30km に位置し，東京のベッドタウンとして人口は微増傾向にある。

　そもそも川越は，江戸時代には物資の集散地として江戸と川で結ばれ大いに繁栄し，明治時代には埼玉県の商業の中心地であり，そのまた中心が一番街だった。しかしその繁栄も，川越が鉄道の幹線から外れることによって，浦和，大宮に追い抜かれる。そして，高度経済成長真っ只中の 1965 年前後には，商業の中心地は一番街から川越駅周辺へと移動した。その結果昭和の末頃には，一番街は「土曜でも日曜でも，昼間は犬が歩いているくらいでお客さんはほとんど来なかった」（急式氏，以下○○氏とあるのはインタビューした方々，インタビューの時点については，注 1）を参照）というくらい寂れた町になっていた。そして後に保存の中心となる蔵造りの建物は，地元住民にとっては，「マイナスイメージばっかりでした。生まれた時からあって，あって当たり前のものだったんです。だからもう，いいものだとか，素晴らしいもの

だとか，貴重なものだとかいう観念は，一切なかったですね。蔵でお客が呼べるなんてのは夢にも思わなかった」（急式氏）というものであった。

2．蔵造りへの注目から「川越蔵の会」の誕生まで

① 町並み保全運動の始まり

　1970年，浜口隆一の問題提起によってスタートした川越一番街の町並み保全運動は，当初は建物単体を保存する文化財保護的観点が強く，町並み保全の観点でのまちづくりは，1983年に地元住民主体の「川越蔵の会」が誕生することによって，ようやく実質的に始まったと言える。この間，まちづくりに関わった地元の団体には，本章末の年表に書かれているように，「川越市史跡保存協賛会」，「川越青年会議所」，「川越市文化財保護協会」，「蔵造りを守る会」などがあり，それらを支えた人々としては，蔵造りの商家の2～3代目を含む青年会議所メンバー，「万文」の一部取り壊しに反対した地元住民，蔵造りの町並みに合うように店を修復・新築した商店主たちがいた。

　一方行政側は，1972年に蔵造りの元煙草問屋「万文」を買取った後，そこを料亭として払い下げようとして周辺住民の反対運動を引き起こすなどの迷走ぶりを示していた。そこで川越市文化財保護協会が「万文」を保存再生し，1977年に「川越市蔵造り資料館」としてオープンさせた（1981年に川越市がこれを引き継ぐ）。

　一方，1974年より起こった幾つかのマンション計画については，「市が関係住民と話し合うよう業者を指導し，建設を断念させてきた」（鎌田1988：14）。町並み保存への市なりの努力は，1975年に伝統的建造物群保存地区選定の前提となる「蔵造りの町並み」調査を実施しているところにも見られる。

　しかしこの時，市の伝建地区の指定は一番街商店街に断られている。なぜなら，伝建地区の指定は地元の住民たちにとって「建物を凍結保存するような印象で，看板も立てられなくなるのではないかという不安があった」（可児氏，『開発こうほう』2003：20）からである。

② 建築系の視点と都市計画系の視点

　さてここで注意すべきことは，蔵造りの建物の保護・保全については2通りあることである。1つは，蔵造りの建物を文化財の視点から保護・保全しようとする考えで，もう1つは蔵造りの建物単体を見るのではなく，それが連なる町並み全体を保護・保全しようとする考えである。当初は学生として，さらにその後は川越市の職員として，川越の町並み保全に関わってきた荒牧澄多によると，前者は建築系，後者は都市計画系の発想であると言う。建築系だと，「いかに後世に建物の歴史的な部分を伝えるかということが主眼になってしまう」が，都市計画系では，歴史的な建物を「どうやって現代と融合させるかという視点が強くなり，提案性が強くなる」（荒牧氏）と言う。「建築史家がやるとただ単に，その建物の歴史とその変遷で終わってしまうのですが，計画系がやると，新しい建物を建てるときにはどうだこうだという分析が出てきて，容積率や建ぺい率の検討もされてくるのです」（荒牧氏）。（以後，建築系の場合は「町並み"保存"」，都市計画系の場合は「町並み"保全"」と表記する。）

　「万文」の保存活用を検討していた「城下町川越再開発委員会」，「川越市史跡保存協賛会」，「川越市文化財保護協会」は建築学系であり，この方向の運動は，1977年「万文」が「川越市蔵造り資料館」として「川越市文化財保護協会」によって管理されるようになると一段落する。特に，1974年に「川越市文化財保護協会」ができたことの意味は大きく，「ある意味では伝建地区を見据えた市民たちの応援なんですね。ここが文化財的価値を知らしめる役割を市民として担った。但しそれは文化財的価値で，まちづくりの価値ではないのですが」と荒牧は説明する。

　一方都市計画系では，1974年に日本建築学会関東支部が川越を舞台に行った歴史的街区再生計画のアイデア・コンペティションが，「町並み保全」の出発点となった。このコンペは，「文化財保護法で町並み保存ができるように」なったが，そもそも「歴史的町並みを文化財で扱っていいのか」を問

うためのものだったと言う（荒牧氏）。町並み保全は，連なりとしての歴史的町並みを維持していくのであるから，連なりの欠けている部分は，歴史的町並みに適合するように修復あるいは新築していけばよい。このような都市計画的発想は，主に市役所の若手職員のものだったが，彼らが住民と協働することによって，その後の川越の町並み保全の基調となっていく。

　川越の町並み保全の具体的なきっかけは，1978年のマンション建設だった。この時行政は，まず関係住民と事前の話し合いをするように業者を指導し，結局失敗している。そこで，マンションが建てられた後，これからのマンション建設の是非を問うための「デザインコード調査」を1980年に実施している。この調査は，「マンションが町並みに相応しくないという市民の直観を裏づける使命を帯びて開始された」（鎌田1988：15）。結局マンション建設に際して，「この調査の報告書による具体的な変化はありませんでしたが，町並みづくりがまちづくりに転換するキーワードがちりばめられたものでした」（『開発こうほう』2003：20）とあるように，この報告書は川越のまちづくりの基本線を示したものと受け取られている。

　そして1981年，蔵造り16棟が市の文化財に指定された。これは，その段階では「町並み保存はできないので，単体でとりあえず同意を得ておこう」（荒牧氏）というもので，いずれ蔵造りによる町並み保全を行いたいという行政の明確な意思表示だったと言う。一方地元住民たちも，1980年前後には個人商店の蔵造りを復元・修復したり，外観を町並みに調和させながら新築したり，空き家の蔵造りに出店したりと，新たなまちづくりへと踏み出していた。「これらは，対立する地元民の利害を調整する土俵づくりへの模索であり，個々の商店の動きは新たな町づくりの方向への弾みとなるものであった」（鎌田1988：16）と評されている。

③「蔵造り」のビデオ制作と「川越蔵の会」の誕生

　このように地元住民と行政の双方に蔵造りによるまちづくりの気運が高ま

ってきている時に，地元住民の協力のもとに川越市の「蔵造り――町づくりの明日を問う」というビデオが1982年に当時市の若手職員であった植松久生によって制作され，神奈川県主催の「地方の時代」映像祭で自治体部門賞（賞金30万円）を受賞した。このビデオは，地元住民と行政の双方にとって，今まで行ってきたまちづくりの確認とこれからやるべきことの方向性を示すことになった。そして翌1983年，植松とビデオに出演した地元住民を中心に，受賞賞金の受け皿として「川越蔵の会」が結成されることになった。

　この「蔵の会」という名称は，植松を中心に集まった役所内の若手10数名が蔵を見直そうと開いた勉強会（あるいはサロン）の名前だった（荒牧氏）。それを地元住民のつくる新しい会に譲ったことになるが，このことは，発足当時の「蔵の会」における地元住民と役所内の若手との緊密な関係を物語っている。

　1983年5月，「川越蔵の会」は誕生した。「当初の会員は80名，うち3分の1が地元の若手商店主，その中心はかつて川越青年会議所で町並み保存のために活躍した人々」（小島2003：54）だった。「川越蔵の会」が掲げる目標は，「①住民が主体となった町づくり，②北部商店街の活性化による景観保全，③町並み保存のための財団形成」（川越蔵の会HPより）の3つであった。

　「蔵の会」が行おうとした一番街のまちづくりのユニークさは，複数の研究者も指摘しているように（鎌田1988：19，福川1999a：9，小島2003：55），この3つの目標の第2番目「北部商店街の活性化による景観保全」にある。それは，単に町並み保全をすることによって商店街を活性化させようということではなく，「商店街が活性化しなければ町並み保存はありえない」という考え方であった。

　もう1つのユニークさは，「蔵の会」の規約の中に「観光」という言葉が一切使われていないことである。山屋（川越で1番の料亭）の松山潤は，「近きもの喜べば，遠き人来る」という孔子の言葉を引き合いに出しながら，地元住民を対象にした地元住民による地道な商売を大切にする「商人魂」がそ

の根底にはあると述べている（松山氏）。これは，観光客相手の商売とは対極にある考え方と言える。ところがその後，一番街を活性化させる基盤となったのは，皮肉なことに「観光」であった。

3.「川越蔵の会」誕生から「町づくり規範」の成立まで

①「蔵の会」から「一番街商店街」へ

さて，「北部商店街の活性化による景観保全」を実現させるためには，北部商店街，すなわち一番街の活性化による経済的繁栄が急務となった。そこで「蔵の会」では，「どうしたらお客様が来るか」と「町づくりのあり方」について事業部会で案を練り，それをたたき台に「蔵の会」の例会で1年間かけてブレインストーミングし，その結果を19項目から成る提案「今，蔵の会が考えていること」にまとめ，1984年8月「一番街商業協同組合」（組合員にとっては「一番街商店街」と同義）に提出した（鎌田1988：20）。しかしこれを実施するには，「蔵の会」だけでは手に負えず，商店街としてより集中的に取り組める方法を探すために「国の町づくりに関する補助制度をあたることになった」（同）。

ちょうどその時，「一番街の商店主が，『日経マーケティング』か『日経新聞』を読んで，そういった制度があるので一番街に応用できないか」と言ってきた（荒牧氏）。そこで商店街は，「県の議員さんやあちこちに聞いて情報を仕入れ，応用できそうだということになって通産省に話を聞いて，一番街は行けそうだ」（同）ということで，西郷真理子たち専門家の意見も聞いた上で，市に企画を持ち込んだ[2]。

一番街商店街は，1985年から1年間かけて「川越一番街商店街活性化モデル事業調査」（「コミュニティ・マート調査」とも言う）を行い，1986年3月，『川越一番街商店街活性化モデル事業報告書』としてまとめた。この調査に，福川裕一を中心とする東大グループが協力者として関わっている（荒牧氏）。この間，「蔵の会は，商店の3代目とでも呼ばれる30-40歳前後の人々を取

られて，事実上活動停止状態になった」（鎌田1988：23）。しかし活動停止状態になっても，一番街商店街にとってこの調査をやることの意味は大きく，「調査がまとまれば，小売商業近代化事業へ至る道が開かれる。そうなれば，低利の融資で店舗を改装したり，無利子の融資で街路のモール化やポケットパーク，核となる施設の建設をすることが出来る」（鎌田1988：21）ということで，商店街が一丸となって取り組んだ。

②『川越一番街商店街活性化モデル事業報告書』（「コミュニティ・マート調査」報告書）

　上記『報告書』は，「①町づくり規範を作ること，②その規範に基づいた個店の整備，③道路のモール化やポケットパークなどの全体の施設建設，④集客のための核施設（お祭り会館）建設」（可児1999：13）を提案している。そしてそれらを実現する方法として，「さまざまな町づくりにかかわる行為が，コミュニティ・マート構想にそった形ですすむよう，"町づくり規範"をつくり，それを運用，実行する住民組織として"町並み委員会"を設置する」（『川越一番街商店街活性化モデル事業報告書』1986：53）としている。

　「町づくり規範」については，「まず，一番街の町づくりがすすむべき原則・道筋を住民の合意によって示す，ガイドラインである。さらに，この10数年来，さまざまな形でなされてきた提案や計画を整理・体系化しておくという役割がある。また，いわゆるマスタープランのような，固定的な計画図を目標としてすすめる従来の"都市計画"の方法とは異なる，新しい町づくりの方法論への挑戦をこころみるものである」（同）と書かれている。

　一番街商店街（一番街商業協同組合）は，さらに検討を重ね，1986年末，「町づくり規範に関する協定書」を締結した。その原案を1987年3月に組合員全員に回覧し，確認の署名を求めた後，4月24日の組合総会で組合の規約として承認した（鎌田1988：ix）。

　「町づくり規範」と「町並み委員会」の基本的性格は次の通りである（『報

告書』：54-56)。

1)「町づくり規範」は川越一番街商業協同組合（一番街商店街）にしか適用されないこと，
2)「町づくり規範」は「商業活動の活性化」と「歴史的町並みの保存」という双頭の目標を持っていること，
3)「町づくり規範」は「町並みの作法」や「川越商業の特質」や「川越感覚」を重視し，川越商人としての気概を強調していること，
4)「町づくり規範」は伝統的建物に込められた生活原理と建物自体の保存を目指していること，
5) しかし新しい建物に関しては町並みに合わせるという都市計画的視点を取り入れていること，
6) これらの実際の運用は「町並み委員会」が責任を持ってあたる，

というものである。

そして1987年9月9日，商店街の下部組織として「町並み委員会」が発足した。会長は商店街の今西定雄である。彼は当時，川越市の都市計画審議会の会長でもあり，県の都市計画審議会にも関わっていた（荒牧氏）。そして引き続き「町並み委員会」は「町づくり規範」の内容の具体的検討に入った。

「町並み委員会」の構成は，「一番街商業協同組合理事長1名，副理事長1名，互選にて選ばれた組合員8名，学識経験者3名，地元有識者7名をもって構成する。このほか助言者として，川越市及び川越商工会議所の出席を，求めるものとする」（『町づくり規範』：xii）となっている。

③「町づくり規範」と「町並み委員会」

「町づくり規範」は1988年4月14日の「町並み委員会」で決定された。「町づくり規範」とは「67項目よりなる町づくり原則集である」（同：iv）。すなわち，「67項目を大項目と小項目で2段階に分類してある。大項目の分類は，都市に関する規範と建築に関する規範の2つである。分類の目安とし

ては前者は公的な分野，後者は私的な分野となるが，あくまで便宜的なものである」（同：v）。内容については，「67項目は，大きなスケールを対象にしたものから，小さなスケールを対象にしたものへと配列される。前半（1-40項目）が都市についてのパターン，後半（41-67項目）が建築についてのパターンだ」（福川1999a：9）ということである。

　「町づくり規範」の大きな特徴は，通常の町づくり協定などとは異なり，「規制ではなく提案型で，周囲との調和を尊重した規範になっている」（『開発こうほう』2003：21）点である。さらに言えば，「住民をはじめ町づくりにかかわるさまざまな主体が創意工夫をもって町づくりに参加し，いきいきとした町を生成することを可能にするシステムとして，アメリカの建築家，C・アレキサンダー氏の提唱するパターン・ランゲージに範をとって作成されたものである」（『町づくり規範』：viii [3])）。

　この規範の作成者である福川によると，「パターン・ランゲージに範をとった理由は，規制が"……してはいけない"という形をとるのに対し，パターンが"……しよう"という積極的な提案の形をとるからである。つまりパターンによれば，伝統的な町並みの良い点を積極的に展開していく方向を示すことができる。これには現実的な課題もある。多様な建物がある町並みでは，画一的な基準はなじまない」（福川1999a：9）からだと説明されている。

　「町並み委員会」は「町づくり規範」に基づき，一番街商店街の「建物の新築・増築，改修・改装の計画，道路・広場等共同施設の計画，看板等工作物の新設・増設，改修・改築の計画」について，市が許可を降ろす前にすべて協議し，「町づくり規範」になじまない部分は「この建物は町に合わない，変ですよとご忠告申し上げる」（荒牧氏）のだが，このことが，建物の新築・改築の際に地元住民の同意を得る，言わば審査の役割を果たし，一番街商店街がまちづくり関連の補助金を得るのを容易にするという効果もあった。例えば「毎月の町並み委員会でチェックされたものは，一つのコンセプトに基づいているとして，県の高度化資金貸付の融資，市と県の観光市街地形成事

業の補助金が得られることになり，現在までに30店ほどが利用させていただいています。」(可児1999：13)ということになる。

なお一番街での成功の波及効果として，一番街に隣接する銀座商店街が，1994年に「大正浪漫委員会」(一番街の「町並み委員会」に当たる)を発足させ，「町づくり規範」を制定した(八甫谷2000：58)。

4.「町づくり規範」の限界から重要伝統的建造物群保存地区の指定まで

① 新たなマンション問題の勃発

ところが1989年，「一番街沿いとそれに接する形で仲町沿いにマンション建設計画が持ち上がった」(小島2003：56)。これに対して「町並み委員会は大騒ぎになり，業者に，蔵造りの町並みイメージが壊れる様子をシミュレーションして示したりする等の必死の努力の結果，マンションは建設されず，バブル崩壊とともに完全中止となった」(同)。

しかしこれによって「町づくり規範」の「自主協定としての限界も明らかになってきた」(同)ため，町並み委員会はマンション建設阻止のための新たな法的措置の検討に入らざるを得なくなった。その結果，1年くらいの検討を重ね，伝建地区(伝統的建造物群保存地区)に指定してもらうのが一番よいのではないかという結論を得た。一番街商店街にとって「町並みを守るため，自らを規制することで生き残りを考え」(可児1999：13)た末の結論だった[4]。

② 伝統的建造物群保存地区指定への障害

一番街の伝建地区指定への障害の1つは，一番街の真ん中を貫く中央通りが，都市計画上矛盾する都市計画決定がなされていたことである(荒牧氏)。1936年の最初の計画道路の決定では幅員は11mだったのだが，1962年の都市計画道路の全面見直しで幅員が西側に拡張され，20mに定められた。もしそれが実行されると，当時中央通りの西側にある蔵造りの店蔵の連なりは

全部取り壊さなければならない。一方，伝建制度も都市計画で定めるものであり，そこでは中央通りの幅員は現状を守るものになっていた。

そこを何とかできないかと，川越市都市計画課では，1989年，町並みに影響の出ない範囲で若干広げることによって，蔵の建ち並ぶ都市計画道路「中央通り線」拡幅の方針を変更しようと，地元説明会を開催した。しかし「住民はこの案を"ヘビタマ道路"（蛇が玉子を飲み込んだように凸凹になっている）と嘲って拒否」した。「以後両者の対話のラインは途絶えてしまう」（八甫谷2000：55）。その結果，「川越市の都市計画行政は停滞を余儀なくされる」（同：56）ことになった。

もう1つの障害は，伝建地区の選定要件が面であることである。一番街の規制主体である「町並み委員会」は一番街商店街の下部組織である。一番街商店街は仲町交差点から札の辻までの中央通りの両側の商店の連なりであり，つまり線である。しかし一方，一番街は4つの町会（幸町，仲町，元町1丁目，元町2丁目）からなる面としての広がりをもつ。従って一番街を伝建地区に指定するには，4つの町会の同意が不可欠となる。4つの町会には商店を営んでいない人たちも多数おり，彼らにとって伝建地区に指定されるのは，家の増・改築や建替え時に制限を加えられるなど迷惑以外の何ものでもない。

そのため，川越市は「伝統的建造物群保存地区指定の検討を住民に掛合い」，その案を承認してもらおうと（八甫谷2000：56），1992年11月，一番街を取り囲む4つの自治会の長を集めて「北部町づくり自治会長会議」を設置した。結果は市の思惑が外れ，1993年3月，同会議は「事前説明のほとんどない状態での承認は受け入れがたい」と市のまちづくり案を「白紙に戻す」決定をした（同）。「客を集めるためになぜ一般の住宅まで規制を受けなければいけないのか」（『開発こうほう』2003：22）というのが拒否の理由としては大きかった。

しかし「住民側も拒否ばかりではいけない」ということで，一番街の伝建地区の問題を「北部全体の問題として考え」，「自主的なまちづくり案を市に

提示するため」（八甫谷2000：56）一番街周囲の11自治会が集まり，1993年5月「十ヵ町会」が結成された（荒牧氏）。

③ 伝統的建造物群保存地区選定の実現に向けて

1994年，「十ヵ町会」は川越市に伝建地区になるための調査を依頼した。そこで「十ヵ町会」と川越市は共同で，1996年12月，関東で初めて重伝建地区に選定された千葉県佐原市を見学した。この後またマンション建設問題がもちあがる。その結果，「一番街周辺の町並みを守っていくためには文化財保護法に基づいて，伝統的建造物群保存地区の指定を受けることが一番だと結論を出す」ことになった（『開発こうほう』2003：22）。そして1997年5月，「十ヵ町会」は「伝建地区要望書」を川越市に提出した。

一方，「町並み委員会」も，同年6月，「検討の上，川越市に伝建指定を希望する旨を伝え」（小島2003：56）た。

これで川越市，「十ヵ町会」，「町並み委員会」の伝建地区指定への足並みはそろった。そこで1997年7月1日，「川越市は企画財政部企画課内に伝建担当職員を置き，独自の重伝建地区指定に乗り出した。企画課を媒介にして都市計画課と文化財保護課の3課協力体制が敷かれ，文化庁と協議に入ると共に税制や助成制度の整備，伝建想定地区の戸別訪問による住民の意向調査が開始された」（八甫谷2000：57）。しかし「川越市の上層部は，住民主体による伝建地区指定を認めず」（同），「十ヵ町会」とは手を切り，市単独で伝建地区指定に向けての手続きを推進していくことになった。

1998年6月には，「川越市伝統的建造物群保存地区保存条例」が制定された。そして伝建地区指定へ向けて，ゾーニング作業，保存計画，都市計画の変更などの作業が進められることになった。残された大問題である都市計画道路（中央通り）の拡幅計画は，埼玉県および建設省との粘り強い交渉によって，「新たに，歩行者用の回遊道路を都市計画道路として指定することと合わせ，都市計画決定された道路幅員を現状追認に変更することが決定され

た」(小島 2003：56)。これは荒牧が、「伝建保存地区内の道路に関しては、現在の幅員に縮小変更するということで、太い道を保存地区だけ細くしているわけです。普通は計画道路を切り離して、保存地区の外側に回すんですね。萩とか角館はそうです。(伝建地区内のみ幅員縮小ということは) 川越が多分初めての事例でしょう」(荒牧氏) と述べているように、大変な努力がなされたことが推察される[5)]。

そして 1999 年 1 月、川越市「中心市街地活性化基本計画」が作成された。ここでは「伝建地区の周辺を、川越市都市景観条例に基づき、"景観形成地域" に指定する」(小島 2003：58) とし (その指定は 2004 年 12 月 1 日に実現した)、さらに 1999 年 4 月、川越市は一番街 7.8ha を「伝統的建造物群保存地区」に都市計画決定し、12 月に国から「重要伝統的建造物群保存地区」として告示された。ここに 1975 年以来の一番街重伝建選定の動きは完結した。

以上、伝建地区選定に向けての動きに絞ったが、本章末の年表には、景観条例や歴路事業など一番街に影響を及ぼした事項も入れてあるので、参照されたい。

5. 一番街のまちづくりにおける地元住民と専門家と行政とのパートナーシップ

一番街のまちづくりにとって、重要な展開の時期が 3 回あった。1 回目は「川越蔵の会」の結成であり、2 回目は一番街商店街 (「一番街商業協同組合」) による「町づくり規範」の作成である。「町づくり規範」をつくり出したのは「町並み委員会」である。1 回目、2 回目とも、地元住民と行政との、そしてそれに専門家が加わった緊密なパートナーシップに基づいている。3 回目は「伝統的建造物群保存地区の指定」であるが、この時の主体は一番街を含む地域の自治会 (「十ヵ町会」) であり、商店街である一番街より広域である。この伝建地区の指定は、一番街を守る制度的防波堤としてマンション建設阻止の法的根拠となり、一番街のまちづくりに最も影響を与えたと言える。以

第5章　パートナーシップによるまちづくり　187

下，3回の展開時期をパートナーシップの視点から検討していく。

①「川越蔵の会」を中心に
(1) 地元住民と行政とのパートナーシップ

　「川越蔵の会」は，川越の住民が主体であり，その名称は市役所内の蔵を見直そうという若手の勉強会から引き継いだ。その背景には，植松が制作したビデオ「蔵造り──町づくりの明日を問う」があり，このビデオに出演した一番街の商店主たちと制作した職員たちの間に強いつながりが出来上った。

　このビデオ作成による結びつきを地元住民は次のように語っている。「たまたま植松くんが作ったビデオに私出演してまして，市役所の中でもそういうこと考えている人は大勢いるんだよ，グループがあるんだよってこと聞きまして。中でも若手が何とかしなきゃしようがないねって言っていて。ちょうど市のそういった若手とわれわれが上手くドッキングして。市の上層部は何も考えてなかったんですが，担当の方は色々考えていたんですね」（可児氏）。

　蔵の会は「結局住民が主体なんですけれども，専門家の人たち，建築家の人たちやまちづくりの研究をしている人たち，あと行政も一緒にやって入っていた。だから"蔵の会"という組織を媒介にして，商店，住民，プラス専門家や行政の人たちが集まって，まあ知恵を出し合っていったということが一番大きいと思いますよ。それぞれの相乗効果というか」（原氏）とあるように，巧まずしてパートナーシップを実現していたと言える。

(2) パートナーシップの構造と「川越蔵の会」

　ここでパートナーシップの構造に言及しておこう。山岡によれば，「パートナーシップ」の定義は，「"異種・異質の組織同士"が，"共通な社会的な目的"を果たすために，"それぞれのリソース（資源や特性）"を持ち寄り，"対等の立場"で"協力して共に働くこと"」（山岡2008：101）である。このことを世古は，AとBという2つの主体（組織）と「共通の目標」という3

つを設定し，その間の関係づけをパートナーシップの8つの原則として表わしている（世古2000：19）。その原則とは，1）自己の確立＝主体的，財政的に。2）相互認識・相互理解＝相手をよく理解する。3）対等の関係＝お互いに同格のものとして認め合う。4）共通の目標＝その実現のために両者が組む。5）透明性・情報公開＝外部に対して自らを開く。6）誰でも参入できる＝実際に出入り自由であることを強調する。7）時限性＝当該のプロジェクトが終われば解散する。8）自己変革の受容性＝自分が変わっていくことを受け入れる。

　すなわち，2つの独立した主体が，相互に理解し合い，対等な関係で，共通の目標に向かって協働する，そしてその結果，自己に改善すべき点があればそれを変えていく柔軟性をもつ，というのがパートナーシップの基本形である。

　これを山岡の定義と比較すると，「独立の主体」とは"異種・異質の組織"である。「対等な関係」は"対等の立場"である。「共通の目標」は"共通な社会的目的"である。「協働する」は"それぞれのリソース"を持ち寄り"協力して共に働く"である。従って，世古の「主体」は実は個人ではなく"組織"であると捉えると，山岡の定義は世古の定義の中に納まってしまう，言い換えると，山岡の定義は世古の定義のエッセンスであると言える。つまり，世古の定義には，パートナーシップ以外の，それを成り立たせるための条件まで含まれている。

　例えば，5）透明性・情報公開と6）誰でも参入できる，という原則は，AとBが関係する場の「公開性」を保証する条件で，パートナーシップそのものの属性とは言えない。7）時限性は，達成すべき目標を1つのプロジェクトに限定する意味があり，実際の活動を考える場合は効果的である。なぜなら幾つものプロジェクトを長期にわたって一緒に続けていると，両者の間に馴れ合いの関係，あるいは癒着が生じるのが現実だからである。

　その防止のために7）時限性が考えられているが，これも直接パートナー

第5章　パートナーシップによるまちづくり　　189

シップの属性と言えるものではない。このような1回限りのプロジェクトを強調する場合は,「コラボレーション」という用語がある。コラボレーションはパートナーシップの個別の一形態と考えた方がよい。8) 自己変革の受容性は,活動を次につないでいく場合,チェックの結果を生かす意味で運動論的には不可欠な要因であるが,それはパートナーシップの関係づくりに限定されるものではない。従って,ここでパートナーシップの原則と言えるものは,組織のレベルにおいて,1) 自己の確立,2) 相互認識・相互理解,3) 対等の関係,4) 共通の目標の4つである。

　これらパートナーシップの4つの原則の中で最も重要なのは,3) の対等の関係である。この関係を維持するための条件が1) のそれぞれの主体の自立であり,2) の相手を相互に認めることであり,4) の関係づくりの基となった共通の目標の設定である。それらが充足されていない限り,AとBの間に対等性は保証されない。例えば行政とNPOとの関係で言えば,行政はNPOより財政的にも時間的にも圧倒的に有利な立場にあり,そもそもNPOが何かを知らないし知ろうとしないことも多く,NPOと一緒にやったイベントが不成功でもNPOに責任転嫁することが多く,またそれが出来る。これでは対等性が成立するはずはなく,パートナーシップはまったくの掛け声だけに終ってしまう。

　ではこの原則を「蔵の会」に当てはめてみるとどうだろうか。先に,「蔵の会はそれまでの川越のまちづくりの運動の融和の場となっている」と述べた。これは地元住民による文化財保護の視点からのまちづくりが,「蔵の会」の中にメンバーとして包含されていることを述べたものであるが,先の原(「蔵の会」4代目会長)の言葉に「蔵の会という組織を媒介にして,商店も,住民,プラス専門家や行政の人たちも集まって,まあ知恵を出し合っていったということが一番大きいと思います」とあるように,「蔵の会」自体が,本来個々に独立したセクターとして機能するはずの住民,行政,専門家を取

り込んだ「融和の場」となっている。つまり「蔵の会」の活動自体が、そのまま4つの原則を組み込んだパートナーシップ実現の場になっていたと言える。

　これは川越の一番街という地域的特性に負うところが大きい。異なったセクターの人たちが集まったというよりも、それらの人々の間にはすでに幾つかのネットワークが存在していたのである。例えば、「蔵の会」に協力してくれる市の職員として原が挙げるのは、「植松さん（美術館副館長）、加藤さん（文化財保護課。原氏の2つ上）、荒牧さん（まちづくり計画課。原氏と同級生）」（所属は2004年1月時点）で、いずれも蔵の会のメンバーである。その他に地縁や学校縁も考えられる。従って、「行政と市民というより、個人的なつながりで、行政と一緒に協力できる」と原が言うときには、後で述べる「川越式ネットワーク」（加藤氏の言葉）が強く働いていると言える。

②「町づくり規範」と「町並み委員会」

　先に「"町並み委員会"での協議は、地元住民と行政とのパートナーシップを示す典型例である」と述べたが、ここではそれをパートナーシップの原則から見てみよう。

(1)「町づくり規範」作成におけるパートナーシップ

　まず「町づくり規範」は「町並み委員会」で作られたものであるが、その作られ方を地元の商店主（元川越一番街商業協同組合理事長）の目から見てみよう。

　「コミュニティ・マート構想モデル事業ってのがありまして、その時にコンサルの人が入りまして、町並み委員会とまちづくり規範の制定ってのがあるんですよ。ですから、われわれ地元の人の意見を聞きながら、コンサルが作ったっていうのが一番正しい。西郷さんを含めた、福川先生……。建築学的な専門的な分野がすごく大きくなっちゃうんで、われわれは意見を言うだ

けで，まとめたのはコンサルの人たち」（急式氏）。

ここで「われわれ地元の人の意見を聞きながら，コンサルが作った」とあるように，住民と専門家との間は，お互いの独立性と相互理解のもとに，町づくり規範を作るという共通目標を持ち，その検討過程ではそれぞれの役割を認めることで対等性が保たれており，理想的なパートナーシップと言える。さらに1回限りの作業ということで，時限性もある。つまり時限性のあるパートナーシップということで「コラボレーション」であったと言えよう。

(2)「町並み委員会」と行政との「上手なパートナーシップ」

ここで，「町並み委員会」と「蔵の会」との関係を，市の職員であり「蔵の会」の会員でもある加藤に語ってもらおう。

「町並み委員会」とは，「商店街の組織で，言ってみれば行政なんかで言うと諮問機関みたいなものです。どういう形で残していけばいいかって相談するような場所。ここ（一番街商店街）の建物の改装なんかの審査をする。市と学識者と地元の人で。それまでは蔵の会がネットワークの母体みたいになっていて，そこがサロンになっていろいろな人たちが集まって話しをしていた。町並み委員会が出来てからは，蔵の会は，一つのグループとして，学識的な立場でもって入り込んでいく」（加藤氏）。

「ここの建物の改装なんかの審査をする。市と学識者と地元の人で」とあるように，「町並み委員会」とは行政，住民，専門家が一堂に会して行う討議（審査）の場であることがわかる。

「町並み委員会」での討議の手続きを，市の職員の荒牧に説明してもらおう。

「普通の場合，個々のお店なり人が行政側に，今度こういうものをやるから許可してくださいと言って，許可をもらってやるんです。行政側の許可がなければ着工できません。確認審査がおりません。川越の場合は，行政側に許可してもらいに来ると，"町並み委員会"で意見を聞いてくださいとお願

いするんです。これはあくまで自主的な審査機関ですから，行政側はこういったことを提唱するだけでしかないんですね。義務化ではない。お願いして，そこで図ってもらって，行政担当者も町の意見を聞きながら，行政として最終的な判断を下すんです。最終的な判断権限者は行政です」(荒牧氏)。

　行政側は，申請者に対して，「町並み委員会」に行って意見を聞いてきてくれと，あくまでお願いする。そして「町並み委員会」が判断の基準にしている「町づくり規範」も法的拘束力はない。加藤によれば「ないですね。あくまで自主協定です。」(加藤氏)ということである。川越市はまったく法的根拠のないことを法的根拠のない基準を用いてやっていたということである。

　では実際の審査はどのようにおこなわれていたのだろうか。

　「例えばこのお店を借りたいとなると，デザイン屋さんが図面起こしてきますよね。それを市役所の建築指導課か都市計画課に持っていきますと，課の方が"一番街には町並み委員会ってのがありますから，まずそこに図面を出して下さい"って返されるんです。その課の人も町並み委員会のメンバーですから，今うちの窓口にこういうのが来たよっていう情報がわれわれに入ってくるんですね。そこで図面が回されてくると，一級建築士も大学の教授もいますんで，行政の人もわれわれ地元の人もいますし，そこで協議して，町なみ規範を見ながらそれにあっているか，あってなければここここ，ここは直して下さいって，突き返すんです。で次の月に，あまり上手く話が進まなければ，デザイナーの人にも一緒に来てもらって話をする。店主だけじゃなく，建築の施行をする人と設計する人も呼びますね。それでどうしてもわれわれの基準に合致しなければ，この看板はダメです，じゃなきゃ直して下さいって。ですからそういった面では結構厳しくね」(急式氏)。

　「町並み委員会」では，「一級建築士も大学の教授もいますんで，行政の人もわれわれ地元の人もいますし，そこで協議して」とあるように，専門家，行政，地元住民が一堂に会して協議，しかも相当厳しく討議していることがうかがえる。

この状態を加藤は「上手なパートナーシップ」であるとし、「川越式ネットワーク」と呼んでいる。

(3)「川越式ネットワーク」

　「"川越式ネットワーク"ができていく。町並み委員会の方で窓口対応をしてもらっているんですよね。あなたのデザイン気に入らないって、行政的な立場からだと言えませんよね。町並み委員会で、これはここが正しくないとか、ここが良くないとかってことを、直接言える場になっている。蔵の会発足当時から、そういったものが言えるような空気っていうのが、だんだん熟していって。やっぱりある程度信頼関係が出て来ないと。あいつの言うこと信用できないって話しになるとパーになっちゃうでしょ。……地元どうしの中で、自分が当事者になったりアドバイザーになったりって、両面をもつわけですね。そういう良さがあって、上手いパートナーシップができる。直に話しをすると角が立つけれども、その場でもって代案を提示していくことで、学識者や行政の違和感をなくしていく」（加藤氏）。

　この文章からは、行政側が「町並み委員会」を大いに頼りにしていることが分かる。また建物の新築・改築でどうしても利害が絡みやすい地元住民相互の間にも、「町並み委員会」という場では「ある程度信頼関係」が醸成されていることが分かる。さらに、具体的な代案提示ということで、専門家も「町並み委員会」の中で独立した確固とした位置を保っている。

　以上から、「町並み委員会」では、地元住民、行政、専門家が、独立性、相互理解の下に、また申請された図面を討議するという共通目標の下に、討議過程ではそれぞれが役割を発揮することで対等性が保たれており、これはまさに理想的なパートナーシップと言える。時限性に関しては、申請された案件の討議は1回限りであるとしても、それを何度も繰り返す構造は同じであるから、「町並み委員会」は構造的には「コラボレーション」ではなく、「パートナーシップ」と言える。つまり「町並み委員会」自体が、それ自身

の中に各セクターの代表を含むパートナーシップの場になっているのである。すなわち，「町並み委員会」は，同じくパートナーシップの場であった「蔵の会」の，具体的なまちづくりのハード面への拡大である。「町並み委員会」は，1990年代後半になってNPOが注目されてから言われ始めた行政と市民（地元住民）のパートナーシップを，1980年代後半で実質的に先取りしていたと言える。

(4) 住民・行政・専門家のパートナーシップによる「川越式」まちづくり

最後に，加藤が「町並み委員会」でのパートナーシップを「川越式」と言った意味を考えてみよう。それは行政と住民の間に特殊な関係が見られるからである。

「自慢じゃないけど他のところに比べて，一番行政と仲がいい。行政の担当者と，俺お前で出来ることが結構多いですから。行政の結構上の方の人たちとわれわれが年齢が近いんですよ。高校の時の同級生とか，先輩とか後輩がいるんで，おいお前ってことで出来るところもありますね。この辺は古い家が多いんで，市役所の誰誰は，どこんちのせがれだとかすぐわかるんですよ。で，ああじゃああいつに話せば結構早いんじゃないか，あいつにプッシュすれば早いんじゃないかって話になるんですよね。まあ行政の担当者には煙たがられたりするんですけどね。でもそれを，なあなあの馴れ合いにならずに適度にプレッシャーを感じながら担ってるんじゃないかと。今んところすごくいい関係じゃないかな」（急式氏）。

このような関係は，ある程度大きさの限られた古い町でしか生まれない。人口35万人強の川越市でも，古い家が残る一番街の周辺でしか可能ではなく，川越市の新興の郊外ではもう不可能であろう。その意味で「町並み委員会」でのパートナーシップは，行政と住民の強力な結びつきに裏づけられているという意味で「川越式」と言えるのかも知れない。それは先の「蔵の会」でも同様である。

加えて，他のまちづくりにはあまり見られない特徴として，「町並み委員会」への専門家の深い関わりがある。川越では，建築学者の指摘によって蔵造りの町並みが脚光を浴びたという端緒があるように，専門家，特に建築系と都市計画系の学者やコンサルタントのまちづくりへの関わりが深い[6]。しかも実働の中心に関わっている。これも「川越式」と言えよう。川越以外では，妻籠宿への東京大学・太田博太郎研究室の関わりが名高い（太田・小寺 1984）。加藤は「町並み委員会」のキーパーソンを次のように言っている。

　「千葉大の福川先生，"町づくり規範"の運動をやっていた方ですよね。パートナーシップの仕方を東洋大学の内田先生とか，西郷真理子さんというコンサルタント。ずっとデザインコードをやってきて，商業モデル型の調査の辺りからずっと関わってきたんですけれど。そういう人たちが出てきて，アドバイスを一言くれるってことは，非常にインパクトが大きいんです。蔵の会の中にも専門家はいるんですが，やっぱり地元に違いないじゃないですか。客観的な立場の人間が誰もいない中で，暴走するなんてことがあっては困る。誰もまとめる方向にもっていけない」（加藤氏）。

　彼らは外部の専門家として，行政や地元住民から信頼されながら，「町並み委員会」の実働の部分で欠くべからざる役割を果たしている。このような深い専門家の協力を長期にわたって得られているのも，そして彼らを住民と行政が共に認めているのも，「川越式」の特質と言えよう。

③「伝統的建造物群保存地区」の選定

　伝建地区の選定を最終的に実現させたのは，川越市である。それは川越市の1975年以来の悲願でもあったが，直接的には一番街商店街をエリアにもつ4つの自治会（幸町，仲町，元町1丁目，元町2丁目）を含む「十ヵ町会」からの要望でスタートした。それまでのプロセスは第4節に示した通りである。但し「十ヵ町会」は，その規模においても，利害を異にする構成員の集合体である点においても，「町並み委員会」のようなパートナーシップが成り立

つ場とは言えない。次に「町並み委員会」でのマンション問題への対応の様子を簡単に示しておく。「川越式」のパートナーシップが機能しているのが，よく見えてくるだろう。

(1)「町並み委員会」での伝建地区指定への検討

　ことはバブル期（1989年）のマンション建設計画から始まる。それへの住民側の対応は，「ここは商業地域ですので，5〜6階建てのマンションがすぐ建つんですよ。それでマンション計画が3つくらい出てきたんです。それで町並み委員会が大騒ぎになって，今西さん（当時の町並み委員会委員長）が人を大勢集めて，反対運動をしたんです。シュミレーションして，こうなっちゃうよって」（可児氏）。

　一方，行政側はその当時のことを，「自主的な要綱を用意して，町並み委員会という非常に強固な協議機関を持ってやってきたとしても，都市計画が変っていないのだから，いつ強力なマンション業者が入ってきてもおかしくない状況でした。ほとんど時間のない中で代案を提示していくっていう，かなりスレスレの線になったことがあるんです。8階建てつくるよりも，3階建ての商業テナントのビルを作った方が結局はいいんじゃないかと。そしてシミュレーションの絵柄はこっちがやって，計算はあっちがやってと，短い期間の中で担当割りして対応しました」（加藤氏）。

　ここには，住民と行政とが，「町並み委員会」の中で，3つのマンション計画阻止という目標のために，急いで協働した様子がうかがえる。

　彼らの功が奏して「それでペンディングになったところで，バブルが弾けて，ラッキーなことにマンションは出来なかったんです。それで今度は自分たちでいろんな勉強をして，地区計画だとか建築協定だとか，何がいいだろうかって中で伝建を選んだのです」（可児氏）。そこには，先述した「商店街も選択したわけですよ。自分の土地で多少財産的な制限は受けるけれど，商店街全体がなくなっちゃうよりいいか」（同）という地元住民の選択があった。

以上の経緯からわかるように，マンション建設計画阻止という共通の目標達成のために伝建地区を選択した一連の流れは，すでにパートナーシップの場として確立していた「町並み委員会」にとっては，ごく当然の対応に過ぎなかった。そこでのパートナーシップの構造は，前項の「町並み委員会」で述べた通りである。

(2)「川越式パートナーシップ」

パートナーシップの観点から見た川越のまちづくりのユニークさは，まちづくりの活動の中に，パートナーシップのラウンドテーブルを作ったところにある。それが「川越蔵の会」であり，「町並み委員会」である。そこでは，セクターを異にする地元住民，地元企業（商店街や商工会議所），行政，専門家がラウンドテーブルから等距離にあり，それぞれの独立性，相互理解と相互尊重の上に，対等の立場で，共通の目標の実現（蔵造りの町並み保全）に取り組んでおり，その取り組みの構造は，様々な目標（個別の課題）に対する対応の様式が確立している。これを「川越式パートナーシップ」という名で呼ぶことにしたい。

6. 伝建地区選定後に残された2つの大きな課題

伝建地区に選定された後も，まだ解決されていない課題と，新たに生じた問題がある。それらについて最後に言及しておく。

①「町づくり会社」設置の検討

一番街のまちづくりは，国の制度を上手に利用しながら，内部的には，一番街商店街の「町並み委員会」が行う「町づくり規範」によるチェックで蔵造りの町並みを維持し，外部的には，「重要伝統的建造物群保存地区」選定によってマンション建設などの外部資本を排除することで，一応の決着がついた。しかし，これらはあくまでも降りかかる火の粉を排除するための方策

であり、地元住民が積極的にまちづくりを行っていくものではない。ここに最初の大きな課題がある。これに対しては、「蔵の会」の第3の目標であった「町並み保存のための財団形成」が注目される。

(1) 町並み保全のための財団形成と「町づくり会社」

この財団形成が、「蔵の会」の設立当初いかに期待されたものであったかは、次の言葉から推察できる。「蔵の会の構成メンバーは大きく3つに分けられる。①建築および文化的価値を訴え、蔵造り保存を一貫して主張する人。②蔵造りの町並みこそ経済的復興のキーワードであると捉える人。③蔵造りに新しい町づくりのロマンを見る人。この3者を大同団結させ、新たな運動の柱となったのが財団づくりの発想だった」(加藤氏)。

しかしこれは「当時盛んであったナショナルトラスト運動に刺激されたもの」(西郷1999：22) であり、「地価の高い都市部での買い取り保存は困難である」(同) ことが次第に分かってきた。しかし、蔵の会のメンバーは、「壊されそうな建物や空き地・空き店舗を使って欲しい人や店へ手渡すことが出来れば、つまり自分たちがディベロッパーをやれば、ナショナルトラストと同じ効果が得られるのではないか」(福川1999b：82) と発想した。この発想が1985年度の「コミュニティ・マート構想」事業に盛り込まれ、そこでは「合意形成を担う"町並み委員会"と、開発を担う"町づくり会社"が両輪となって、町づくりを実践していくシステムを組み立てることが構想された」(同)。つまり蔵の会の財団形成は、「コミュニティ・マート構想」では、「町づくり会社」に具体化されたのである。それは「空き地や空き店舗をまちづくりにふさわしい方向へ積極的に活用していく取り組み」であり、「町並み委員会」を「一歩超えて"開発"に乗り出す」(福川1999a：9) ものであった。

このように川越では、合意形成機関である「町並み委員会」に対して、「町づくり会社」は「町並み委員会の掲げた方針にしたがって各施設の企画・建設・運営、空き地や空き店舗の活用、街区内部の再開発を行うディベロッ

パー」(福川 1999b：82)と想定された。このようなディベロッパーが必要なのは、伝統的建造物が通常の土地取引では邪魔者として扱われる（従って取り壊されることになる）からで、「通常の不動産市場に委ねていては、町づくりに望ましい方向で土地利用が進んでいかない」(同) からである。それ故、「一定の町づくりの意志を持ち、具体的に事業を実施していく町づくりの主体」(福川 1999b：83)として「町づくり会社」は期待されたのである。

しかし「町づくり会社」は、2005 年までの段階では、可児によれば「まだ出来てないです。ちょっと今年の夏あたりに出来そうだったんですけど、やっぱりだめだったんですね」(可児氏)ということであった。可児は、「町並み委員会自体が商店街から独立しているようになれば、少し業種的なものまで文句が言えるのかなと。不足業種とかそういうものも呼んでくることが出来ればいいなと、これが願望です。」(同)と言っているように、「町並み委員会」を変革して「町づくり会社」の機能を果たすようにするというアイデアを出していた。

一方、福川や西郷は、1998 年に制定された中心市街地活性化法が中心に据えた TMO（タウンマネージメント機関）が「町づくり会社」の役割を果たすことを期待していた（西郷 1999：22）（福川 1999b：86）。「TMO は、商店街をめぐる様々な主体の合意形成・意見調整機関であるとともに、具体的なディベロップメント機関となることが期待されている。特に後者では、テナントミックスが強調されている。」(福川 1999b：86)とあり、川越商工会議所も 1999 年に TMO として認定されていたのであるが、「町づくり会社」設立の動きはしばらく見られなかった。

⑵「株式会社まちづくり川越」の設立

しかし 2006 年に中心市街地活性化法が改正されてから、事態は急展開した（川商工発 19-25 号）。法改正によって、まちづくりの主役が TMO から「中心市街地活性化協議会」に移行し、市が協議会と協議しながら「中心市街地

活性化基本計画」を策定し，総理大臣の認定を受ける。認定を受けることによって，補助金活用が可能となり，それによってまちづくり事業を実施できることになった。川越市は，2007年度に「川越市中心市街地活性化基本計画」（1999年策定）の見直しに着手し，新たな中心市街地活性化を図っていこうとし始めた。

だが「中心市街地活性化協議会」設立には，商工会議所とまちづくり会社の2つが連携することが必須条件になっていた。そこで川越商工会議所は，これまでTMOで検討していた様々な事業や施設の活用方策を踏まえて，「まちづくり会社」を2008年1月に設立する決定をした。名称は「株式会社まちづくり川越」で，設立総会は2008年2月23日であった。「蔵の会」もその設立発起人名簿に名を連ねている。

「蔵の会」は，「"（株）まちづくり川越"は，蔵の会の定款の目的，活動の種類，事業の種類に合致する」ということで設立に賛成し，「株式会社まちづくり川越」に50万円出資することを決めた（2007年11月28日理事会決定）。そして「長年まちづくりに関わってきた経緯と経験から，今後"（株）まちづくり川越"に対して提言できるようにする」ということを決めた。

とは言え「蔵の会」にとっての本来の「まちづくり会社」は，「株式会社まちづくり川越」とは少し違って，あくまでも民設民営で一番街にとってディベロッパーの役割を果たすものであった。従って，川越で，地元住民にとっては，守りから攻めのまちづくりへと転換する有力なツールとして，本来の「まちづくり会社」が期待されていることに変わりはなかった。

② 「保全」と「観光」のせめぎあい

もう1つの大きな問題は，「観光」である。先にも指摘したが，一番街のまちづくりのユニークさは，「川越蔵の会」の3つの目標の第2番目「北部商店街の活性化による景観保全」にある。その意味は「商店街が活性化しなければ町並み保全はありえない」ということである。ところで現在，一番街

の活性化の基盤となっているのは，観光である。実際に一番街を歩いて1000円ショップや人力車などを見ると，その観光がちょっと行き過ぎではないかという危惧の念を抱かせられる。地元の人々はどう感じているのだろうか。

「まちづくりは，商店街活性化のためだったのだが，観光の町になってしまった」（山崎氏）。

「最初は商店街活性化のためにやろうと言ってたんですね。ところがどうも矛先が観光になってしまったんです。人が来てもらわない限り，打つ手もなくなっちゃうだろうということで，案の定，観光客の町になりましたね」（松山氏）。

(1)「町づくり規範」の限界

ここには実は「町づくり規範」の限界が絡んでいる。

「ハード面（店舗の概観等）では町並み委員会が始動しますが，ソフト面（商売意識，売り方，接客等）を今までの一番街に合わせてほしいと思います」（原氏）。すなわち「町づくり規範」は，建物や看板，公共物などのハード面を規制する取り決めであり，新たに一番街に進出してくる業種やその店の経営方針，商人根性などソフト面には何も言えないのである。観光客相手のテナントであっても，阻止する手段はない。

「現在の川越は，観光に消費されてしまっているのではないか」。「"蔵の会"や"町づくり規範"で自主規制しているのは，あくまでハードウェア，建物やデザインなんです。スピリットや心意気の部分，何を売るかということは野放しなんですね。ですので蔵造りを使ったものなら何をやってもOKなんです。その中で，変に観光化だけに傾斜してるものが生まれてしまうのはどうかなということなんです」（松山氏）。

それにはどう対応すればよいか。一番街自体も「町づくり規範」が出来た頃からは変化している。しかし，「マイナスに変ったのではない。でも客層

が変った。今までは小さな商圏だったが，これだけ観光客が来ると，置く商品を変える。商売を変える（例えば八百屋が食べ物屋に）。テナントが外から来るようになる」（急式氏）。

(2) 川越の「商人魂」と「生きてる蔵」

そして，「こういう時こそ，商人魂とかソフト面が大切。商業規範を作っても，うちは知らないよと言われたらおしまい。書いたものを納得して一番街商業協同組合に入ってもらう」（同）。

そのような「商人魂とかソフト面」とは何か。元一番街商業協同組合理事長の急式にもう少し続けてもらおう。

「小江戸川越。都内や県内から来て，無理しないで，つまり宿泊せずに一日ゆっくり過ごせるところ。気の置けない仲間などと一日ゆっくり過ごしてほしい。そのついでに買い物もしてくれたら。町的には，お客様にいっぱい買ってもらうよりも，快適に過ごしてほしい。お客をただ呼べばいいだけじゃない。どういうもてなしが出来るのか。買い物が出来た，おいしいものも食べた。そういう"ハートフル商店街"がよい」（同）。

では，その「ハートフル商店街」の根底にあるものは何か。

「ここにある蔵というのは，もともとここにあったもので，私たちはここで生まれて，学校もここから通って，ここで育っているわけですよ。それで中を改造したりして，そこで商売をしてるわけですよ。ここはもう生活の場なんです。生活の場であり，生計を立てる糧となる場所でもあるんですよ。ですからそういう意味で"生きてる蔵"だって言うんです。……ですから，お客さんはそういう息づかいを感じてられるんだと思うんです。われわれは職住一体ですから」（同）。

つまり，人々を川越に惹き付けるのは「生きてる蔵」の息吹だと，急式は言う。ここには，川越の蔵だから，観光に流れず商人魂を発揮できるのだという気概が見られる。「倉敷の蔵や喜多方の蔵とは違う」，生活の場となって

いる「生きてる蔵」なのである。そこで商売をすることによって，結果的に蔵も守れる。観光客にも楽しんでもらえる。では，そこには「川越固有のルール」とでも言えるものがあるのだろうか。

「"住みながら商いができる"これが川越のルールの基本。それが住環境の保持につながっている。そこで十ヶ町会が連合し，保存する地域を拡大していこうという動きがある。商店主の意識も高まっている。自主的にやり，独自に工夫し，公的に役立つように，という意識も生まれている。これには"周りには負けられない""みっともないことはできない"というご近所付き合いが重要な役割を果たしているが，結果的にはプラスに働いている」（加藤氏）。

この「生きてる蔵」に基づく「川越ルール」を大切にすることによって，一番街がどこの観光地にもありがちな皮相な観光化に堕することなく魅力を保てるかどうかは，今後にも続く課題であろう。

最後に，1990年代までの川越・一番街のまちづくりの成功の原因について述べた可児の言葉で締めくくっておきたい。それは「①素晴らしい素材，②自由な発想で意見の言える"蔵の会"，実現可能なものを実行に移す"商店街"，そしてそれをチェックしアドバイスしていく"町並み委員会"の三者の組み合わせ，③よい仲間が大勢いたこと，などがタイミングよく機能したことによるものである」（可児1999：13）と述べている。これがすなわち「川越式パートナーシップ」なのである。

注
1) 筆者の川越調査でインタビューに応じてくださった方々とインタビューの日付は以下の通りである。（肩書きは調査時のもの）
原知之さん（川越蔵の会第4代会長，陶舗やまわ社長），2004年1月13日，2005年12月2日。
可児一男さん（町並み委員会委員長，蔵の会初代会長，可児時計本店社長），2004

年1月13日，2005年11月24日。
山崎嘉正さん（亀屋社長，山崎美術館理事長），2004年1月13日。
松山潤さん（川越青年会議所前理事長，料亭山屋社長），2004年1月22日。
急式幹雄さん（川越一番街商業協同組合理事長，川越商店街連合会副会長，急式シート商会社長），2004年1月24日。
藤井美登利さん（川越むかし工房，『小江戸ものがたり』編集・発行）2005年11月24日。
飯田政次さん（川越新富町商店街振興組合理事長，飯田の家具社長）2005年11月24日。
長井和男さん（菓子屋横丁会3代目会長，稲葉屋本舗代表）2005年12月2日。
福田喜文さん（川越蔵の会事業部長，初雁装飾工業株式会社）2005年12月2日。
森田節子さん（菓子屋横丁内「小江戸茶屋」代表）2005年12月22日。
荒牧澄多さん（川越市まちづくり部まちづくり計画課都市景観係）2005年12月2日，2005年12月22日，2007年3月18日。
田宮修さん（川越市役所まちづくり部総合交通政策課都市交通政策主幹）2004年1月15日。
加藤忠正さん（川越市教育委員会文化財保護課）2004年1月15日。

2) ここの経緯は，可児氏によれば，「西郷真理子さんから勧められ，代議士を通じて神島さんと（可児が）中小企業庁小売商業課を訪ねたのがスタートでした」（可児1999：13）。

3) 『パターン・ランゲージ』とは，ヒューマン・スケールの空間づくりを分析し，その原理を追及したクリストファー・アレキサンダーの著書。1984年に初版発行（『開発こうほう』2003：21）。

4) 「それで色んな制度や拘束とか補助金とか調べて，結局，伝建に行き着いた。勉強会やったりとかやっぱり1年くらいかかりましたね。何がいいんだろうかって。」と「町並み委員会」委員長であった可児は述べている（可児氏）。

5) 中央通りの都市計画線を変更してもらった時は，「役所の人たちで担当者は，建設省からも怒鳴られて，文化庁からも怒鳴られて，大変だったみたいですよ」（可児氏）。

6) 当時の千葉大学の福川裕一，東洋大学の内田雄造，東海大学の羽生修二，建築コンサルタントの西郷真理子などが代表的である。また一番街でのイベントには，大東文化大学，秀明大学，多摩美術大学などからも建築系の学生が加わっている。

川越 蔵造りのまちづくり 年表

【町並み保全運動の始まりから「川越蔵の会」誕生まで】

　1970年，浜口隆一氏が一番街の蔵造りの町並みに注目。

　1971年7月，「城下町川越再開発委員会」を結成し，「万文」保存活用について討議。

　1971年，大沢家住宅が重要文化財に指定される。(「昭和40年代中頃に文部省が全国の都道府県に補助金を出して緊急民家調査を行って，全国にある優秀な古い民家を重要文化財として保存しようと……。埼玉県では昭和45年に実施して，大沢家住宅が蔵造りとして日本で一番古いということで……」(荒牧氏))

　1972年4月，亀屋(和菓子の老舗，1783年創業)・山崎嘉七氏が「川越市史跡保存協賛会」を結成。(町並みではなく，文化財保護の視点が強い。)(藤井2002：7)

　1972年，川越市が「旧小山家(「万文」)」を買収。「市は壊して駐車場にする案も考えていた」が，1973年末「市は市内料理店と賃貸契約」をした。しかし1974年7月「一部取り壊しを始めたため，周辺住民を中心に反対運動が起こった」。その結果，同年9月「賃貸契約は白紙撤回へ」。(鎌田1988：13))

　1973年，川越青年会議所が蔵造り所有者へのインタビュー，講演会，町並みに関する市民アンケートを実施し，シンポジウム「トークイン蔵造り」を実施した。(この時の主要メンバーは「蔵の会」結成の際にも活躍した。)

　1974年，日本建築学会関東支部が川越を舞台とした歴史的街区再生計画のアイデア・コンペティションを実施。

　1974年5月，川越市文化財保護協会(商工会議所，観光協会，青年会議所，ロータリークラブ，ライオンズクラブ，郷土史家グループ等による市民組織)が発足。会長は氷川神社宮司・山田勝利氏。その協会は，「今まで運動に関わった人々を包み込み，その後の町並み保存運動を担っていくことになった」(鎌田1988：14)。

　1974年より，仲町(一番街の一部)にマンション計画勃発。何度も「市が関係住民と話し合うよう業者を指導し，建設を断念させてきた」(鎌田1988：14)。

　1975年，川越市が伝統的建造物群保存地区(1975年文化財保護法改正)選定の前提となる「蔵造りの町並み」調査を実施。しかしその一方で「法定都市計画では，一番街の街路を拡幅する計画が決まっており，実施されれば蔵造りの町並みは消滅する。川越市は二つの矛盾する計画を抱えていた」(鎌田1988：15)のである。

だが，伝統的建造物群保存地区への指定は，一番街商店街が断った。

1977年7月，「旧小山家（「万文」）」が「川越市蔵造り資料館」としてオープン。川越市文化財保護協会が運営にあたる。これは今までの「川越型文化財保護運動の結実でもあった」。だが「蔵造り資料館の完成によって，運動は実際的な動きを止めてしまった」（鎌田 1988：14）という評価もある。その後，博物館の分館として市の教育委員会が運営することになる。

1978年，仲町に11階建てマンション（「川越サンハイツ」）が建設される。地元では，「蔵造りを守る会」を組織し反対運動を展開したが，住民側に利害の対立（建設反対という意見に対して，「マンション建設による人口増は商店街の活性化をもたらす。建築協定による規制は商業活動や生活条件に規制をもたらす。」（鎌田 1988：15）という意見が現われる。

1979年，川越市が「川越市北部商店街振興調査」を実施。

1980年，川越市が「川越の町並みとデザインコード調査」を実施。「建築指導課が環境文化研究所に随意契約で発注した。市の担当は加藤氏。実際につくったのは東京大学都市工学科」（荒牧氏）。荒牧氏もこの調査に参加した。

1980年前後，先駆的な個人商店の蔵造り復元（菓子店「亀屋栄泉」，スポーツ店），町並みに調和した煉瓦造りの新築（「可児時計店」）。

1981年，川越市（教育委員会）が蔵造り16棟を文化財に指定（1999年で22棟）。まだ「町並み保存はできないので，単体でとりあえず同意を得ておこう」というもの。「市の教育委員会が1軒1軒回って同意を得た」（荒牧氏）。

その後，空き家蔵造りに菓子店「蔵造り本舗」が出店。「中市」，「大沢家」，「深善」，「山新」などが修復。「亀屋」が美術館をオープン。

1982年，川越市制作ビデオ「蔵造り――町づくりの明日を問う」（企画課広報担当植松久生氏制作）が神奈川県主催の「地方の時代」映像祭で自治体部門賞を受賞。受賞賞金30万円。植松氏はこれをナショナルトラスト基金にするように市長に進言。しかし雑収扱いになり，「蔵の会」の誕生と共に市長がそこに寄付した。

1983年，5月「川越蔵の会」誕生。受賞賞金の受け皿となる市民組織として設立（『開発こうほう』2003：21）された。「2002年12月にNPO法人となり，会員は190名余」（小島 2003：54）。

【「川越蔵の会」から「町づくり規範」の成立まで】

1984年，「蔵の会」事業部の神島弘光氏が「どうしたらお客様が来るか」をブレインストーミングで19項目にまとめて商店街に提案（可児 1999：13）。すなわち，「事業部会は，例会で集まった会員にブレインストーミングなどの形で協力を求め，

ほぼ1年後にまとめを行っている。8月に"今，蔵の会が考えていること"という提案として一番街商業協同組合に提出された」（鎌田 1988：20）。

1984年，一番街商店街が中小企業庁の「コミュニティ・マート構想」モデル事業にエントリー。

1985年，川越市「歴史的地区環境整備街路事業」（歴路事業，1982年創設）調査実施。建設省の助成を受けて行なわれた街路整備事業（荒牧氏）。

1985年，中小企業庁の助成を受けて，1年をかけて「川越一番街商店街活性化モデル事業調査」（「コミュニティ・マート調査」）を実施。これを機に一番街は歴史的町並みを活かした商店街づくりに乗り出す（小島 2003：55）。「調査の主体は，蔵の会から一番街商業協同組合へ移った。調査の作業担当も専門のコンサルタントに委ねられた」（鎌田 1988：21）。これは，商店街組合が事業主体となるという制度上の理由による。

1986年3月に『川越一番街商店街活性化モデル事業報告書』としてまとまる。

報告書では「①町づくり規範を作ること，②その規範に基づいた個店の整備，③道路のモール化やポケットパークなどの全体の施設建設，④集客のための核施設（「祭り会館」）建設，を具体的に掲げています」（可児 1999：13）。さらに「それを実現していく方法および組織として"町づくり規範"の合意，それを運用・実行する組織としての"町並み委員会"の設置が提案された」（小島 2003：55）。

1986年末，一番街商業協同組合は「町づくり規範に関する協定書」を締結。

1987年，その原案を3月に組合員全員に回覧，確認の署名を求めた後，4月に組合総会で組合の規約として承認された（鎌田 1988：ix）。

1987年9月9日，活動の第一歩として，商店街の下部組織として「町並み委員会」を発足させる。「町づくり規範」の内容の具体的検討に入る。「町並み委員会」は，「商店街メンバー，研究者や専門家，行政，関連自治会など25名が参加。改装・改築をする際に67項目を審査し，規範に合わないものは委員会がアドバイスする仕組み」。「行政からも文化財保護課，まちづくり計画課，商工振興課の担当が参加している」（『開発こうほう』2003：21）。

1988年，NHK大河ドラマ「春日の局」の放映（1年間）。「15年くらい前に"春日の局"というドラマが始まりまして，"家光誕生の間"が喜多院というお寺にあるんです。その関係で，川越市が広報として"春日の局の町"としてPRし出した頃から，観光客が増え出して，蔵も少しずつ直していった中で，新しくテナントも入ってきて，少しずつ今の活気になってきたんですね」（松山氏）。

1988年4月14日の町並み委員会で「町づくり規範」は成案となった。「委員会の運営規則と規範の運用細則も同時に決め，活動を始めました」（可児 1999：13）。

1989年，埼玉県の川越市観光市街地形成事業（5年間，1993年まで）を導入し，店舗前面の改装に対する補助が行われるようになり，町並みを意識した改装・新築，ファサードの手直しが行われた。さらに1994年からは「川越市町並み改装事業」（5年間，1998年まで）によって，店の改装や手直しが進められた（荒牧氏）。(「90年代に30軒以上の改装がなされた」(小島2003：56))。

【「町づくり規範」から「重要伝統的建造物群保存地区」選定まで】

1989年，一番街沿いと仲町沿いにマンション建設計画（3件）が持ち上がる。

1989年，川越市都市計画課では，蔵の建ち並ぶ都市計画道路「中央通り線」拡幅の方針を変更しようと，地元説明会を開催。「住民はこの案を拒否」。「以後両者の対話のラインは途絶えてしまう」(八甫谷2000：55)。その結果，「川越市の都市計画行政は停滞を余儀なくされる」(同：56)。

1989年4月，「川越市都市景観条例」施行。最初は「8つの重点地区が指定されたものの，具体的な指定地域はゼロ」(八甫谷2000：56)。「当初は伝建条例も盛り込むことを考えていたが，時期尚早で先送りとなった。また伝建地区の決定ができないので，運用上は片肺状態であった」(荒牧2005：114)。「その地域の特性を現した川越らしい都市景観を形成している」都市景観形成地域としては「現在都市計画整理事業が進行中の1地区4.9haのほか，2004年12月には伝建地区を含む約78.3haを指定した」（荒牧氏）。

1991年，歴路（れきみち）事業により，菓子屋横丁通り線の整備完成。

1992年9月，川越市の単独事業として，一番街の電線地中化完成（荒牧氏）。「その結果，蔵造りの建物がビジュアルになり，空の広がりは町の様相を一変し，独特の雰囲気を醸し出し，人々を惹きつける町並みになりました」(可児1999：13)。

1992年11月，川越市のまちづくり案を承認する機関として「北部町づくり自治会長会議」が設置された（八甫谷2000：56）。一番街を含む旧城下町4自治会の会長により構成。

1993年3月，同会議は，「事前説明のほとんどない状態での承認は受け入れがたい」と市のまちづくり案を「白紙に戻す」と決定（八甫谷2000：56）。もっとも「住民側も拒否ばかりではいけない」と「自主的なまちづくり案を市に提示するため，名称を"十ヵ町会"に改め，積極的な活動を展開するようになった」(八甫谷2000：56)。

1993年，第16回全国町並みゼミ，川越大会。川越一番街の町並み保全の活動は，運動として全国に周知されることになる。

1996 年，青年会議所によるイベント。例えば，蔵のライトアップ，蔵の中でのクラッシックコンサート，料亭山屋の庭でのジャズライブ。

 1996 年，「十ヵ町会」町並み景観検討委員会が，川越市文化財保護課の要請によって町並み保全調査に協力。「行政，住民ともに，交渉窓口交代によって，町並み保存を核とした新たなまちづくりへのスタートが切られた」（八甫谷 2000：56）。

 1996 年 12 月，「十ヵ町会」の町並み景観専門委員会は佐原市を見学し，（佐原市のように）「伝建地区の範囲や町並み保存のルールを住民の意見によって定めようと検討し始めた」。しかし，「川越市の上層部は，住民主体による伝建地区指定を認めなかった」（八甫谷 2000：57）。

 1997 年 7 月，「川越市は企画財政部企画課内に伝建担当職員を置き，独自の重伝建地区指定に乗り出した」（八甫谷 2000：57）。

 1997 年，「町並み委員会は，検討の上，川越市に伝建指定を希望する旨を伝えた」（小島 2003：56）。「十ヵ町会が伝建地区要望書を提出」した（荒牧氏）。

 1998 年 6 月，「川越市伝統的建造物群保存地区保存条例」を制定。ゾーニング作業，保全計画，都市計画の変更などの作業を進める。

 1998 年，川越青年会議所が「川越を見直す」という 2 日間のイベントを行う。畳職人や植木職人による実演など。

 1999 年 1 月，川越市「中心市街地活性化基本計画」が作成された。

 1999 年 4 月，川越市は一番街 7.8ha を「伝統的建造物群保存地区」に選定し，12 月に国から「重要伝統的建造物群保存地区」として告示された。

終章　本書によって明らかになったこと
——「公益」「オルタナティブ」「エコロジー」「パートナーシップ」

　本書が対象としているNPOは，1990年代に成立した日本のNPOである。それは非営利組織一般でも，アメリカのNPOでもない。「ネットワーキング」を経験した市民運動（すなわち「市民活動」）の基盤整備の過程から生まれたNPOだということである。

　従って，日本のNPOは，その成立の経緯から幾つかの特性を本来的に込められて，すなわちビルトインされて生まれてきたと言える。本書の各章を通じて，それらの特性を具体的に説明してきたが，最後に，全体を振り返りながら，本書のタイトルでもある「市民運動としてのNPO」というNPOの規定から，日本のNPOに本来どのような特性が込められ，どのような可能性をもっているのかを改めて明らかにしてみたい。

　第1に，NPOには「公益」がビルトインされている。

　第1章で述べたように，1990年前後に市民運動の持続と発展のための基盤整備の必要性が緊急の課題となったが，その時対象になったのが「市民公益活動」であった。そこでは「市民活動」の「公益性」の捉え方を巡って，当時の市民運動団体の間で活発な議論が交わされた。そしてそこで合意を得たのが「市民公益」である。

　先ずNIRA（総合研究開発機構）の報告書（1994年）では，「市民活動」は「市民の自主的な参加と支援によって行われる活動」で，「市民公益活動」は，「市民活動」のうちの「公益的性格の強い一部」と規定されている。ここではまだ，「公益」そのものは規定されていないが，市民運動側が「市民公益

活動」として念頭に置いていたのは、「地域住民や市民による自主的・自発的な、営利を目的としない、社会をよくする活動」であった。

　第2章では、その他の規定も検討した上で、「市民公益」とは、〈民間非営利で、当該社会の変革まで視野に入れて、そこでの様々なニーズに取り組むことによって、その解決によってもたらされる利益を、社会を構成するすべての人に波及的にもたらすもの〉と規定した。この「市民公益」を実現することが、NPOに期待された活動であるということは、すなわちNPOという言葉の中に「市民公益」の達成が既にビルトインされていると言える。ここで重要なのは、「公益」という概念が、学説史研究などからではなく、市民運動団体の実際の活動の中から具体的に規定されているという点である。

　第2に、NPOには「オルタナティブ志向」がビルトインされている。
　第1章で述べたように、NPOは、「ネットワーキング」で生まれた市民運動団体どうしの結びつき、すなわち「モノ提携・テーマ連合」を形成している個々の「生活提案型」の市民団体に、その持続と発展のための制度的保証を与えるものとして登場した。その「ネットワーキング」が、市民運動に自らの進むべき目標（＝オルタナティブな日本）と、それを実現するための基本的な戦略（＝連携alliance）を示したことによって、個々の市民団体も、それぞれのミッションは異なっていても、進むべき目標は共に既存の社会のオルタナティブを目指していることを理解した。従って、「ネットワーキング」の後、制度として成立したNPOは、このような市民団体の理解と並行して生まれてきているので、NPOという存在には、「オルタナティブへの志向」がその内部にビルトインされていると言える。

　第3に、NPOには「エコロジー的世界観」がビルトインされている。
　第3章では、アメリカで「ネットワーキング」が登場した80年代前半の社会の特徴は、「統合性」、「陰謀」、「自発的簡素さ」というそれぞれ異なる

表現で現わされていたが，そこから導き出される草の根の市民運動の価値観は，《エコロジー的世界観》と《オルタナティブ志向》であると指摘した。この価値観は，「ネットワーキング」を導入しその制度的基盤の形成を引き継いだ日本のNPOの原点とも言えるものであり，その上に現在の日本のNPOが築かれた。従ってそこには上記の価値観がビルトインされていると見做すことができる。すなわち，NPOが志向するオルタナティブとは《エコロジー的世界観》に基づいた社会なのである。

第4に，NPOには「パートナーシップ」がビルトインされている。

第5章でNPO（「川越蔵の会」）によるまちづくり運動の中での「パートナーシップ」の現われ方を説明した。ここでは視点を変えて，3つのセクター論からNPOを見てみよう。

NPOは，社会を3つのセクターに分けたとき，第1セクター（行政），第2セクター（民間企業）と並ぶ第3セクター（市民・NPO）に位置づけられる。社会は，これら3つのセクターの間に力のバランスが保たれている時に，正常に機能すると考えられている。いずれかのセクターの力が他のセクターに比べて肥大した場合には，社会はそちらの側に傾いて歪みを生じ，構成員の間に不公平・不平等・格差が生まれ，そこから様々な社会問題が発生する。

それらの問題の解決の根本は，バランスの回復にある。従って，様々な問題の解決のために生まれたNPOの根本のミッションは，ゆがみの解消であり，すなわちセクター間のバランスの回復である。そのためには，第1セクターと第2セクターに働きかける必要がある。実効性のある働きかけを行うには，対等の位置にあること，および他のセクターとの間の力の差をカバーできる十分な資源を持つことが，圧倒的に力のある他のセクターに対抗するためには，必要不可欠な条件である。

NPOは，自ら力をつけて対等な立場で，他の2つのセクターに対して働きかけながら，自らのミッションを達成する。すなわちこれは，セクター間

で「パートナーシップ」を組むことによって自らのミッションを実現することである。つまり NPO は，他のセクターと「パートナーシップ」を組んで行動することが，自らの存立要件としてビルトインされていると言える。

　以上のように，日本で NPO が導入された時の経緯を辿ることによって分かったことは，市民運動の側から NPO に期待され，その中に織り込まれていたのは，「公益性」，「オルタナティブ志向」，「エコロジー的世界観」，「パートナーシップ形成」であり，これらを内に秘めて登場したのが，すなわち「市民運動としての NPO」だったということである。

おわりに

　「特定非営利活動促進法」（NPO法）が施行されて20年がたった。その20年を振り返り，改めて1990年代の「市民活動」を捉え直し，当時求められていたNPOがどのようなものであったかを再確認することは，これからのNPOの発展の方向を考える上で不可欠なことだろう。

　さて，筆者が本書で示したかったことは，とても単純なことだ。すなわち，日本では，NPOは「市民活動」から生まれたものであり，それは変革を志向する社会運動・市民運動の系列上にあるということである。

　NPOが生まれた経緯を辿ると，このことは明らかなのであるが，近年それが忘れられているように思われる。NPOは，その組織の法的なつくり方や運営のマネジメント，人材育成や資金づくり，さらには様々な非営利組織の各国比較など，豊富な事例や研究が積み重ねられることによって，より精緻な説明が加えられつつある。しかし，むしろそのことによって，NPOは本来何であるのか，どうやって生まれたのかという根本認識が，希薄になってきているのではないか。

　しかし，それは仕方のないことだと一方では思う。NPO法ができてから20年，今まさに若手あるいは中堅の研究者にとっても，研究を始めた時からNPO法は既にあり，NPO法人は当たり前のように存在している。そして各都道府県や内閣府のNPO法人リストから抽出して行ったNPO調査では，社会運動・市民運動系列の価値観や活動は，NPO全体の中では決して大きな位置を占めているとは言えない。

　以前，「C's（シーズ）」の松原明さんと話した時に，NPO法人の中で社会変革志向のものは3割くらいではないかと聞いたことがある。それだけしかないのに，なぜNPO法制を急いだのですかと尋ねると，1日でも早い市民

活動団体全体の活発化と安定化のためだが，特に既存の社会に異議を申し立てている市民団体にとっては，この法律がないと絶対に法人格は取れない。だからいい加減な団体が申請してくるのは分かっていたけれど，急いだのだと言っていた。なるほど所轄官庁の「許可」制では，原子力資料情報室やグリンピース・ジャパンなどは絶対に法人化できないだろう。とすると3割という数字は，NPO法制定運動の始めから想定内だったと言える。

　筆者は，1980年代から草の根の市民運動に関わり，様々なインタビュー調査をしてきた。本書にも，当時の活動家の言葉が出ている。市民活動は基本的にボランティアでやるものだから，リーダーは，お金ではなく，自分たちの人間的な魅力と社会的な使命でボランティアの参加者を惹き付けなければならない。インタビューした方々は，アクティブで人間味あふれる魅力的な人たちばかりだった。

　また，当時は活気があった。やはりNPO法制定という大きな共通目標があったからではないかと思われる。資生堂名誉会長の福原義春氏が次のように言っている。「1990年代を"失われた10年"と言う人たちがいるが，私はそうは思わない。むしろボランティアやNPOをはじめとして，新しい社会の仕組みが芽生えた10年であった」（後藤・福原2005：ⅰ－ⅱ）。

　本書で主に対象としているのが，この1990年代である。日本のNPOはこの時期に生まれ，大きく育ってきた。先ほど社会変革志向のNPOは約3割という話を出したが，そうすると現在5万を超えるNPO法人の中の約3割，つまり1万5000以上の変革を志向する市民団体が現われてきていることになる。これは大きな力になるはずだ。とは言え，国会前の通りを埋め尽くすデモの波や，各地で急に集まる反原発のフラッシュ・モブズなどの小さなさざ波はあっても，なぜもっと大きな〈うねり〉へと広がらないのだろうか。

　ここで本書の元となった論文を参考として挙げておこう。それぞれ1990

年代当時の社会状況と変革の息吹を伝えるために，当時のデータはできるだけそのまま掲載し，しかし必要な箇所には新しいデータを付け加えている。

　これらの論文は，1980年代から2000年代にかけて書かれたものであるが，1冊の本にまとめるに当たって，全体の組み替えと大幅な修正を加えている。しかし改めて見ると，終章で示したように，新たな発見があったと同時に，その内容は今でも十分に意味のあるものであることに驚かされた。

　例えば，アメリカの「ネットワーキング」が持っていた価値観（エコロジー的世界観とオルタナティブ志向）は，ネットワーキングを経験した市民運動である「市民活動」を通して，3・11後もパートナーシップによる被災地支援活動や自然エネルギーの追求を続けている市民運動団体の中に生きている。反原発ニューウェーブのもたらした価値観と運動のスタイルは，個人の自発的な活動が運動形成に至るプロセスを描き出しており，SNSを利用した現在の市民運動が生まれてくるときの原型（プロトタイプ）として参考にできる。さらに「川越式パートナーシップ」は，どのような条件がそろえばパートナーシップの形成が可能になるかのヒントを与えてくれる。そして，それらの活動を支える制度的基盤整備の結果として，現在個々の市民活動団体が，必要であればNPOという組織形態をとることができる状況が実現している。

　本書が描いた1990年代の運動状況や，そこで生み出された「市民活動」やNPOは，基本的には2010年代後半の現在の運動の基礎になっている。その上で，状況はより閉塞的になっているのかも知れない。1990年代は，NPO法制定という大きな〈うねり〉が市民活動団体側にあった。また，一時的ではあったが，原発推進勢力の側に恐怖心を与えるほどの反原発運動の〈うねり〉が現われていた。

　現在は，国会前での様々な抗議行動や沖縄・辺野古での反基地闘争は，物理的な規制を受けかつ報道での扱いも小さく，なかなか〈うねり〉になっていかない。これらの運動の今後を考える上でも，1990年代の運動から生まれた市民の動きをもう一度しっかりと確認しておく必要があるだろう。

以下，それぞれの章に分けて出典を順に挙げておく。なお，「序」と「終章」「おわりに」は書き下ろしである。

第1章では，
「市民運動から市民活動へ，そしてNPOへ——NPO法案を生み出した市民運動の新しい展開」『アジア太平洋研究』第16号，1998年2月。
「現代市民社会における市民運動の変容——ネットワーキングの導入から市民活動・NPOへ」青井和夫・高橋徹・庄司興吉編『現代市民社会とアイデンティティ——21世紀の市民社会と共同性：理論と展望』梓出版社，1998年4月。
「市民運動の新しい展開——市民運動からNPO・市民活動へ」『都市問題』2003年8月号。
「市民運動の現在——NPO・市民活動による社会構築」帯刀治・北川隆吉編著『社会運動研究入門』文化書房博文社，2004年12月。
第2章では，
「市民・NPOによる"公的空間"の創造——NPO("公益"を担う市民活動)の新しい展開」『都市問題』2004年8月号。
第3章では，
「草の根運動の現代的位相——オルタナティブを志向する新しい社会運動」『思想』第737号，1985年11月。
第4章では，
「反原発運動ニューウェーブの研究」『成蹊大学文学部紀要』第26号，1990年。
第5章では，
「川越式ネットワーク：住民と行政と専門家のパートナーシップによるまちづくり——川越・一番街が重要伝統的建造物群保存地区に指定されるまでの過程から」『成蹊大学文学部紀要』第43号，2008年3月。

最後に，NPO法制定を進めた「日本NPOセンター」，「シーズ」，「まちぽっと」が共催で開いた「NPO法成立20周年記念フォーラム」（2018年3月19日）に参加して感じたことで締めくくろう。

　20年以上前にNPO法制定関連で結びついた全国の活動家たちの社会変革への熱い思いと活動は，決して衰えてはいなかった。同時に，30代中心の活動家たちが層として育ってきていた。彼らは第3セクターに属する社会企業家として，企業や行政を内部から変えようとしながら，「公益」を担う市民活動を日々行っている。

　両者の間には，運動の進め方において世代間ギャップも感じられるが，NPO法制定当時の活動家たちは，若い活動家たちによるこれからの運動に期待をかけており，一方，若い活動家たちは，20年以上も前から現在まで活動を続けている活動家と，彼らが成し遂げた成果に対して，敬意を払うと同時に彼らとコミュニケーションをとろうとしている。今回のフォーラムは，両者がお互いの存在を確認し合い，今後手を取り合って運動を進めていく記念すべき出発点になったのではないか。

　「市民運動としてのNPO」は，今回のフォーラムを新たなスタートラインとして，今後ますます発展を遂げていくものと期待している。

　終わるにあたって，風間書房の風間敬子さんに感謝の意を表したい。本書の出版を急にお願いしたにもかかわらず，快く引き受けてくださり，かつ原稿の遅れにも寛容に応じていただいた。

　もう1人，この本の装丁をお願いした成蹊大学のゼミの卒業生である石間淳くんにも，これからの市民活動を明るく照らすようなデザインを，ありがとう。

　なお本書は，成蹊大学文学部学会からの出版助成を受けている。

2018年3月　　　　　　　　　　　　　　　　　　　　　　　　高田　昭彦

引用文献

阿部斉, 1973, 「現代社会における公共の可能性」『放送学研究』日本放送協会.
Alger, C. F. and S. Mendlovitz, 1984, *Grass Roots Activism in the United States: Global Implications ?*, Conference on Peace and Transformation in the Asia-Pacific Region.
雨宮孝子, 1997a, 「NPOをめぐる法制度と税制度」『NPO基礎講座』ぎょうせい.
────, 1997b, 「各党のNPO法案を比較検討する」『住民と自治』411号, 1997年7月.
荒牧澄多, 2005, 「保存運動からまちづくりへ(川越市)」社団法人日本建築学会編『景観法と景観まちづくり』学芸出版社.
Arato, A. and. J. Cohen, 1984, "Social Movements, Civil Society and the Problem of Sovereignty", *Praxis International*, Vol. 4, No. 3.
Arendt, Hannah., 1958, *The Human Condition*, The University of Chicago Press.(= 1973, 志水速雄訳『人間の条件』中央公論社.)
『朝日新聞』(1986.5.21, 1986.8.1, 1987.4.27, 1995.6.23, 1997.3.6, 2001.6.9(夕刊), 2002.7.27)
『朝日ジャーナル』(1984.10.19号, 1988.2.5号, 1988.7.29号)
馬場璋造, 1999, 「まちづくり応援記──ふるさと川越」『Esplanade(エスプラナード)』(住民の主体性を取り込んだまちづくり──埼玉県川越市) No.50, 春号, 1999年4月.
ばななぽうと実行委員会編, 1986, 『ばななぽうと──もうひとつの生活を創るネットワーカーズの舟出』ほんの木.
Barkan, 1979, Strategic, Tactical and Organizational Dilemmas of the Protest Movement against Nuclear Power, *Social Problems*, 27-1 (Oct).
Bell, D., 1976, *Cultural Cotradiction of Capitalism*, University of Illinois Press.(= 1976, 林雄二郎訳『資本主義の文化的矛盾』(上・中・下)講談社.)
Berry, D., 1970, *The Sociology of Grass Roots Politics: A Study of Party Membership*, London: Macmillan.
Broder, D. S., 1980, *Changing of the Guard*, New York: Simon & Schuster.(= 1981, 和田敏彦他訳『アメリカ新人物誌』TBSブリタニカ.)
『文藝春秋』1988年8月.
Carson, R., 1962, *Silent Spring*, Houghton Mifflin Company.(= 1964, 青樹築一訳『沈黙の春』新潮文庫.)

シーズ（市民活動を支える制度をつくる会），1998，『NPO 法人ハンドブック——特定非営利活動法人設立のための検討事項』C's ブックレット・シリーズ，No.5
――，1999，『解説・NPO 法案——その経緯と争点』（第三版）（初版は 1996 年）C's ブックレット・シリーズ，No.2.
――，2001，『特定非営利活動法人の活動状況，財務，税務等に関する実態調査報告書』シーズ.
Curl, J., 1982, *History of Collectivity in the San Francisco Bay Area*, Homeword Press.
土井淑平，1988a,『原子力神話の崩壊』批評社.
――，1988b,「"ニューウェーブ"と"オールドウェーブ"を越えて」『クリティーク』12 号，1988 年 7 月.
Draitzel, H. P., 1977, On the Political Meaning of Culture, Norman Birnbaum ed., *Beyond the Crisis*, Oxford University Press.
Drucker, P. F., 1990, *Managing the Nonprofit Organization*, Harper Collins Publishers.（＝ 1991，上田惇生・田代正美訳『非営利組織の経営——原理と実践』ダイヤモンド社.）
Dwyer, L. E., 1983, Structure and Strategy in the Anti-nuclear Movement, J. Freeman ed. *Social Movements of the Sixties and Seventies*, Longman lnc.
Elgin, D., 1981, *Volntary Simplicity:An Ecological Lifestyle that Promotes Personal and Social Renewal*, Bantam Books.（＝ 1987，星川淳訳『ボランタリー・シンプリシティ』TBS ブリタニカ.）
Ferguson, M., 1980, *The Aquarian Conspiracy*, St. Martin's Press, New York（＝ 1981，松尾弌之訳『アクエリアン革命』実業之日本社.）
Freeman, J., 1983, On the Origins of Social Movements, in Freeman, J. ed., *Social Movements of the Sixties and Seventies*, Longman lnc.
藤井美登利，2002,「一番街今昔日記その 2——亀屋・山崎美術館」『小江戸ものがたり』2 号，2002 年 4 月.
藤井良広，2007,『金融 NPO——新しいお金の流れをつくる』岩波新書.
福川裕一，1999a,「川越の町づくりに関するルールについて」『Esplanade（エスプラナード）』No.50，春号，1999 年 4 月.
――，1999b,「町づくり会社による町並み・商店街活性化作戦」全国町並み保存連盟編『新・町並み時代』学芸出版社.
船越経三，1966,『アダム・スミス（上）』牧書店.
Gerlach, L. P., 1971, Movements of Revolutionary Change: Some Structural Characteristics, *American Behavioral Scientist*, Vol. 16, No. 6.

Gerlach, L. P. and V. Hine, 1970, *People, Power, Change*, Indianapolis, Bobbs-Merril.

Granovetter, M. S., 1973, The Strength of Week Ties, *American Journal of Sociology*, Vol. 78, No. 6.

Gregg, R., 1936, *Voluntary Simplicity*, Visva Bharati Quarterly.（＝1983，星川淳監修・芹沢高志他訳『全生命のためのテクノロジー』めるくまーる.）

Gunderlach, P., 1982, Grass-roots Organizations, Societal Control and Dissolution of Norms, *Acta Sociologica*, Vol. 24.

――, 1984, Social Transformation and New Forms of Voluntary Associations, *Social Science Information*, Vol. 23, No. 6.

後藤和子・福原義春編, 2005, 『市民活動論――持続可能で創造的な社会に向けて』有斐閣.

Habermas, J., 1973, *Legitmationsprobleme im Spatekapitalismus*, Suhrkamp Verlag, Fankfurt am Main.（＝1979，細谷貞雄訳『晩期資本主義における正当化の諸問題』岩波書店.）

Harper, P. and G. Boyle eds., 1976, *Radical Technology*, London:Wildwood House.（＝1982，槌屋治紀訳『ラディカル・テクノロジー』時事通信社.）

Hayden, T., 1980, *American Future*.（＝1982，現代アメリカ研究集団訳『アメリカに未来はあるか』（Ⅰ・Ⅱ）新評論.）

『80年代』編集部, 1985, 『もうひとつの日本地図』野草社.

――, 1992, 『もうひとつの日本地図（続編）』野草社.

阪神・淡路大震災被災地の人々を応援する市民の会, 1996, 『震災ボランティア』阪神・淡路大震災被災地の人々を応援する市民の会.

播磨靖夫, 1984, 「ヨコ型社会システムとしてのネットワーク」『グラスルーツ』No.13, 1984年12月.

――, 1995, 「人間が幸せになるシステムをどうつくるか――市民の役割と市民活動の意味」とよなか国際交流協会編『市民活動の時代』とよなか国際交流協会.

早瀬昇, 1992, 「企業と非営利活動のパートナーシップ形成の意味」大阪ボランティア協会編, 『ボランティア活動と企業市民活動』ボランティア活動研究7号.

――, 1997, 「NPOとボランティア」『NPO基礎講座』ぎょうせい.

林泰義, 1989, 「近未来のトライアングル（市民・企業・行政）を模索する――アメリカの市民参加のまちづくりを訪ねて」『地域開発』298号, 1989年9月.

――, 2007, 「ネットワーキングとパートナーシップから見た日本NPOセンター10年の足跡」日本NPOセンター編『市民社会創造の10年――支援組織の視点か

ら』ぎょうせい.
広瀬隆, 1986, 『東京に原発を(新版)』集英社文庫.
────, 1987, 『危険な話』八月書館.
────, 1988, 『眠れない話』八月書館.
日高六郎, 1974, 『73年版 平凡社百科年鑑』平凡社.
本間正明・出口正之編, 1996, 『ボランティア革命──大震災での経験を市民活動へ』東洋経済新報社.
五十嵐敬喜・小川明雄, 1997, 『公共事業をどうするか』岩波書店.
池田寛二, 2001, 「環境問題をめぐる南北関係と国家の機能」『講座環境社会学』5巻(アジアと世界), 有斐閣.
今田忠, 1997, 「官・公・民・私──日本のNPOの来し方・行く末」『企業市民ジャーナル』8号, 1997年5月.
今田克司, 1996, 「米国のNPOセクター概論」『企業とNPOのパートナーシップ PART I』ヒューマンネット・あい.
今田高俊, 1988, 「自己組織する情報社会」『組織科学』22巻3号.
今井弘道・古矢旬, 1998, 「市民とは何か──市民の二重性をめぐって」今井弘道編『「市民」の時代』北海道大学図書刊行会.
今井賢一・金子郁容, 1988, 『ネットワーク組織論』岩波書店.
石見尚, 1984, 「ワーカーズ・コープの今昔物語」『社会運動』51号, 6月.
住信基礎研究所, 1997, 「柔軟な成熟社会を築くNPOの展望──市民活動団体の実態とNPO推進方策 Ver.3」(株)住信基礎研究所.
『開発こうほう』2003, 地域事例02「自主協定の景観ルールで町並み保存──埼玉県川越市一番街商店街の取組を中心に」北海道開発協会, 2003年9月.
鎌田薫他, 1988, 『実践的"町づくり規範"の研究・川越の試み』地区計画コンサルタンツ.
可児一男, 1999, 「活性化はまちづくり(一番街の場合)」『Esplanade(エスプラナード)』No.50, 春号, 1999年4月.
金子郁容, 1988, 『ネットワーキングへの招待』中公新書.
片岡勝・徳江倫明・西川英郎・高見祐一, 1986, 「生活提案型市民運動の新しい波」『朝日ジャーナル』1986.8.1号.
加藤哲夫, 2002, 「NPO支援センターとは何か」『月刊地方自治職員研修』486号, 2002年8月.
『(特定非営利法人)川越蔵の会第4回定期総会』資料(2005年9月4日)

『(特定非営利法人)川越蔵の会第 6 回定期総会』資料 (2007 年 8 月 18 日)
川商工発 19-25,「まちづくり会社設立への出資について(御願い)」2007 年 12 月 1 日.
川崎あや, 2001,「公設 NPO 運営のジレンマ」『たあとる通信』2 号, 2001 年 4 月.
川嶋庸子, 2004,「市民活動センターを行政は作り続けねばならないのだろうか」『たあとる通信』13 号, 2004 年 4 月.
甘蔗珠恵, 1987, 『まだ, まにあうのなら』地湧社.
木原勝彬・佐野章二・山岡義典, 1992,「"市民公益活動基本法" 制定をめざして」『地域創造』14 号, 1992 年 4 月.
木原勝彬, 1993,「市民イニシャティブによる真の民主国家・市民社会を目指して」『地域創造』18 号, 1993 年 10 月.
——, 1995,「NPO は日本の社会的風土の中で育つか」『都市計画』194 号.
栗原彬, 1985,「普通の人々がめざすリゾーム型世直し運動」『朝日ジャーナル』1985.11.29 号.
研修交流会(略称), 2001,「東北・北海道ブロック NPO 支援センター研修交流会」(2001 年 9 月 29 日—30 日), NPO 推進北海道会議主催.
小島延夫, 2003,「伝統的町並みの整備で, まちづくり——マンション開発に揺れる埼玉県川越市での取組み」『環境と公害』33 巻 2 号.
小山善彦, 1989,「都市荒廃からの蘇生——英国グラウンドワークの動態」『環境情報科学』18 巻 4 号.
公開自主講座実行委員会, 1975, 『公害原論』 Ⅷ—1.
Lipnack, J. and J. Stamps, 1982, *Networking: the First Report and Directory*, Dolphin Books. (= 1984, 社会開発統計研究所訳『ネットワーキング——ヨコ型情報社会への潮流』プレジデント社.)
Lovins, A. B., 1977, *Soft Energy Paths: Toward a Durable Peace*, University of Wisconsin Press. (= 1979, 室田泰弘訳『ソフト・エネルギー・パス』時事通信社.)
『毎日新聞』(1997.5.26)
Melucci, A., 1989, *Nomads of the Present*, Temple University Press. (= 1997, 山之内靖他訳『現在に生きる遊牧民——新しい公共空間の創出に向けて』岩波書店.)
町並み委員会, 1988, 『川越一番街町づくり規範』町並み委員会, 1988 年 4 月.
町村敬志編, 2007, 『首都圏の市民活動団体に関する調査 調査結果報告書』(科学研究費報告書).
——, 2009, 『市民エージェントの構想する新しい都市の形——グローバル化と新自

由主義を超えて』（科学研究費報告書）．

町村敬志・佐藤圭一編，2016，『脱原発をめざす市民活動――3・11 社会運動の社会学』新曜社．

丸山茂樹，1985，「新ルネッサンスか総ロボット化か」『季刊クライシス』22 号．

丸山尚，1989a，「"ニューウェーブ"は"運動"ではない」『社会運動』107 号，1989 年 2 月．

――，1989b，「"ニューウェーブ"と"ネットワーキング"」『社会運動』108 号，1989 年 3 月．

正村公宏，1986，「ネットワーキングと情報社会の課題」『組織科学』20 巻 3 号．

マサオカ・ジャン，1998，『非営利セクターを支えるしくみとは――サンフランシスコのサポートセンターに学ぶ』中原美香訳，C's ブックレット・シリーズ，No.6．

松原明，1997，「NPO を支える制度とは」『都市問題』88 巻 4 号，1997 年 4 月．

――，2001，『NPO 支援税制がよくわかる本』（第 3 版）C's ブックレット・シリーズ，No.8．

道場親信，2006，「1960―70 年代『市民運動』『住民運動』の歴史的位置――中断された"公共性"論議と運動史的文脈をつなぎ直すために」『社会学評論』57 巻 2 号．

民ボラ会議（略称），2002，「全国民間ボランティア・市民活動推進者戦略会議 in 熱海」（2002 年 6 月 7 日―8 日）静岡県ボランティア協会主催．（引用では発言者名を入れている）．

見田宗介，1996，『現代社会の理論』岩波書店．

宮西悠司，1995，「地震に揺さぶられた真野まちづくり」『都市計画』194 号．

『みんみん特別付録』2003，せんだい・みやぎ NPO センター発行，2003 年 3 月．

中島真一郎，1988a，「ターニングポイントとしての伊方」中島真一郎・角野弘幸編『原発やめてええじゃないか』ホープ印刷出版部．

――，1988b，「文化大革命としてのいかたの闘い」『クリティーク』12 号，1988 年 7 月．

――，1990，「88 年 1 月"いかたの闘い"以降の反原発／脱原発運動の総括に向けて」『原発なしで暮したいニュース』1990 年 1 月 15 日．

『日本経済新聞』（1986.5.1，2002.9.5，2002.12.13，2003.9.5．）

日本ネットワーカーズ会議，1990，『ネットワーキングが開く新しい世界』日本ネットワーカーズ会議．

――，1992，『NPO とは何か――その理解のために』日本ネットワーカーズ会議．

――，1993，『ネットワーキングを形に！――個人と社会の新しいあり方を考える』日

本ネットワーカーズ会議.
——, 1995, 『非営利団体と社会的基盤――ボランタリー活動推進のための仕組みづくりに関する調査研究報告書』日本ネットワーカーズ会議.
——, 1996, 『市民活動の法制度に関する国際フォーラム報告書』日本ネットワーカーズ会議.
日本社会学会理論応用事典刊行委員会, 2017, 『社会学理論応用事典』丸善出版.
日本消費者連盟反原発部会編, 1989, 『どこからでも読める反核・反原発入門』日本消費者連盟.
『人間家族』1988年2月.
NPOとまちづくり研究会編, 1997, 『NPOとまちづくり――明日へジャンプ！まちをささえる市民事業体』風土社.
NPOサポートセンター連絡会, 2001, 『社会資本マネジメントにおけるNPOと行政のパートナーシップに関する提言』NPOサポートセンター連絡会, 2001年8月.
NIRA（総合研究開発機構）, 1994, 『市民公益活動基盤整備に関する調査研究』総合研究開発機構.
——, 1996, 『市民公益活動の促進に関する法と制度のあり方――市民公益活動基盤整備に関する調査研究（第2期）』総合研究開発機構.
小原良子, 1988a,「私的反原発思い出し日記」中島真一郎・角野弘幸編『原発やめてええじゃないか』ホープ印刷出版部.
——, 1988b,「原発よりも命がだいじ」『クリティーク』12号, 1988年7月.
大畑裕嗣・成元哲・道場親信・樋口直人編, 2004, 『社会運動の社会学』有斐閣.
太田博太郎・小寺武久, 1984, 『妻籠宿――その保存と再生』彰国社.
大和田順子, 1991,「企業の"市民"としての存在」『月刊自治研』381号, 1991年6月.
Perlman, J. E., 1976, "Grassrooting the System", *Social Policy*, Sept./Oct.
Roszak, T., 1968, *The Making of Counter Culture: Reflections on the Technocratic Society and its Youthful Opposition*, University of California.（=1970, 稲見芳勝・風間禎三郎訳『対抗文化の思想――若者は何を創りだすか』ダイヤモンド社.）
Salamon, L. M., 1992, *America's Nonprofit Sector*, The Foundation Center, NY.（=1994, 入山映訳『米国の「非営利セクター」入門』ダイヤモンド社.）
Salamon, L. M. and H. K. Anheier, 1994, *The Emerging Sector: An Overview*, The Johns Hopkins University.（=1996, 今田忠監訳『台頭する非営利セクター――規模・構成・制度・資金源の現状と展望』ダイヤモンド社.）

Schumacher, E. F., 1973, *Small is Beautiful: A Study of Economics As If People Mattered*, Blond and Briggs. (= 1976, 斉藤志郎訳『人間復興の経済』佑学社.)

Smelser, N. J., 1962, *Theory of Collective Behavior*, New Yoke: The Free Press. (= 1973, 会田彰・木原孝訳『集団行動の理論』誠信書房.)

西郷真理子, 1999, 「町づくり機関の機能と役割」『Esplanade（エスプラナード）』No.50, 春号, 1999年4月.

齊藤純一, 2000, 『公共性』岩波書店.

佐野章二, 1994a, 『ボランティアをはじめるまえに――市民公益活動』公人の友社.

――, 1994b, 「市民が公益的活動を担うには？」『地域創造』22号, 1994年6月.

――, 1995a, 「市民公益活動の可能性」『都市計画』194号.

――, 1995b, 「見えはじめた市民公益活動の未来」とよなか国際交流協会編『市民活動の時代――新しい私が新しい社会をつくる』とよなか国際交流協会.

――, 1996, 「ボランティア活動の可能性――自治体とボランティア」『晨』15巻3号.

佐藤憲幸, 1988, 「マガリ君のコペルニクス的転回」中島真一郎・角野弘幸編『原発やめてええじゃないか』ホープ印刷出版部.

佐藤隆三, 1982, 『ミー時代のアメリカ』日本経済新聞社.

世古一穂, 2000, 「公共建築における市民参加」『公共建築』165号, 2000年7月.

世田谷区都市整備部街づくり推進課, 1991, 『世田谷まちづくりセンター構想案』世田谷区.

社会開発研究所, 1996, 『社会参加活動推進システム調査報告書』社会開発研究所.

重富真一, 2002, 「NGOのスペースと現象形態――第3セクター分析におけるアジアからの視角」『レヴァイアサン』31号, 2002年秋.

市民活動地域支援システム研究会, 1998, 『日本のサポートセンター――設立・活動プログラム・活動の実際（市民活動地域支援システム研究・パート3）』市民活動地域支援システム研究会.

篠原一, 2004, 『市民の政治学――討議デモクラシーとは何か』岩波新書.

昭和60年度川越一番街商店街活性化モデル事業推進委員会, 1986, 『川越一番街商店街活性化モデル事業報告書（概要版）』（コミュニティ・マート構想モデル事業）, 1986年3月.

高橋徹, 1968, 「アメリカ新左翼における"組織と人間"」高橋徹編『組織の中の人間』平凡社.

――, 1985, 「後期資本主義社会における新しい社会運動」『思想』737号, 1985年11月.

高畠通敏，1984，「日本の政治構造と市民運動の課題」『社会運動』50 号，1984 年 5 月．
高見裕一，1986a，「ネットワーキングは連帯にあらず」『世界』488 号，1986 年 5 月．
──，1986b，「生活提案型市民運動の新しい波」対談『朝日ジャーナル』1986.8.1．
高沢皓司，1984，『全共闘グラフィティ』新泉社．
高田昭彦，1984，「アメリカにおけるグラスルーツの市民運動の新しい動向」『成蹊大学文学部紀要』20 号．
──，1990a，「反原発運動ニューウェーブの研究」『成蹊大学文学部紀要』26号．
──，1990b，「草の根市民運動のネットワーキング──武蔵野市の事例研究を中心に」『社会運動の統合をめざして──理論と分析』成文堂．
──，1993，「ネットワーキング──産業社会のオルタナティブをめざして」『キーワード／社会学』川島書店．
──，1996，「アメリカ環境運動の経験──環境運動からコミュニティづくりの運動へ」長谷川公一編『環境と生態系の社会学』岩波書店．
──，2001，「環境 NPO と NPO 段階の市民運動──日本における環境運動の現在」『講座 環境社会学』4 巻（環境運動と政策のダイナミズム），有斐閣．
玉野井芳郎，1977，『地域分権の思想』東洋経済新報社．
田代正美，1995，「企業の市民公益活動の支援のあり方と課題」『都市計画』194 号．
──，1997，「NPO と企業の社会貢献──企業と NPO の望ましい関係」『NPO 基礎講座』ぎょうせい．
辻中豊，2002，「世界政治学の文脈における市民社会，NGO 研究」『レヴァイアサン』31 号，2002 年秋．
土屋真美子，2001，「サポートセンターを考える」『たあとる通信』1 号，2001 年 2 月．
Touraine, A., 1969, *La société post-industrielle*, Ed. Denoel.（= 1970，寿里茂他訳『脱工業化の社会』河出書房新社．）
Touraine, A., F. Dubet, Z. Hegedus et M. Wieviorka, 1980, *La prophétie anti-nucléaire*, Ed. Seuil.（= 1984，伊藤るり訳『反原発運動の社会学──未来を予言する人々』新泉社．）
宇井純，1984，「エコロジー運動をどう創るか」『社会運動』47 号，2 月号．
宇沢弘文，1994，「社会的共通資本の概念」宇沢弘文・茂木愛一郎編『社会的共通資本──コモンズと都市』東京大学出版会．
牛山久仁彦，2003，「市民運動の変容と NPO の射程──自治・分権化の要求と政策課題への影響力の行使をめぐって」矢澤修次郎編『講座社会学』15 巻，東京大学出版会．

ウォーリン，1983，「革命的行為とは何か」『世界』8月号．
山口智彦，1998，「環境重視社会への転換のために──自然環境保護活動を中心に」『NPO基礎講座2』ぎょうせい．
八甫谷邦明，2000，「川越──コミュニティ復活を目指して」『造景』26号，2000年4月．
山岡義典，1995，「市民公益活動としてのボランティアを考える」『環境情報科学』24巻2号．
────，1996，「NPO法案とボランティア活動」『ゆりかもめ』58号，1996年7月．
────，1997，「NPOの意義と現状」『NPO基礎講座』ぎょうせい．
────，2008，「参加と協働の手法」山岡義典・雨宮孝子編『NPO実践講座（新版）』ぎょうせい．
山岡義典・田尻佳史，2007，「当事者から見た10年──項目別の履歴」日本NPOセンター編『市民社会創造の10年──支援組織の視点から』ぎょうせい．
ヨーセン，G.，1971，「サンライズ・ヒル」『月刊キブツ』10/11月号．
『読売新聞』（2002.2.27）
吉田忠彦，2007，「日本NPOセンターの誕生まで」日本NPOセンター編『市民社会創造の10年──支援組織の視点から』ぎょうせい．

著者略歴

高田 昭彦（たかた あきひこ）

1947年生。成蹊大学名誉教授。専門はNPO・市民活動論，環境社会学。主要業績に論文「環境問題への諸アプローチと社会運動論」（『社会学評論』1995.3），「市民運動の新しい展開」（『都市問題』2003.8），「市民・NPOによる公的空間の創造」（『都市問題』2004.8），単著『政策としてのコミュニティ』（風間書房 2016），共著に『環境と生態学の社会学』（岩波書店 1996），『環境運動と政策のダイナミズム』（新曜社 2001），『社会運動研究入門』（文化書房博文社 2004），『公助・共助・自助のちから』（風間書房 2006）など。

e-mail: aki-takata@jcom.zaq.ne.jp

市民運動としてのNPO
―1990年代のNPO法成立に向けた市民の動き―

2018年3月30日　初版第1刷発行

著　者　　高　田　昭　彦
発行者　　風　間　敬　子
発行所　　株式会社　風　間　書　房
〒101-0051　東京都千代田区神田神保町1-34
電話 03(3291)5729　FAX 03(3291)5757
振替 00110-5-1853

印刷　堀江制作・平河工業社　　製本　井上製本所

©2018 Akihiko Takata　　　　　　　　NDC分類：146.8
ISBN978-4-7599-2230-1　　Printed in Japan

〈JCOPY〉〈(社)出版者著作権管理機構 委託出版物〉
本書の無断複製は，著作権法上での例外を除き禁じられています。複製される場合はそのつど事前に(社)出版者著作権管理機構（電話 03-3513-6969,FAX 03-3513-6979, e-mail: info@jcopy.or.jp）の許諾を得て下さい。